本书为2017年国家社科基金项目"促进京津冀协同创新的地方政府间财政策略性互动机制研究"（17BJY162）的阶段性研究成果

促进京津冀协同发展的财税政策研究

王晓洁 等著

中国社会科学出版社

图书在版编目（CIP）数据

促进京津冀协同发展的财税政策研究/王晓洁等著. —北京：中国社会科学出版社，2019.12

ISBN 978-7-5203-5473-8

Ⅰ.①促… Ⅱ.①王… Ⅲ.①财政政策—研究—华北地区 ②税收政策—研究—华北地区 Ⅳ.①F812.72

中国版本图书馆 CIP 数据核字（2019）第 232539 号

出 版 人	赵剑英
责任编辑	王 曦
责任校对	孙洪波
责任印制	戴 宽

出　　版	中国社会科学出版社
社　　址	北京鼓楼西大街甲 158 号
邮　　编	100720
网　　址	http://www.csspw.cn
发 行 部	010-84083685
门 市 部	010-84029450
经　　销	新华书店及其他书店
印刷装订	北京君升印刷有限公司
版　　次	2019 年 12 月第 1 版
印　　次	2019 年 12 月第 1 次印刷
开　　本	710×1000　1/16
印　　张	18.75
插　　页	2
字　　数	280 千字
定　　价	99.00 元

凡购买中国社会科学出版社图书，如有质量问题请与本社营销中心联系调换
电话：010-84083683
版权所有　侵权必究

前　言

习近平总书记在党的十九大报告中指出，中国特色社会主义进入新时代，我国社会主要矛盾已经转化为人民日益增长的美好生活的需要和不平衡不充分的发展之间的矛盾，其中就包含区域发展不平衡。实施区域协调发展战略将是解决这一复杂矛盾的关键之一，报告提出要"建立更加有效的区域协调发展新机制"，重点关注了"一带一路"、京津冀协同发展和长江经济带三大区域发展战略。促进京津冀协同发展战略构成了新时代中国特色社会主义的重要方略之一。

改革开放以来，伴随着从非均衡向均衡发展的演变，我国区域发展逐渐形成了东部率先、西部开发、东北振兴、中部崛起为支撑的区域发展总战略。从发展时序上看，京津冀属于从珠三角到长三角、由南向北梯度推进的后发地区。京津冀协同发展在历史上并不是首次提出，从1982年的"首都经济圈"到2002年的"大北京"，再到2004年的"京津冀都市圈"，不同时期从各种角度以各种叫法都提出过，只不过目前在新的历史时期和发展阶段，基于新问题和新挑战，重新赋予了京津冀协同发展新的内涵。由于资源环境承载力的不断下降、生态环境的日益恶化、投资建设的重复和竞争等非和谐因素，严重制约了京津冀区域在产业、人口、环境等方面的可持续发展，这是京津冀协同发展的内在动力和要求。

京津冀协同发展的方向要根据疏解功能—转移产业—分散人口的内在逻辑分阶段推进。由于京津冀三地要素禀赋的优势不同，河北省具有明显的土地资源、矿产资源、劳动力资源等优势，而京津则具有显著的技术、资金、信息等要素优势，京津冀三地间在经济与社会发展的过程中彼此需求，具有相互依存且相互服务的关系。为了实现京津冀区域的一体化、协同发展，区域内政府间的合作诉求更加显著。例如首钢搬迁项目、京与张承（张家口、承德）地区的水资源合作项目，都充分体现出政府间的协同、合作关系。

要实现京津冀协同发展的目标，需要一系列制度保障，而其中一个重要的制度安排就是京津冀区域必须由过去的财政竞争走向财政合作。财政竞争是政府竞争的重要内容，指政府间为了吸引各种优质资源（人才、资本等），通过税收优惠、扩大公共支出、活动管制等方式而展开的竞争，是地方政府实现特定经济目标的有效工具。而财政合作则是政府间通过协商，制定和实施区域内的税收以及财政支出等财政活动，以实现区域内共同经济发展目标的财政协同方式。但由于区域经济最初多基于经济互补的目标展开竞争与合作，随着区域内各地方经济的快速发展，区域内市场、资本、人才竞争也在加剧，为减少内耗，增强凝聚力，区域内的合作程度和范围亦日渐加深，将行政与经济双重纳入合作的财政合作成为区域经济发展的路径选择。

党的十九大报告提出：以疏解北京非首都功能为"牛鼻子"推动京津冀协同发展，高起点规划、高标准建设雄安新区，以共抓大保护、不搞大开发为导向推动长江经济带发展。这表明以京津冀协同发展、长江经济带发展等为主的国家重大区域发展战略对于推动我国区域协调发展意义重大。我们要以雄安新区的规划、开发和建设作为重大历史性机遇，带动北京非首都功能疏解，促进京津冀形成交通互联、生态共治、产业关联的分工协作格局，探索人口和经济密集区域优化开发新模式。相信本书的研究，会在以下几个方面产生影响：

第一，有利于丰富区域协同的内涵。我国在经济建设取得快速发展的同时，也带来了区域差距不断扩大的现实问题。差距的不断扩大，不单单是区域间的差距，连同区域内地方政府间的差距也在扩大。协同的主旨在于解决差距问题，而区域协同不仅包括区域经济协同，还应包括社会协同。但目前对于我国城市群、经济圈、经济带等区域的研究主要集中于范围界定、内部结构、演化特征、动力机制、空间规划等经济方面。关于财政对于区域经济的作用，也多是从财政竞争的角度分析政府间财政互动对于地方经济的影响,而对于区域的社会协同问题则研究较少,关于从公共服务供给以及产业转移的角度研究区域社会协同发展的文献则更少。

第二,有利于创新区域协同发展的财税政策。财税政策在区域协同发展中发挥着越来越重要的作用,因为区域协同发展必然会带来区域间利益的重新配置,而财税政策则是一个有效的资源配置手段。为了实现政府的政策目标,政府要有意识地运用财税政策以改变市场的决策机制,区域间不同的财税政策会导致资源要素不同的流向。按照一般逻辑,资源要素会按照市场决策机制流向效率高的地区,但是落后地区就会缺乏资源的流入,"马太效应"会导致贫者愈贫。所以世界各国在区域协调发展中都会有意识地"施策",尤其是运用财税政策来影响市场,实现了区域间协同发展。本书研究的目的就在于既分析传统财税政策在区域协同发展中所发挥的作用,同时也探讨区域协同发展中现有财税政策面临的制约,并及时总结京津冀协同发展实践中财税政策创新实验,相信本研究有利于区域协同发展中财税政策的创新。比如生态横向补偿机制,产业转移园区的税收利益的共享机制等的探索,必将推进区域协同发展中财税政策的理论进程。

第三,有利于三地转型实现共赢,打造世界增长极。京津冀城市群是我国创新资源最密集、创新潜力最大的区域,各自比较优势突出,具备打造具有创新能力和创新特质的世界级城市群的条件。但是,北京作为首都,面临着人口集聚、交通拥堵、生态恶化、资源紧张的瓶颈制约,也迫切需要城市群周边地区的协同来解决。新时代的北京要由过去的多功能首都城市向单一功能首都城市进行转变,这就需要协作区域内各个城市的功能分工协作以及产业布局。虽然京津冀区域创新资源总量丰富,但分布不均衡,三省市在创新资源、创新投入、创新成果等方面存在较大落差。2016年河北研究与试验发展(R&D)经费投入强度为1.2%,仅为北京的1/5、天津的2/5。因此,要想实现打造世界增长极的目标,还需通过区域体制机制的创新,优化京津冀区域空间结构,走出一条中国特色"大城市病"治理道路,为全国人口经济密集地区优化发展探索新模式。

本书的研究特色主要体现为四个方面：

第一，重视以制度经济学的分析方法，探索我国京津冀协同发展的历史演进脉络，揭示京津冀协同的特殊性；

第二，从理论层面探讨财税政策在促进京津冀协同发展中的作用机理；

第三，基于京津冀三地产业格局特征剖析财税政策在产业转移中存在的突出问题，并就此提出系列针对性建议，对现实有较强的政策指导意义；

第四，对京津冀基本公共服务均等化差异进行了测算与资金缺口预测，剖析了京津冀协同发展中财税政策制约因素，进而提出了改革的总体思路和对策。

尽管本书的研究取得了诸多突破，但限于研究条件、研究方法以及笔者本身学识、能力的原因，仍存在若干缺陷和不足，笔者有志在以后的研究中再接再厉，期待筚路蓝缕、玉汝于成的那一天。需要特别说明的是，本书的研究成果建立在国家社科基金《促进京津冀协同创新的地方政府间财政策略性互动机制研究》（17BJY162）、河北省教育厅重大攻关项目《京津冀协同发展的财税政策研究》（ZD201514）的基础上。本书的撰写主要由王晓洁教授完成，但特别感谢王丽博士对本书的贡献，还要感谢吴峥、张志超、杨鹏展的辛苦付出。同时对中国社会科学出版社王曦编辑对本书的出版所做的辛苦付出表示感谢。

王晓洁
2019 年 8 月

目 录

第一章 绪论 …………………………………………………… (1)
 第一节 研究背景和研究意义 ………………………………… (1)
  一 研究背景 ……………………………………………… (1)
  二 问题的提出 …………………………………………… (3)
  三 研究意义 ……………………………………………… (6)
 第二节 研究框架 ……………………………………………… (7)
  一 研究思路与技术路线 ………………………………… (7)
  二 研究内容 ……………………………………………… (8)
  三 研究方法 ……………………………………………… (11)
  四 数据说明 ……………………………………………… (13)
 第三节 主要研究特色 ………………………………………… (13)
  一 重视以制度经济学的分析方法,探索我国京津冀协同
    发展的历史演进脉络,揭示京津冀协同的特殊性 ……… (13)
  二 从理论层面探讨财税政策在促进京津冀协同发展中的
    作用机理 ………………………………………………… (14)
  三 基于京津冀三地产业格局特征剖析财税政策在产业转移中
    存在的突出问题,并就此提出系列针对性建议,对现实有
    较强的政策指导意义 …………………………………… (15)
  四 对京津冀基本公共服务均等化差异进行了测算与资金
    缺口预测,剖析了京津冀协同发展中财税政策制约因素,
    进而提出了改革的总体思路和对策 …………………… (17)

第二章 区域协同与政府责任、财政责任的逻辑关系 (19)

第一节 区域协同与政府责任 (19)
  一 区域协同的理论基础 (19)
  二 政府责任的理论基础 (26)
  三 京津冀协同中政府责任的逻辑推演 (30)

第二节 区域协同与财政责任 (36)
  一 财政责任的理论基础 (36)
  二 京津冀协同中财政责任的具体表现 (39)

第三节 财税政策在促进京津冀协同发展中的作用机理分析 (44)
  一 财税政策是调节生产要素合理配置的重要工具 (45)
  二 财税政策是引导产业布局合理化的推动力量 (47)
  三 财税政策是促进区域公共物品均衡供给的重要手段 (48)

第三章 京津冀协同发展的历史演进与财税政策现状 (51)

第一节 京津冀协同发展的历史演进 (51)
  一 中央计划性的经济协作阶段(1949—1978年) (51)
  二 地方自发性的经济合作阶段(1978—1996年) (53)
  三 政府主导性的经济协同阶段(1996—2014年) (56)
  四 国家战略性的全面协同阶段(2014年至今) (59)

第二节 京津冀协同发展的目标及功能定位 (65)
  一 京津冀协同发展的目标及评价 (65)
  二 京津冀区域的功能定位 (69)

第三节 京津冀区域协同发展的财税政策现状 (81)
  一 区域协同发展中通常采用的财税政策 (81)
  二 京津冀协同发展的财政政策 (84)
  三 京津冀协同发展的税收政策 (88)

第四章 促进区域协同发展财税政策的国际经验借鉴 (91)

第一节 世界大都市群的协同发展模式 (91)
  一 纽约都市群 (91)

二　伦敦都市群 …………………………………………… (95)
　　三　巴黎都市群 …………………………………………… (98)
　　四　东京都市群 …………………………………………… (100)
　　五　首尔都市群 …………………………………………… (103)
　第二节　世界大都市群协同发展的财税政策 …………………… (106)
　　一　纽约都市群协同发展的财税政策 …………………… (106)
　　二　伦敦都市群协同发展的财税政策 …………………… (109)
　　三　巴黎都市群协同发展的财税政策 …………………… (111)
　　四　东京都市群协同发展的财税政策 …………………… (112)
　　五　首尔都市群协同发展的财税政策 …………………… (115)
　第三节　促进区域协同发展财税政策的国际经验借鉴 ………… (119)
　　一　设立有利于财税资金统筹协调的有职有权的首都经济群
　　　　管理协调机构 ……………………………………… (119)
　　二　建立明确的财税法律，保障区域协调发展 …………… (120)
　　三　有效实施对都市群"短板"地区的财税倾斜政策 …… (120)
　　四　大力引入财政投融资机制，促进产业协同发展 ……… (121)
　　五　不同地区可以实行差别化税收优惠政策 …………… (122)
　　六　加强城市公共服务均等化建设 ……………………… (123)
　　七　促进生态环境协同发展的财税政策 ………………… (123)

第五章　促进京津冀产业转移的财税政策 …………………………… (125)
　第一节　京津冀三地的产业格局特征分析 ……………………… (125)
　　一　京津冀三地产业结构特征 …………………………… (125)
　　二　京津冀三次产业内部结构比较分析 ………………… (128)
　　三　结论：京津冀产业转移条件已具备 ………………… (139)
　第二节　京津冀产业转移现状与存在问题 ……………………… (140)
　　一　京津冀产业合作框架、协议由点到面全面展开 ……… (140)
　　二　京津冀三地产业分工已基本显现，部分产业转移取得
　　　　实质性进展 ………………………………………… (145)
　　三　京津冀产业转移与承接中存在的突出问题 ………… (147)

第三节　京津冀产业转移中财税政策存在的问题 …………（153）
　　一　京津冀产业转移中财政政策存在的问题 …………（153）
　　二　京津冀产业转移中税收政策存在的问题 …………（154）
　　三　京津冀产业转移中的利益分享和协作共赢机制
　　　　尚未形成 …………………………………………（157）
第四节　促进京津冀产业转移的财税政策 ………………（158）
　　一　促进京津冀产业转移的财政政策和财政手段 …（158）
　　二　促进京津冀产业转移的税收政策 …………………（161）
　　三　探索建立促进三地产业转移的财税利益共享机制 …（164）

第六章　促进京津冀基本公共服务均等化的财税政策 ………（167）

第一节　区域协同发展与公共服务供给的联动关系 ……（167）
　　一　公共服务的一般属性和界定 ………………………（167）
　　二　区域协同发展的一般要求 …………………………（168）
　　三　区域协同发展与公共服务供给的相互作用 ………（169）
第二节　京津冀协同发展背景下公共服务供给水平的
　　　　总体考察 ………………………………………（173）
　　一　公共文化教育服务供给水平 ………………………（174）
　　二　公共医疗卫生服务供给水平 ………………………（174）
　　三　社会保障服务供给水平 ……………………………（175）
　　四　基础生活环境服务供给水平 ………………………（176）
　　五　公共服务供给水平的差异性比较——以公共医疗
　　　　卫生为例 …………………………………………（177）
第三节　京津冀协同发展背景下公共服务供给效率的
　　　　实证检验 ………………………………………（182）
　　一　实证方法的选择 ……………………………………（182）
　　二　评价指标的确定 ……………………………………（183）
　　三　测算结果的分析 ……………………………………（184）
　　四　协同发展的趋势判断 ………………………………（188）
第四节　京津冀公共服务供给差异的资金需求测算 ……（191）

一　京津冀地区公共服务支出标准的测定 …………… (192)
　　二　公共服务成本差异系数测算 ………………………… (193)
　　三　公共服务供给的资金缺口测算 …………………… (194)
第五节　京津冀公共服务供给的财税政策制约因素分析 …… (195)
　　一　京津冀间的特殊政府干预问题 …………………… (195)
　　二　京津冀间的经济实力与财政能力差距问题 ………… (196)
　　三　以 GDP 为导向的绩效评价引致京津冀间过度财政
　　　　竞争问题 ……………………………………………… (198)
　　四　京津冀三地间财税体制缺乏协同 ………………… (199)
第六节　促进京津冀公共服务均等化的财税政策 …………… (200)
　　一　促进京津冀公共服务均等化供给的总体思路、基本原则、
　　　　主要目标、重点任务 ………………………………… (200)
　　二　促进京津冀公共服务均等化供给的财税政策 ……… (203)

第七章　促进京津冀生态环境协调发展的财税政策 ………… (208)
第一节　京津冀协同发展下地区生态环境分析 ……………… (209)
　　一　京津冀协同发展下生态环境方面所取得的成效 …… (209)
　　二　京津冀地区生态环境方面仍然存在的问题 ………… (217)
第二节　京津冀地区生态环境的财税现状 …………………… (222)
　　一　京津冀地区生态环境财政支出现状 ……………… (222)
　　二　京津冀地区生态环境方面现行的财税政策 ………… (226)
　　三　京津冀地区生态环境财税政策存在的问题 ………… (232)
第三节　促进京津冀生态环境协调发展的财税政策建议 …… (238)
　　一　财政政策 …………………………………………… (238)
　　二　税收政策 …………………………………………… (242)
　　三　综合政策 …………………………………………… (246)

第八章　促进河北省建设全国商贸物流基地的财税政策 …… (249)
第一节　河北省商贸物流业发展现状及目标差距 …………… (249)
　　一　河北省商贸物流业的发展历程 …………………… (249)

  二 京津冀协同目标下河北省商贸物流业的定位与作用 …… (250)
  三 河北省商贸物流业发展与京津冀协同目标差距分析 …… (253)
 第二节 "营改增"对河北省商贸物流业税负影响的实证分析 …… (259)
  一 商贸物流业的涉税分析 …………………………………… (259)
  二 模型和相关假设 ………………………………………… (261)
  三 税负测算及结果分析 …………………………………… (265)
 第三节 促进全国商贸物流业发展的财税政策分析 …………… (269)
  一 河北省支持商贸物流业发展的现行财税政策 ………… (269)
  二 河北省商贸物流业财税政策存在的问题分析 ………… (272)
 第四节 京津冀协同目标下河北商贸物流业发展的财税
    政策建议 ……………………………………………… (274)
  一 完善河北省商贸物流业发展的财政政策建议 ………… (274)
  二 完善河北省商贸物流业发展的税收政策建议 ………… (276)
  三 支持河北省商贸物流业发展的其他政策建议 ………… (278)

参考文献 ……………………………………………………………… (280)

第一章 绪 论

第一节 研究背景和研究意义

一 研究背景

区域之间不协调的问题一直是困扰中国经济的大问题，也是我国学者长期关注的领域。我国地域辽阔，自然条件和经济技术发展水平的地域差异性较大，且长期存在严格的行政区划，促使以省区为主的地方经济各自发展，呈现出"封闭式"自行发展的状态。尤其是进入20世纪90年代以来，随着计划经济向市场经济的转轨，我国区域间出现经济增长失衡、资源要素配置效率低下、收入差距拉大、生态环境恶化等一系列问题，再加上曾经低下的科学技术水平和落后的交通运输、通信条件，也减弱了区域经济在更大空间和更高层次的聚合程度。但随着国际经济发展潮流的区域化涌动，"以邻为壑""单打独斗"的单体经济发展已经无法适应当前的竞争需求，区域间合作成为一种内在动力和发展趋势。

第一，京津冀协同发展中面临的共性问题。京津冀所在的"两市一省"陆域面积共21.7万平方公里，占全国的2.2%；常住人口已超过1亿人，占全国的7.9%；2017年京津冀共实现地区生产总值80580.4亿元，占全国的10%。京津冀已成为长三角、珠三角之后第三个最具经济增长活力和人口吸引力的都市圈。京津冀地区同属京畿重地，战略地位十分重要，历史上就是我国的政治、文化、经济中心之一。但当前由于区域发展的问题集中爆发，面临着生态环境持续恶化、资源利用粗放、城镇体系发展失衡、区域与城乡发展差距不断扩大等突出问题，已经影响到区域的长期可持续发展能力。特别是当前大气雾霾问题、用水安全保障问题、土地开发低效问题、产业功能无序布局等问题成为政府和社会各界广泛关注的焦点。

第二，京津冀发展中的地方政府竞争问题。京津冀区域的协同发展不仅包括经济的协同，还包含政治、社会、生态等诸多内容的协同，是一个多元素诉求的复杂体系。但长期以来，一方面，由于资源的有限性以及地方利益与区域利益、国家利益的非一致性，在以 GDP 为导向的政府绩效评价体系下，为了吸引更多的稀缺或优质经济资源，获取更加丰富的经济发展要素、抢占发展先机，各级地方政府间不仅存在税收竞争、财政支出竞争行为，还为了各自利益的最大化，不惜大搞地方保护、恶性地方竞争，设置众多地方性政策障碍。肖建忠（2003）对地方政府横向博弈建立试点竞争博弈模型，揭示了地方政府横向竞争的原动力，即地方政府在经济发展及政绩动机驱动下意欲通过竞争力获得中央政府对其制度创新的认可。陆大道（2003）、李郇等（2012）论证了政府间竞争虽然在一定程度上促进了地方经济的快速增长，却会造成产业结构趋于雷同、基础设施重复建设、环境污染等问题。蔡昉（2002）、王玉柱（2014）等通过简单的博弈模型，验证了垂直化行政管理架构和资源流动性的限制，地方政府间的竞争并不必然带来经济的良性增长，特别是在地方政府选择保护性策略和掠夺性策略时，这种保护政策带来的价格扭曲会产生资源配置的低效率。在现实中表现为严重阻碍了商品、资源、资金、劳务等生产要素的自由流动和资源的整体优化配置，造成区域市场的分割，阻碍了我国区域统一市场乃至全国统一大市场的形成，进一步拉大了区域内各辖区间的发展差距，与我国区域协同发展理念相背离。随着区域内各辖区地方政府间横向经济、社会联系越来越紧密，相互之间的依存度也越来越高，而跨区域治理、跨区域基础设施的规划和建设、跨区域突发性公共事件的应急、跨区域资源开发与环境保护等跨区域公共物品和公共服务的供给缺位、供给不足问题日益突出。由此，打破京津冀区域分割、推动辖区联动发展、努力消除行政区划负面影响的呼声日渐高涨，京津冀各辖区对加强区域合作、形成发展合力、打造新兴增长极的共识更加明确，愿望也愈加迫切。

第三，党的十九大提出"建立更加有效的区域协调发展新机制"。习近平总书记在十九大报告中指出，中国特色社会主义进入新时代，我国社会主要矛盾已经转化为人民日益增长的美好生活的需要和不平衡不充分的发展之间的矛盾，其中就包含区域发展不平衡。实施区域协调发展战略将是解决这一复杂矛盾的关键。

二　问题的提出

区域协调发展中的核心和关键是如何构建区域间利益的分配机制，而要处理好区域间的利益分配机制又牵扯到区域间财税利益的共享和划分机制。在已有的文献中，研究地方政府财政竞争、税收竞争的文献可谓汗牛充栋，无论是实践部门还是理论工作者，都主张地方政府间应该加强财政、税收合作，而地方政府合作一直是个难题，涉及地方财政税收收入的多寡，是地方关心的焦点问题。在地方政府各自为政的背景下合作尚且困难，则区域间的财政合作更是难上加难。况且区域间协同发展涉及产业转移、生态环境治理、交通一体化等多个领域，如何处理好迁出地和迁入地的财税关系？采用哪些财税手段可以更好地处理区域间政府关系？以往的区域合作中采用的财税手段有哪些？区域合作中需要如何创新财税机制？这些都是京津冀协同发展中需要面对的财税问题。

关于京津冀区域财税合作的困境，专家学者从财政转移制度、税收和税源相背离、税收政策的设计、制度化的合作机制等不同的层面和视角分析了其内在原因。从财税角度看，京津冀区域协调发展的核心是如何处理好政府间财政关系，即政府之间的横向关系（京津冀三地政府间的关系）和纵向关系（中央政府和京津冀的关系）（张文春，2014）；周建霞（2013）、段铸（2014）等指出京津冀区域财政支出责任模糊，与财权难以匹配，影响了横向转移支付的事实，造成区域内发展严重的不平衡。而总部经济带来的税收和税源背离问题也一直是困扰京津冀合作的难题，尤其是北京是总部所在地最为集中的地区。刘亮（2011）

提出，依据我国当前的税收制度，跨地区经营企业由于总分支机构的存在，会产生税收和税源背离问题，京津冀区域面临同样的问题；高玉（2015）更加鲜明地提出了京津冀政府之间在税收分配方面缺乏协调机制，在协同发展中的产业转移会影响产业转出地的税收，再加上总部经济税收政策的存在，京津冀区域财政政策对于协同发展会有一定影响。关于京津冀财政合作机制问题，张斌（2014）认为京津冀产业转移中的合理共享机制没有建立起来，对于企业转移往往只能采用一事一议的方式。京津冀协同发展税收问题研究课题组（2015）提出在优化京津冀产业布局上缺乏有效的税收政策，在区域生态文明建设方面环境保护税和资源税的设计都存在缺陷，且三省市在地方税收政策的制定方面存在较大差异，等等，这些都不利于京津冀协同发展的推进。

关于加强京津冀区域财税合作的建议，高培勇（2015）高屋建瓴地提出京津冀协同发展实际上是一种建立在既有行政区划治理基础之上的新的治理方式，税收要在京津冀协同发展的新的区域治理模式之下发挥基础性和支撑性作用。对于转移支付制度，专家学者在充分发挥转移支付制度尤其是横向转移支付制度的功能方面取得共识：张文春（2014）设计了转移支付制度的总体框架，认为中央政府应该考虑到京津冀三地发展水平的差异，为谋求区域共同发展、均衡发展，中央财政应加大对河北省的转移支付力度，同时京津冀三地之间可以借鉴德国模式，开创由京津向河北的特殊横向财政转移支付方式，抑制地区间差距扩大，以合理方式"抽肥补瘦"；段铸、王雪祺、程颖慧（2014）提出，规范京津冀财政竞争秩序，完善横向转移支付制度，建立产业与科技双对接的财政支持系统，将环境补偿、基本公共服务均等化等纳入跨区利益协调机制，通过预算专项列支，鼓励社会资本参与京津冀建设，扩大建设资金来源；张牧扬（2014）针对京津冀雾霾的治理问题，提出通过横向转移支付的方式，以专项资金的形式，拨付给相关企业，切实保障专款专用，实现辖区间协同治污，为了激发地方政府积极性，同时中央政府要给予相应的财政资金和财政政策支持，有助于解决辖区间收入差距造成的污染意愿差异。至于如何解决税收和税源背离问题，刘亮（2011）提出可以建立京津冀政府税收协调机制，就京津冀地区内的征税对象、纳税环节、纳税地点、税收分享比例、信息沟通等进行协商，达成制度上的安排，缓解京津冀三地间的税收和税源背离问题。另外，白彦锋（2014）提出探索建立京津冀合作发展基金，整合各类资金并集中解决重点问题，明确各级政府财政支持的责任；高玉（2015）指出，探索建立以产值比例分享为核心的税收制度，并将其作为京津冀协同发展的基础性制度保障；张文春（2014）指出，为了完善生产要素跨区流动，应该重新进行税制设计，比如可以改革个人所得税的分享体制模式，将个人所得税由中央与地方共享改为居住地与收入来源地政府共享，平衡地方利益。

上述对京津冀财税问题的探索和讨论，将给京津冀财税问题的研究带来新的思路和可行的方向。而我们也注意到，当前学者研究区域协调发展的财税政策很少注意到京津冀协同发展中的特殊性，其提出的转移支付、税收等手段能够直接减缓区域经济差距扩大的趋势，加大对落后地区的转移支付力度、给予落后地区一定的税收优惠，改革现行转移支付制度、在中西部重新进行税权划分（安体富，2008；高培勇，2001；郭庆旺，2003）等建议也只是针对一般性区域政策而言。对于京津冀协同发展中面临的巨大的区域差距以及公共服务非均衡状态的现实困境，究竟该采用何种财税政策以有效缓解当前状态？在新时代背景下如何构建更加有效的区域协调发展新机制？在京津冀"一盘棋"的未来发展趋势背景下，通过京津冀各辖区间政府在财政与税收方面的沟通与协作，既可以顾及财政政策、财政收支活动对产业政策、产业结构等区域经济协同的支持和引导作用程度，又可以关注财税活动对各辖区公共服务、跨辖区公共服务的提供范围和水平、产业转移等，从而促进区域社会协同环境的构建和维护。这将有助于发挥京津冀各辖区财政税收对于区域协同发展的全方位支持作用，凭借京津冀地区基本公共服务协同发展加速缩小三地差距，在不远的将来有效实现基本公共服务的均等化，提高京津冀区域整体发展能力，进而实现区域的经济协同和社会协同的共同发展。因此，从财税视角研究京津冀协同发展问题具有较强的学术价值和实践价值。

三 研究意义

党的十九大报告提出以疏解北京非首都功能为"牛鼻子",推动京津冀协同发展,高起点规划、高标准建设雄安新区,以共抓大保护、不搞大开发为导向推动长江经济带发展。这表明以京津冀协同发展、长江经济带发展等为主的国家重大区域发展战略对于推动我国区域协调发展意义重大。我们要以雄安新区的规划、开发和建设作为重大历史性机遇,带动北京非首都功能疏解,促进京津冀形成交通互联、生态共治、产业关联的分工协作格局,探索人口和经济密集区域优化开发新模式。

第一,有利于丰富区域协同的内涵。我国在经济建设取得快速发展的同时,也带来了区域差距不断扩大的现实问题。差距的不断扩大,不单单是区域间的差距,连同区域内地方政府间的差距也在扩大。协同的主旨在于解决差距问题,而区域协同不仅包括区域经济协同,还应包括社会协同。但目前对于我国城市群、经济圈、经济带等区域的研究主要集中在范围界定、内部结构、演化特征、动力机制、空间规划等经济方面。关于财政对于区域经济的作用,也多是从财政竞争的角度分析政府间财政互动对于地方经济的影响,而对于区域的社会协同问题研究较少,关于从公共服务供给以及产业转移的角度研究区域社会协同发展的文献则更少。

第二,有利于创新区域协同发展的财税政策。财税政策在区域协同发展中发挥着越来越重要的作用,因为区域协同发展必然会带来区域间利益的重新配置,而财税政策则是一个有效的资源配置手段。为了实现政府的政策目标,政府要有意识地运用财税政策以改变市场的决策机制,区域间不同的财税政策会导致资源要素不同的流向。按照一般逻辑,资源要素会按照市场决策机制流向效率高的地区,但是落后地区就会缺乏资源的流入,"马太效应"会导致贫者愈贫。所以世界各国在区域协调发展中都会有针对性地"施策",尤其是运用财税政策来影响市场,以实现区域间协同发展。本书研究的目的就在于既分析传统财税政策在区域协同发展中所发挥的作用，同时也探讨区域协同发展中现有财税政策面临的制约，并及时总结京津冀协同发展实践中财税政策创新实验，有利于区域协同发展中财税政策的创新。比如生态横向补偿机制、产业转移园区的税收利益的共享机制等的探索，必将推进区域协同发展中财税政策的理论进程。

第三，有利于三地转型实现共赢，打造世界级增长极。京津冀城市群是我国创新资源最密集、创新潜力最大的区域，各自比较优势突出，具备打造具有创新能力和创新特质的世界级城市群的条件。但是，北京作为首都，面临着人口集聚、交通拥堵、生态恶化、资源紧张的瓶颈制约，也迫切需要城市群周边地区的协调合作。新时代的北京要由过去的多功能首都城市向单一功能首都城市转变，这就需要区域内各个城市的功能分工协作以及产业布局。虽然京津冀区域创新资源总量丰富，但分布不均衡，三省市在创新资源、创新投入、创新成果等方面存在较大落差。因此，要想实现打造世界增长极的目标，还需通过区域体制机制的创新，优化京津冀区域空间结构，走出一条中国特色治理"大城市病"的道路，为全国人口经济密集地区优化发展探索新模式。

第二节 研究框架

一 研究思路与技术路线

本书依"提出问题—理论分析—历史演进—国外经验—现实分析"的总体思路展开（见图1-1）。首先，本书以京津冀协同发展为研究的宏观背景，基于区域理论、政府干预理论、财政分权理论，结合实践调研，采用理论与实证、定性与定量的方法，从财税政策视角出发探讨影响京津冀协同发展的关键制约因素；其次，借鉴国际大都市圈区域协同发展中财税政策的实践，为京津冀协同发展提供经验借鉴；最后，重点突出京津冀协同发展中的产业转移、基本公共服务均等化、生态环境以及河北省如何建设商贸物流基地等方面的财税政策存在的问题，提出相应的财税政策建议。

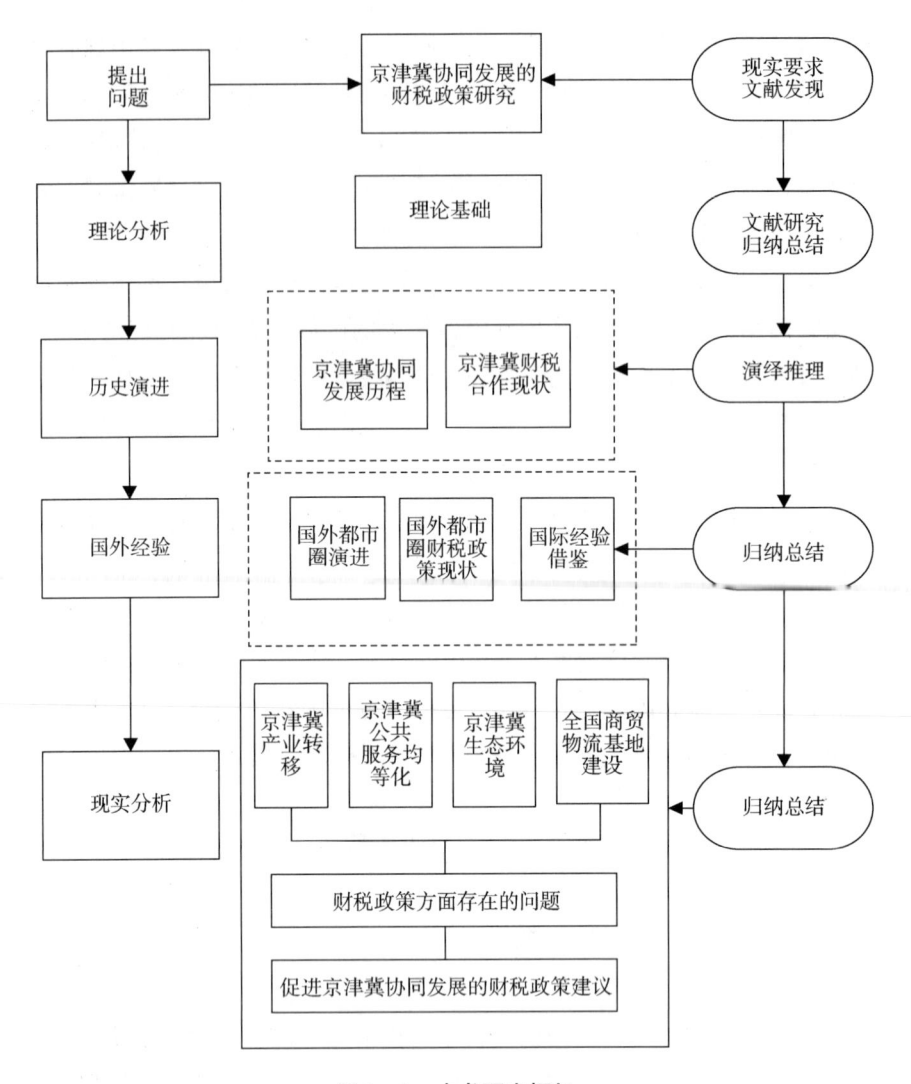

图 1-1　本书研究框架

二　研究内容

研究内容共包括八章，第一章为绪论，主要包括研究背景和研究意义、研究框架和研究特色。

第二章为区域协同与政府责任、财政责任的逻辑关系。本章为理论基础部分，首先通过分别论述区域协同的理论基础与政府责任的理论基础，引出京津冀协同中政府责任的逻辑推演关系，并提出"京津冀协同中政府的先行顶层设计责任、京津冀协同中政府的有限经济建设责任、京津冀协同中政府的显著社会发展责任"的理论观点；其次，论述了区域协同与财政责任，指出京津冀协同中财政责任的具体表现为区域性经济职能、区域性社会职能、区域性稳定职能；最后对财税政策在促进京津冀协同发展中的作用机理进行了剖析，提出财税政策是调节生产要素配置的重要工具、引导产业布局合理化的推动力量、促进区域公共产品均衡供给的重要手段。

第三章为京津冀协同发展的历史演进及财税政策现状。本章首先借鉴制度经济学的分析方法，把京津冀协同发展的进程分为了中央计划性的经济协作阶段（1949—1978年）、地方自发性的经济合作阶段（1978—1996年）、中央和地方政府主导的经济协同阶段（1996—2014年）以及"自上而下"的顶层设计使京津冀协同发展上升为国家战略阶段（2014年至今）四个阶段，并对每个阶段进行了评价，得出了京津冀协同呈现出了由"自下而上"向"自上而下"演进的经验特征。其次，采用文献搜集法，结合实际调研，梳理了京津冀协同发展的目标及功能定位，并作出了简要评价。最后，梳理了京津冀区域协同发展的财税政策现状，主要包括区域协同发展中通常采用的财政税收政策、京津冀协同发展中的财政政策以及京津冀协同发展中的税收政策。

第四章为促进区域协同发展财税政策的国际经验借鉴。本章主要通过研究纽约都市圈、伦敦都市圈、巴黎都市圈、东京都市圈、首尔都市圈世界五大都市圈的演化及发展历程，尤其重视剖析其发展演化历程和协同发展过程中实行的财税政策，借鉴其相关经验和有效做法，以促进京津冀区域的协同发展。

第五章为促进京津冀产业转移的财税政策。首先对京津冀三地的产业格局特征进行了系统分析，主要采用比较法分别对京津冀三地的"一二三"产业进行了总量和结构的比较，得出京津冀产业转移条件已具备的结论；其次对京津冀产业转移现状及存在的问题进行分析；其次，进一步对京津冀产业转移中实施的财税政策存在的问题（财政支持京津冀产业转移的政策缺乏系统性、手段单一、杠杆作用发挥不够等）进行了深入探索，同时，提出了税收优惠政策由地区优惠向产业优惠转移不到位、"税收和税源"相背离导致税收利益协调政策缺失、京津冀税收政策的产业导向不明确、京津冀在税收征管上还不够便利、京津冀产业转移中的利益分享和协作共赢机制尚未形成等税收方面存在的问题；最后提出完善京津冀产业转移的财税政策，主要包括促进京津冀产业转移的财政政策和财政手段、促进京津冀产业转移的税收政策、探索建立促进三地产业转移的财税利益共享机制三大方面。

第六章为促进京津冀基本公共服务均等化的财税政策。首先，论述了区域协同发展与公共服务供给的联动关系，重点分析了区域协同发展与公共服务供给的相互作用；其次，对京津冀协同背景下公共服务供给水平进行了总体考察，选择和人们生活密切相关的公共文化教育、公共医疗卫生、社会保障、生活环境四大领域，并以公共医疗卫生为例，基于京津冀协同发展的背景，从均等化的视角，由点及面地探寻京津冀协同发展中公共服务供给水平的差异性；再次，采用熵值评价法对京津冀协同发展背景下公共服务供给效率进行了实证检验，在实证分析基础上得出了"综合社会服务水平协同速度迟缓，分类公共服务供给效率的协同速度存在差异"的研究结论；最后，就京津冀公共服务供给差异的资金需求测算，主要采用人均公共服务支出法，并考虑京津冀各地区地理的空间因素，生成公共服务供给成本差异系数，从而测算出京津冀地区各城市达到相同公共服务支出时应获得的资金支持。

第七章为促进京津冀生态环境协调发展的财税政策。首先，对京津冀协同发展背景下生态环境的现状以及存在的问题进行了分析。其次，对京津冀地区生态环境协同发展的财税政策现状及存在的问题进行了剖析，指出了"财权事权不平衡，环境保护和治理的财政投入不足；财政转移支付方式较为单一；财政补贴不完善，地方财政补贴压力大"等财政问题。同时在税收方面也存在"环境保护方面的税制不合理，资源税税费关系错位，税收优惠力度不大，作用不明显；生态补偿机制不完善，生态补偿资金总体不足；税收分享政策不合理"等问题。最后着重提出了促进京津冀生态环境协调发展的财税政策建议，主要包括加大环境保护的财政投入，完善环境保护财权和事权分配机制；完善横向财政转移支付机制；完善财政补贴制度，缓解地方财政补贴的压力；建立生态税收体系，完善资源税、环境保护税等税收制度；完善税收优惠方式，充分发挥税收优惠的调节作用；拓宽生态补偿资金的筹措渠道；创新和完善京津冀税收分享机制；建立和优化京津冀生态环境协调发展的财税法律体系等。

第八章为促进河北省建设全国商贸物流基地的财税政策。首先，本章分析了河北省商贸物流业发展现状及目标差距，阐述了河北省商贸物流业在京津冀协同中的作用，重点探讨了河北省商贸物流业要达成京津冀协同发展的现实约束；其次，采用投入产出法实证了"营改增"对河北省商贸物流业税负的影响，结果显示"营改增"确实有减税效果，但商贸物流各个主要行业税负有增有减；再次，对河北省支持商贸物流业发展的财税政策进行了分析，主要从河北省商贸物流业发展的现行财税政策现状、存在的问题展开论述；最后，提出了京津冀协同发展目标下河北商贸物流业发展的财税政策建议，主要包括推进京津冀财政合作，探索跨区域横向转移支付制度；加大财政资金投入力度，创新财政支持方式，等等。同时提出了打造京津冀区域税收协同，统一税收优惠政策，统一物流业税率，减轻商贸物流行业税负等完善河北省商贸物流业发展的税收政策。

三 研究方法

（一）文献收集和实地调研相结合方法

通过阅读大量有关京津冀的相关资料，构建了本书的研究思路和研究主线，在对大量文献总结、归纳的基础上构建了本书的研究框架。同时通过文献研究法获得《京津冀协同发展规划纲要》《"十三五"时期京津冀国民经济和社会发展规划》《京津冀协同发展交通一体化规划》《京津冀协同发展生态环境保护规划》《京津冀产业转移规划》等相关资料，获取基本信息并搜集相关数据指标；通过到发改委、交通厅、环保厅、商务厅、财政厅等相关部门实地调研，掌握京津冀协同发展在交通一体化、生态环境保护、产业转移等率先突破领域的完成情况，并就推进京津冀协同发展的机制完成情况展开调研。

（二）比较分析法

主要采用横向比较与纵向比较相结合的方法展开研究。通过横向比较法选取京津冀三地四大领域的公共服务供给水平进行了量化比较，并得出公共服务供给水平均等化程度下降的结论；通过纵向比较《京津冀协同发展规划纲要》实施前后一些关键数据，得出在生态环境保护、产业转移领域京津冀协同发展水平进一步提升的结论，说明京津冀协同发展取得了突破性进展。

（三）采取多种量化方法对京津冀协同发展效率进行检验

熵值评价法来自信息论，是一种客观评价法，其是根据多项指标所提供的信息量，以及指标变量间的信息重叠性，在甄别系统的无序程度和指标变异程度的基础上，测定各项指标所占权重和评价值的方法，被广泛应用于经济、社会等领域的研究与测评。我们主要根据熵值法的步骤计算京津冀13个城市2007—2015年公共服务供给效率的得分，排名越靠前则表明此城市的公共服务供给效率越高，其社会发展水平亦越高。进一步根据区域内各个辖区间公共服务供给效率的基尼系数和泰尔指数的数值高低以及动态变化趋势，从公共服务的视角有效判断出京津冀区域的社会协同程度与协同速度。

（四）典型案例分析法

为了探究京津冀公共服务的差距，我们选取了公共医疗卫生服务作为典型代表。公共医疗卫生服务具有外溢性特征，又兼具公共服务和私人服务的特性，但作为一项典型的公共服务，政府具有无法推卸的责任和义务，并扮演了愈加重要的角色。故以公共医疗卫生为例，基于京津冀协同发展的背景，从均等化的视角，以点及面地探寻京津冀协同发展中公共服务供给水平的差异性。在方法选取上，主要采用AHP层次分析法[①]，选取公共卫生服务提供能力指标、医疗服务提供能力指标、基

---

① AHP层次分析法是应用网络系统理论和多目标综合评价方法的一种层次权重决策分析方法，其本质是一种决策方法，主要应用于决策、评价、分析和预测。

本医疗卫生财政能力指标 3 个一级指标，13 个三级指标，对京津冀医疗卫生服务均等化进行了量化分析。

四 数据说明

本书的数据主要包括官方数据和调研数据两大类。官方数据主要包括：（1）历年的《中国统计年鉴》《北京统计年鉴》《天津统计年鉴》《河北经济年鉴》《中国高技术产业统计年鉴》《中国物流年鉴》《中国区域经济统计年鉴》《中国城市统计年鉴》《中国卫生统计年鉴》《中国财政年鉴》等。（2）各类有关京津冀的规划。主要包括：《京津冀协同发展规划纲要》《河北省推进京津冀协同发展规划》《"十三五"时期京津冀国民经济和社会发展规划》《河北省国民经济和社会发展第十三个五年规划纲要》《京津冀协同发展交通一体化规划》《京津冀协同发展生态环境保护规划》《京津冀产业转移规划》《北京城市总体规划（2016年—2035年）》《河北省建设全国现代商贸物流重要基地规划（2016—2020年）》《河北省全国产业转型升级试验区规划（2016—2020年）》《河北省新型城镇化与城乡统筹示范区建设规划（2016—2020年）》《河北省建设京津冀生态环境支撑区规划（2016—2020年）》等。调研数据主要是根据到实地调研、访谈等方式获得。

第三节 主要研究特色

一 重视以制度经济学的分析方法，探索我国京津冀协同发展的历史演进脉络，揭示京津冀协同的特殊性

按照制度经济学理论，本书把京津冀协同发展的历程分为中央计划性的经济协作阶段（1949—1978 年）、地方自发性的经济合作阶段（1978—1996 年）、政府主导性的经济协同阶段（1996—2014 年）、国家战略性的全面协同阶段（2014 年至今）。纵观京津冀区域合作发展历程，三地对区域合作重视程度越来越高、合作也愈加紧密。然而，虽然京津冀合作在一些方面取得了进展，但不论是顶层设计还是实质推进，京津冀合

作都有待进一步加强，尤其是在经济发展与产业升级上的协同合作。由于京津冀区域合作推进速度迟缓，造成京津冀区域经济发展速度相比长三角、珠三角区域放缓，实际经济地位也不断下降。京津冀区域地区生产总值占三个区域总和的比重从1978年的31%降低至2010年的25%，并在近几年徘徊在25%左右。加强京津冀协同发展势在必行，无论是适应国家经济重心战略调整需要，还是从区域协同发展考虑，都要求三地加快京津冀协同发展的区域合作进程，担当起中国经济增长"第三极"的重任，努力建成协同创新共同体，打造牵引中国创新驱动的"高铁动车组"。

京津冀协同的特殊性在于其协同的路径和以市场化为主的珠三角、长三角地区不同，其明显带有浓厚的行政色彩，"京"独特的政治位置，在京津冀的协同中扮演"决策"角色，"首都圈""首都经济圈""环首都经济圈"的提法充分体现了这一特色，但却忽略了区域协同发展中京、津、冀地位的平等性。本书充分认识到了这一特殊所在，在分析问题、提出对策建议时把其作为特殊背景考虑在内。

二 从理论层面探讨财税政策在促进京津冀协同发展中的作用机理

京津冀区域的协同发展离不开财税政策的支持，但是财税政策是如何影响区域协同发展的？其作用机理是什么？现代区域经济理论认为，缩小区域经济差距、扶持落后地区发展的关键之一，在于制定有效的财税政策，规范、科学的财税政策对推动区域经济协调发展发挥着重要作用。新经济地理理论认为，保障区域经济发展离不开财政政策，特别是加大落后地区财政支出尤为重要。财政补贴、转移支付等财政支出对提高落后地区市场竞争力和福利水平、平衡区域经济发展具有不可替代的重要作用，财政支出、税收等财政政策工具能够有效缩小区域经济发展差距，促进区域经济协调发展。因此，本书从财政政策和税收政策影响价格机制入手，进而传导到生产要素市场、商品市场和公共产品市场，并进一步传导至产业结构的优化布局、基本公共服务均等化等，从而最终影响区域协同发展。

具体表现为三大方面：一是财税政策是调节生产要素合理配置的重要工具：财政税收政策调节劳动力在区域内的合理流动；财税政策调节资本在区域内的合理配置；财税政策调节技术在区域内的合理配置；财税政策调节土地在区域内的合理配置。二是财税政策是引导产业布局合理化的推动力量：财政税收政策对商品价格机制作用进而引导产业布局合理化；财政税收政策直接作用于企业利润进而推动产业布局合理化。三是财税政策是促进区域公共产品均衡供给的重要手段：财政转移支付是实现区域内基本公共服务的重要手段；财税政策通过促进区域公共基础设施建设帮助区域协同发展。

三　基于京津冀三地产业格局特征剖析财税政策在产业转移中存在的突出问题，并就此提出系列针对性建议，对现实有较强的政策指导意义

研究发现，北京、天津的三次产业结构特征为"三二一"格局，按照库茨涅兹规律，两地已经步入后工业化阶段，而河北的三次产业结构特征为"二三一"格局，依然处于工业化的中期阶段。北京、天津两地虽然处于同一个发展阶段，但北京的第三产业要比天津发达，北京的第三产业比重较高，为75%，已经达到世界先进水平；天津的第三产业比重为56%，尚未达到世界平均水平，还有发展的潜力，要发展高端产业，进行产业升级。河北仍然以第二产业为主，还需加快速度进行产业结构的转型升级，同时有极大的空间发展第三产业。三地的基本业态差距说明，三地已经具备了产业梯度转移的基本条件。但京津冀产业转移中也存在突出问题，主要表现为：一是京津冀区域协调发展机制还不够完善；二是京津冀三地的产业梯度使河北产业承接的难度加大；三是中心城市拉动作用不强，特色产业不明显，承接转移秩序混乱；四是产业结构趋同严重，缺乏深层次的协作；五是自主创新能力差，制度创新不足。

本书在剖析京津冀产业转移与承接中存在问题的基础上，进一步提

出了促进京津冀产业转移的财税政策存在五大问题：（1）京津冀产业投资资金发挥作用不够。主要表现为京津冀产业投资基金规模相对较小，尚未找到好的投资项目，致使京津冀产业投资资金发挥杠杆作用不够，无法有效地撬动、引导社会资金参与。（2）税收优惠政策由地区优惠向产业优惠转移不到位。虽然税收优惠政策由区域优惠向产业优惠的转变已实施多年，但目前还在执行的区域性税收优惠政策数量仍然较多，加剧了地区发展差异。就京津冀三个区域而言，目前是北京、天津两地享受的区域性优惠政策较多，几乎涵盖了所有的优惠政策类型，而最需要政策扶持的河北享受的政策优惠却较少。北京、天津都分别有自己的税收优惠区域，如北京有以中关村为代表的国家自主创新示范区，天津则有滨海新区，河北虽然也有以秦皇岛、石家庄等为代表的多个国家级经济技术开发区，但这些开发区享受到的税收优惠政策不论是力度还是广度都明显不如北京、天津同类型的开发区，其在发展规模、发展速度以及对经济的辐射作用等方面与北京、天津都有很大差距。（3）"税收和税源"相背离导致税收利益协调政策缺失，影响区域产业合理布局。行政区划壁垒加大了建立协调机制的难度，而税收利益直接关系到三地的财政收入，三地考虑更多的是本地经济，为了争夺地方经济利益，各自为政、无序竞争，由于税收利益协调机制缺少国家层面的顶层设计，造成三地的发展利益难协调，无法实现京津冀协同发展。（4）京津冀税收政策的产业导向不明确，进而影响产业的转型升级等。京津冀三地协同发展，客观上要求其产业发展层次和阶段实现互补，税收政策应充分发挥其对区域产业发展的调节作用。然而，现有的税收政策对各地的产业导向不够明确，不能很好地配合京津冀未来产业发展的角色定位，不利于实现京津冀区域优势互补的错位发展。（5）现有税收政策不利于产业结构的转型升级。

针对这些突出问题，本书提出了以下几个建议：（1）利用好京津冀产业协同发展基金，促进产业转型升级。对于容易吸引社会资本投资的行业和领域，协同发展基金可以以较小的比例投入或暂不进入；而对于符合战略布局但吸引社会资金较难的行业和领域，协同发展基金将积极投入，增大出资比例。在京津冀协同发展基金的引导下，三地应在打造北京科技创新中心和天津先进制造研发基地的基础上,大力推进河北承接京津科技成果转化,充分发挥产业发展基金对社会资本的引导作用,为共同推进京津冀产业转移作出贡献。(2)制定好有利于引导区域内产业转移和承接的税收优惠政策。一是实行鼓励外迁企业的税收优惠政策;二是实行承接产业转移的税收优惠政策。(3)创新财税政策,支持高技术产业发展,加快整体区域产业转型升级。一是不断创新财政补贴、奖补等政策,支持高技术产业的发展;二是综合运用科技保险、创新券等市场化工具,引导创新资金;三是实施助推高技术产业发展的税收政策。(4)利用税收政策助推区域内产业合理布局。一是增大税收政策对先进制造业的引导作用;二是增强税收政策对特色旅游业的扶持作用;三是运用税收政策加速传统工业转型,尽早实现环境治理目标。(5)实行分类管理的税收政策,促进区域协同发展效率与公平。一是清理地方政府自主订立的税收优惠政策;二是优化规范不利于协同发展的税收优惠政策;三是提升税收优惠政策的精准性和有效性。

四 对京津冀基本公共服务均等化差异进行了测算与资金缺口预测,剖析了京津冀协同发展中财税政策制约因素,进而提出了改革的总体思路和对策

根据测算结果可以看出,京津冀各个城市若想实现与北京基本相同的公共服务,资金缺口规模巨大。也进一步验证了,北京的公共服务供给水平远高于京津冀地区的其他城市,京津冀地区间的公共服务均等化目标近期内难以实现。而以加速缩小差距为目的的京津冀地区公共服务协同发展将更适宜京津冀当前的需要。当前京津冀公共服务供给的财税政策制约因素主要有:京津冀间的特殊政府干预问题;京津冀间的经济实力与财政能力差距问题;以 GDP 为导向的绩效评价引致京津冀间过度财政竞争问题;京津冀三地间财税体制缺乏协同。

本书提出了促进京津冀公共服务供给均等化的总体思路:深入贯彻落实党的十九大精神,以习近平新时代中国特色社会主义思想为指导,坚持以人民为中心的发展思想,统筹推进"五位一体"总体布局和协

调推进"四个全面"战略布局，根据国家"十三五"推进基本公共服务均等化规划和京津冀协同发展规划要求，结合省情及京津冀基本公共服务现状，加大改革力度、创新体制机制、持续增强财政保障，着力补短板、强弱项、惠民生，分阶段提升河北基本公共服务水平，努力提升人民群众获得感、公平感、安全感和幸福感，逐步实现京津冀基本公共服务均等化。

本书注意到了京津冀协同发展中的一个关键因素就是雄安新区，提出了"雄安新区引领区域服务均等化的突破模式"，注重围绕雄安做文章，提出在合理划分事权和支出责任基础上适当提升中央对雄安新区公共服务的事权支出，争取中央加大对河北特别是雄安新区的优惠政策支持力度。建议在新区实行所有特区通用的企业所得税优惠政策，即符合条件的企业减按15%税率征收企业所得税，并将中关村国家自主创新示范区政策向雄安新区延伸；将雄安新区作为一级独立财政，赋予其与设区市相同的财政管理权限，等等。

京津冀区域的协同发展有自己的独特性，不同于珠三角、长三角等区域的协同发展，加之三地差异巨大，处于不同的工业化发展阶段，增加了协同的难度。相信本书的研究成果，能为促进京津冀协同发展，缩小三地差距，实现京津冀区域的一体化水平贡献一份绵薄之力。

第二章 区域协同与政府责任、财政责任的逻辑关系

第一节 区域协同与政府责任

一 区域协同的理论基础

(一) 区域协同的内涵

虽然"Synergy"一词来源于古希腊语"Synergos",但协同在中国的汉语语系之中也早已有之,通常表达为谐调、统一、协助、配合之意。如《汉书·律历志上》中"咸得其实,靡不协同"的感慨和《后汉书·桓帝纪》中"内外协同,漏刻之闲,桀逆枭夷"的策略建议,以及鲁迅在《热风·随感录三十六》中"太特别,便难与种种人协同生长,挣得地位"[①]的感悟,其中的"协同"都具有共同、统一的含义。而清朝李渔在《比目鱼·奏捷》中"若果然是他,只消协同地方,拿来就是了"和毛泽东在《给中国人民志愿军的命令》中"协同朝鲜"的作战指令,其"协同"则具有协助、配合之意。

而从战略的角度深入研究并最早提出协同概念的则是美国著名的战略专家 Ansoff(李辉,2010)。Ansoff 在《公司战略》(1965)中指出,一个公司或企业涉足新产品市场的战略决策需要考虑新产品的市场范围、公司的未来发展方向、公司自身的竞争优势以及企业间的协同模式四个战略性要素。他通过投资收益率基于产品与市场的可能组合性阐释了协同的有效性(协同效应),即基于协同理念的战略模式可以促成企

[①] 《热风·随感录三十六》,《新青年》1918年11月15日第五卷第五号。

业与企业之间的理想匹配关系,从而通过规模经济实现整体价值的增值。日本战略专家伊丹广之在 Ansoff 协同理念的基础上进一步提出,协同具有一定的搭便车性质,协同效应的发生是基于企业隐形资源①的使用(安德鲁·坎贝尔等,2000)。德国著名物理学家 Hermann Haken 于 1969 年提出协同学(Synergetics)一词,从物理学的角度探究了协同系统从无序到有序的演化规律,并于 20 世纪 70 年代创立了协同学。即以协同作为基本范畴,研究开放系统由内部子系统的协同作用形成有序结构机理和规律的一门综合性交叉学科(Haken,1977)。

由此可以概括出,协同并非一种简单的合作模式,而是一种包含了目标、过程以及结果三个层面的高度融合协作模式。即一方面,就协同主体而言,其不仅强调协同系统内部各个子系统或者各个部门之间的协调性,还注重各个子系统的集体性,各个子系统均具有一致的提高整体效益目标;而另一方面,就协同的开展进程而言,基于各个子系统间身份的平等性,注重各个子系统的优势资源匹配性,从本质上来说,主动打破人、财、物、信息、流程等资源之间的各种壁垒和边界,在协同系统内整合和充分利用各种实体资源,或共享隐形资源,实现资源配置的高级优化;再者,就协同的结果而言,协同系统内最终产生新的结构和新的功能,实现协同效应,带来综合价值的有效增值。因此,协同是两个或两个以上资源或个体间协作程度最高、最和谐的一种进程和状态(刘光容,2008)。而区域协同则是运用协同学的理论内核来研究和解决区域发展过程中的不均衡问题,是基于区域协调发展的更高级区域发展模式。一般情况下,区域是指国家政权体系和行政层级管理结构下的行政地理单元,并主要是按权力结构分布和行政层级覆盖面划分的(杨龙、彭景阳,2002)。区域发展的不均衡可以分为区域间的发展不均衡和区域内的发展不均衡两类情况,本书主要以区域内的发展作为主要研究对象,即区域协同也是针对区域内各辖区间的协同。

(二)区域协同的目标

区域协同发展已成为推进区域城市化进程、建设和谐社会的需要

---

① 伊丹广之将企业的资源分为实体资源和隐形资源,隐形资源主要是指企业在经营中积累的知识和经验等。

(李国平，2012)。由于区域可以根据自身需求来规划区域内人力和物力的发展，并可限制对发展产生不利影响的外界联系（Stohr and Todling，1977；Krueger and Robert，2011），随着各地间日益密切的经济交往，通过合作博弈，区域经济系统协同发展存在协同可能性（侯建荣，2009），形成相互依赖、相互适应、相互促进、共同发展的内在稳定运行机制，达到各区域经济均衡持续发展（覃成林，1996；高程，2010；祝尔娟，2014）。区域协同一般包括空间系统协调、人口发展动态协调、产业结构协调、资源环境协调、社会发展协调等因素的协调发展（曾坤生，2000），区域内各辖区间的协同主要解决各辖区间的不均衡发展状态，以此提高整个区域的发展速度和延长整个区域的健康发展周期。虽然区域经济一体化是区域协同发展的一部分，但经济一体化的制度框架并不一定会带来区域整体的协同发展（段铸等，2014）。由此，区域协同的目标主要集中于区域经济协同和区域社会协同两大部分。

1. 区域经济协同

区域经济发展是区域实际福利得以提高、经济增长得以长效的物质基础和前提条件，其代表着一个地区财富与产出量的扩张可能性。而任何一个区域都存在经济相对发达的中心辖区和经济相对落后的外围辖区，发达与落后间的经济差距则是均衡机制失灵的最主要表现。区域经济协同的核心目标之一就是缩小以至消除区域内辖区间过大的经济差距。即有效运用市场机制和政府调控手段，遵循协同战略理念，共同架构科学的区域产业结构格局，平衡区域内辖区间的经济利益分配，缓解资源、交通、信息、科技、生态环境以及体制创新等影响辖区经济发展的因素差异，实现整个区域经济的互补和联合，发挥协同效应，提升整个区域的经济综合实力，促进区域走向"经济政策区域化""经济机制区域化""经济改革区域化"，模糊经济中心与经济外围的界限，最终实现区域空间经济的"一体化"。

2. 区域社会协同

一个区域的社会发展与该区域的经济发展高度相关。区域社会发展既是维持区域经济发展不可或缺的基础环境条件，又是区域经济发展的动力和最终归宿。为了实现区域的良好发展，需要经济运行以及社会发展的相互适应和相互调节。随着区域内各辖区之间经济发展差距的逐渐呈现，具有非经济性特征的社会民生建设、社会管理创新、社会体制改革以及社会能力建设（任泽涛，2013）四大重要领域在各辖区间的差距也在逐渐拉大。因此，区域协同目标不仅包含缩小以至消除辖区间经济差距的区域经济协同目标，还包括整合区域内各种社会管理资源、加速推进区域内辖区间基本公共服务均等化的区域社会协同目标，为区域经济协同创造良好的维护和支持条件，构建经济社会稳定区域协同机制，形成有效的区域协同常态，实现区域全方位的"一体化"。

（三）区域协同的理论依据

区域内各辖区在发展的进程中，由于资源禀赋、经济能力、管理能力等发展因素的先天或后天差异性，区域内各辖区间的差异成为较为普遍的客观事实。为了维持区域发展的可持续性，追求均衡、缩小差距成为区域发展的主流思想。而区域协同是以解决区域内辖区间的不均衡问题为行动起点，以实现区域均衡发展为目标，但区域协同发展的实现并非一朝一夕之事，是一个漫长的过程。为了加速实现区域协同发展，需要厘清区域协同中辖区间内置的利益诉求脉络，促成区域协同内在驱动力的形成，以达到事半功倍的协同效果。

在众多国家和地区的区域经济发展历程中，非平衡发展是一个较为普遍存在的客观现象，"不平衡—平衡—新的不平衡—新的平衡"（李华，2016）的循环路径基本得到了专家学者的认同。因区域协同既包括区域经济协同，又包括区域社会协同，故研究区域经济协同问题无法避开区域经济非平衡发展的问题，由此，通过对核心—边缘理论、产业梯度转移理论以及增长极理论等区域非平衡发展理论的梳理，探寻京津冀区域协同发展切实可行的实践路径。

1. 核心—边缘理论

核心—边缘理论是一种关于城市间相互作用、相互扩散的区域发展理论。该理论的创造者是约翰·弗里德曼（周长林等，2010）。1966年弗里德曼在《区域发展政策》一书中指出，任何区域的发展必将存在核心区与边缘区，核心区是区域内工业发达、技术水平高、资本集中、人口密集、经济增长速度快的城市，边缘区是区域内经济较为落后的城市（汪宇明，2002）。在经济发展过程中，劳动力、资本以及技术三个重要的生产要素都具有较强的可流动性。地区之间劳动力要素禀赋不仅存在量的差异性，更存在质的差异性（李华，2016），而劳动力资源分布结构与地区间经济增长的非均衡性相互影响、互为因果，但丰富的高素质劳动力资源对地区经济增长具有极大的促进作用，而核心区与边缘区之间存在着不平等的发展关系，核心区一般处于统治地位，而边缘区在发展中往往对核心区具有一定的依赖性；再者，被称为经济增长和发展"血液"的资本要素，其投向也会因其天生的趋利性而使其非常注重投资环境、投资收益等区域融资能力。总之，核心区会聚集较为优质的生产要素，有助于技术进步、生产高效、发展创新，进而强化了边缘区资金、劳动力等生产要素流入核心区的可能，形成典型的"虹吸效应"。此外，一个地区的经济发展除了受流动性较强的三大重要生产要素影响外，还要受地区自身自然条件、区位条件、基础设施、市场化程度、文化传统等众多不可流动要素的影响。但这些不可流动要素的形成却又要受人文、历史等更复杂因素的影响，且也难以在短时期内发生迅速的改变。故核心区与边缘区之间想实现可流动生产要素的自主逆向流动，以及非流动性生产要素环境差距的尽快缩小，单纯依靠市场的自发行为，相对而言具有一定的难度。进而弗里德曼在核心—边缘理论中曾主张通过政府干预的路径来打破核心—边缘这样的二元发展结构，改善由此所带来的极不平衡的发展现状。尤其是在经济全球化、区域协同化发展的趋势下，各个经济辖区间的相互关联性越发增强，通过政府干预的路径促使区域内核心区与边缘区的边界逐步发生变化，最终达到区域空间一体化，是区域经济发展理论中的一个基本共识。

2. *产业梯度转移理论*

产业转移是指为了顺应市场经济发展的需求，发达地区的部分产业依据比较优势而将部分产业的生产转移到相对不发达区域进行生产的现象。产业转移是经济发展过程中由于地区间经济发展不平衡而造成的生产成本条件差异性，进而引发的资源重配的过程（周长林等，2010）。如美国经济学家威廉·阿瑟·刘易斯认为发达地区的劳动密集型产业向欠发达地区转移的原因，是由于发达地区人口自然增长率下降，其非熟练劳动力不足，造成劳动力成本上升，对于劳动力成本较为敏感的劳动密集型产业得不到比较优势，进而转向欠发达地区（谭崇台，2001）。

梯度转移理论是在美国经济学家弗农（1966）的产品生命周期理论与汤普森（1966）的区域生产周期理论的基础上形成的。弗农认为工业产品与生物的生命周期相类似，其成长和发展过程都需要经历一个由弱变强再变弱的周期。而一种新开发的产品一般经历新产品、成熟产品和标准化产品三个阶段（俞国琴，2007），而这个产品生命周期的循环过程，就是与产品相关的技术等生产优势由高梯度地区向低梯度地区①传递的过程。即若一个地区其主导产业部门正处于创新阶段，则表明该地区正处于生命周期的上升期，为"高梯度"地区；而与此相对，若一个地区其主导产业处于衰退阶段，则该地区处于生命周期的下降区，为"低梯度"地区。不同梯度的产业与区域之间，也存在着由高向低的空间转移。

梯度转移理论创立至今，从最初的静态梯度转移到动态梯度转移，再到反梯度转移和广义梯度转移，不断发展。梯度转移理论中产品生命周期理论告诉我们，产业的发展确实存在区域性的梯度差距，该种差距具有典型的客观性，但在持续的资源优化配置和创新的过程之中，随着产品成熟度的进一步推进，人才、技术等因素的输出和输入，以及生产规模扩大、生产费用节约等更多诉求的发生，致使高梯度地区内生产优势逐渐淡化，高梯度地区处于"夕阳状态"的产业会选择向相对落后的低梯度地区转移（李华，2016），从而一定程度上会弱化各个地区间的差异性，为区域协同提供了理论支撑。

3. 增长极理论

增长极理论是由法国经济学家弗朗索瓦·佩鲁于1955年在《略论增长极概念》中提出的，后经多位经济学家发展与完善，现已经成为区域不均衡发展理论最具代表性的理论之一。佩鲁认为，增长并非同时且

---

① 如果一个地区的主导专业部门都是由那些处在成熟阶段后期或衰老阶段的衰退部门所组成，则该种地区属于低梯度地区（俞国琴，2007）。

均匀地分布在所有地区之内，且增长的强度也有所不同，对于整个地区的"终极影响"也存在不同。他借喻物理学的"磁极"概念指出，在经济增长过程中，由于资本密集、技术密集、规模经济等因素，区域空间内会存在若干增长点或是增长极，这些部门或地区会像"磁极"一样产生经济增长的向心力或离心力，从而影响区域空间内的增长程度和增长走向。但因经济增长并非同时出现在所有地理空间点上，而是以不同的强度聚集在某些经济增长点或增长极，然后再以这些增长点或增长极为基点，通过不同渠道向外部地区扩散开去。因此，增长极理论认为，增长极与腹地之间同时存在向心极化效应和离心扩散效应，两者共同作用形成溢出效应。一般情况下，在初期阶段，因规模经济的作用向心极化效应大于离心扩散效应，要素在增长极与腹地之间流动，呈现出"虹吸效应"，且增长极与腹地之间的差距进一步拉大；而在经济增长到一定阶段后，离心扩散效应不断增强，向心极化效应因拥挤成本的不断增加受到一定的抑制，生产要素逐渐向腹地扩散，增长极与腹地之间的差距逐步减少。

佩鲁在对增长极理论的探究中还指出，增长极的培育和形成不能一蹴而就，是一个积淀的过程，需要具备特定的条件，一般情况下，一个地区发展成为增长极应具备区域优势、规模经济效益以及科技创新能力三大条件。首先，从人类历史发展的结果来看，经济和人口会根据资源禀赋与历史发展进程的不同，在地理空间上形成一定的聚集点，而这些聚集范围内无论是基础设施，还是劳动力素质、市场环境等各个方面都要优于其周边地区，而优越的条件又会吸引周边地区资本、优秀人才等生产要素的流入，形成增长极；其次，从资源条件来看，具有原材料、能源等资源优势的地区，由于拥有生产上的区位优势，往往比不具有这些优势的地区更有利于增长极的形成；再次，从技术条件上看，技术创新能力高的地区，劳动生产率更高，对各生产要素的吸引力也更大，也更有利于增长极的形成。增长极的最终形成存在两条途径，一条是通过市场机制自发而形成，另一条则可以由政府主导建成。增长极形成后，在产品的市场供求关系、生产要素的流动等方面，增长极对非增长极地区会产生自然的导向拉动作用和支配性影响，进一步吸引周边资源向增长极的集聚，引发更大的不均衡。此外，增长极理论还强调了政府在区域经济发展中的突出作用，认为政府的规划和集中投资对于区域的发展具有主导作用（李华，2016）。

二 政府责任的理论基础

（一）政府与市场的边界

1. 政府与市场的基本关系

政府与市场的一般性关系。政府与市场长期被形象地描述为"看得见的手"与"看不见的手"，而如何正确处理"两只手"之间的关系几百年来都是争论的焦点。20世纪30年代的世界经济大萧条，使人们看到了市场经济的局限性，并进一步总结出：垄断、外部效应、信息不对称、收入分配不均以及经济波动等均是"市场可能失败""市场不理性"以及"市场失灵"的表现，而单纯依赖市场价格机制无法实现自发性的调节和纠正。美国著名的经济学家斯蒂格利茨从市场失灵与政府的经济职能两个方面，系统论证了政府干预的必要性，他指出在实践过程中，市场长期处于不完备状态，信息难以完全对称，市场内的企业竞争也无法达到完全竞争模式，此时单靠市场自身的调节根本不能实现帕累托最优。由此，弥补"市场失灵"成为政府进行干预的重要证据，以凯恩斯主义为代表的政府干预理论也进而取代了传统古典经济学理论，成为经济学的主流。虽然之后凯恩斯主义的观点受到了货币学派等现代经济学派的质疑与批判，提出：政府的干预也并非无懈可击，政府的干预也存在"政府失效"；公共选择理论更是指出政府干预会造成"公共决策失误""政府扩张""官僚机构低效率"以及"寻租"等行为，从而形成社会更大的资源浪费。但斯蒂格利茨认为，政府失灵并不比市场失灵更糟糕，且基于政府拥有征税权、处罚权、禁止权等强制性特权，对于无处不在的"市场失灵"现象，政府的可干预领域极为广泛，这是对市场良好的弥补和监督。因此，政府在经济发展中的作用在世界范围取得了广泛的共识，政府干预理论也成为各国制定经济发展政策的理论基础。

2. 我国政府与市场关系的历史变迁

我国对于市场机制作用的探索早在社会主义制度建立之初就已开始，而自 1978 年改革开放以来，我国将市场经济作为发展生产力的方法和途径引入社会主义之中并已经实践了 40 年。1978 年党的十一届三中全会提出要重视价值规律的作用；1982 年党的十二大报告中提出"计划经济为主，市场调节为辅"；1983 年党的十二届三中全会提出"有计划的商品经济"；1987 年党的十三大报告中提出"国家调节市场，市场引导企业"的新经济运行机制；1992 年党的十四大报告指出使市场基于"国家宏观调控下"对"资源配置"起"基础性"作用，这是市场与政府关系具有里程碑意义的诠释；1997 年党的十五大报告进一步强调了市场作用，提出"充分发挥市场机制作用"和"健全宏观调控体系"；2003 年党的十六届三中全会在坚持市场起基础性作用的基础之上，明确了政府为市场创造发展环境等服务性功能；2012 年党的十八大进一步提出"更大程度""更广范围"发挥市场作用；2013 年党的十八届三中全会促使政府与市场的关系进入了新的境界，将市场从之前的"基础性"作用上升为"决定性"作用；2017 年党的十九大报告不仅重申了市场的"决定性作用"，还提出政府作用的"更好发挥"要求。

总而言之，我国几十年的现代化发展历程，都未曾脱离过政府与市场关系的探索。虽然政府与市场各自所发挥的作用已经有目共睹，但政府与市场的合理边界问题直到如今依然是一个深刻而活跃的议题。如 2016 年林毅夫与张维迎的产业政策问题公开辩论，虽聚焦于我国的经济发展结构性，但归根结底则是政府干预作用和政府边界问题的延伸性讨论，仍属于政府与市场关系的范畴[①]。

（二）政府的经济建设和社会发展一般责任

公平与效率是评价政府经济行为的两大基本准则，并经常成对出现，但公平与效率的关系却长期以来都是众多专家与学者热衷探讨的内容，是经济社会发展中评价政府行为不可避免的基本性问题。如古希腊

---

① 参见张维迎、林毅夫《政府的边界》，民主与建设出版社 2017 年版，第 2—5 页。

思想家亚里士多德在其经典著作《政治学》中就早已指出政府只有遵循"正义原则",并以"树立社会秩序"为目的才是合法有效的,充分表明了政府在维持"正义"的社会公平与形成"秩序"激发经济效率方面的责任和职能①。威廉·配第、弗朗索瓦·魁奈以及亚当·斯密一脉相承的政府观,更是倡导政府应在"不违反正义的法律"②这一基本公平前提下,给予经济足够的发展自由。而即使在哈耶克自由主义的政府责任观中,主张创造并维持竞争条件和充分发挥市场经济活力的政府主要责任③,已显著体现出其对于市场效率的推崇,但与此同时他也提出为了保障社会竞争的顺利进行,政府具有提供"最低限度收入保障"的公平性职责。但从公平与效率关系的视角看,生产力的提高和共同富裕的实现两者并不矛盾,确切说共同富裕作为人类发展的终极目标④既需要效率的贡献,也需要公平的服务,由此,只有社会关系环境的公平正义才有助于经济的积极性、活跃性和创造性的发挥⑤,才有助于经济效率的有效实现,才能够走向社会的共同富裕。由此可以判断,经济效率和社会公平的有效维护均是政府的责任。

1. 经济建设效率责任

效率作为经济学研究的中心问题,其主要是对投入与产出效果高低的考察。即基于人类需求无限与现实资源有限、稀缺的基本矛盾,通过对不同资源的优化、配置组合等方式实现资源的有效利用,最大限度地满足人类的需求。但从经济学的角度理解,效率的含义则较为丰富和复杂,主要包括技术效率、配置效率以及制度效率三个层次。首先是技术效率,指在经济发展中生产的投入与产出的关系,为了追求效益的最大化,以最小的投入获取最大的产出。其次是配置效率,指在技术效率的基础上通过改变资源配置的格局,提升效率总体水平的途径和方式。帕

---

① 参见亚里士多德《政治学》,商务印书馆1965年版,第19页。
② 亚当·斯密:《国民财富的性质和原因的研究》,商务印书馆1979年版,第441页。
③ 参见弗里德里希·冯·哈耶克《哈耶克文选》,河南大学出版社2015年版,第99—102页。
④ 厉以宁:《经济学的伦理问题——效率与公平》,《经济学动态》1996年第7期。
⑤ 高兆明:《从价值论看效率与公平——再论效率与公平》,《哲学研究》1996年第10期。

累托最优理论就是典型的配置效率理论。最后是制度效率[1]，指通过制度安排以影响投入与产出的技术关系和配置关系，进而影响最终效率水平的途径。因政府作为政策的决策者以及财政资金的有效使用者，具有生产、经营等制度安排以及调整资源配置格局等方面的权利和能力，可以运用相应的政策来达到效率提升的目标。故在经济发展的过程中，制度效率的提升是政府责任的重要表现。

2. 社会发展公平责任

公平包含了伦理学的判断视角（厉以宁，1996），并经常以正义的形式而存在，但由于公平并不意味着完全的对等，反之，绝对的对等又常常成为典型的不公平的体现，所以，对于公平高低的评价则主要运用机会均等作为基本的评判标准，即对于社会成员之间各种权利诉求以及利益分配机会均等与否的评价。如美国经济学家米尔顿·弗里德曼提出"任何专制障碍"都不应阻止社会成员的机会均等[2]，伦理学家弗兰克纳更是进一步指出社会成员获得法律面前人人平等、受教育机会平等此类分配基础的平等才是合理的[3]。基于个人天赋、功能能力、资源禀赋等先天条件的差异性，市场机制的分配格局必然容易造成公平目标的偏离甚至背离，政府通过税收政策、财政补贴政策、政府投资等收入调控杠杆给予非均等的纠正，不仅有助于社会公平、社会正义的实现，更有助于社会稳定的维护。

因此，为了实现区域的良好发展，需要经济运行以及社会发展的相互适应和相互调节。而一个区域社会发展既是维持区域经济发展不可或缺的基础环境条件，又是区域经济发展的动力和最终归宿点，故一个区域、一个城市群的发展也不仅仅是区域内各地区经济的携手并进，更应是基于各地区社会公共服务水平、社会发展条件共同提升与完善的社会协同发展。因此，以解决各地区间的社会不均衡问题为行动起点，通过整合各种社会管理资源、加速推进各地区的公共服务水平均等化，为区

---

[1] 张艺缤：《论公平的价值诉求》，《前沿》2011年第22期。
[2] 米尔顿·弗里德曼：《自由选择》，胡骑等译，商务印书馆1982年版，第135页。
[3] 威廉·K. 弗兰克纳：《善的求索：道德哲学引论》，黄伟合译，辽宁人民出版社1987年版，第106—107页。

域经济发展创造良好的维护和支持条件，构建经济社会稳定发展机制，是政府不可推卸的重要职责。

三 京津冀协同中政府责任的逻辑推演

（一）京津冀协同中政府与市场的基本定位

落脚于京津冀的协同发展，从京津冀协同区划边界的设定，到其功能定位的确定，以及建设目标的选择，无不彰显出政府对京津冀协同发展的极大重视和坚定决心。尤其是京津冀的建设和发展是一个持续而漫长的过程，无论是从国家发展战略的宏观视角看，还是从一个区域发展的中观视角看，也无论是从区域中某个辖区的经济建设需求视角看，抑或是从社会发展需求视角看，政府与市场的边界问题、政府责任的范围问题仍旧是一个需要优先确定的主题。尤其是虽然经过了40年的改革开放，我国整体市场体制机制仍处于不完善的状态，产权制度、公司治理结构、社会信用体系等规范化程度均有待进一步提升（郑春勇，2014）。在此阶段，坚持市场在资源配置领域的决定性作用，更有赖于政府良好作用的发挥和积极的推动。而尊重市场规律，为增强市场活力保驾护航，加快建设现代化市场体系的步伐，在资源配置方面尽可能地减少政府直接介入，通过更加有效的制度和政策供给保障市场的高效，以及政府的"有为"，是京津冀协同发展中政府与市场关系的内在需求。

以肩负北京新两翼和河北两翼发展任务的雄安新区为例，2019年1月24日国务院发布的《关于支持河北雄安新区全面深化改革和扩大开放的指导意见》（以下简称《指导意见》）中，对于雄安新区建设与发展中的政府与市场关系，已给予了清晰的安排。（1）政府与市场的基本定位。针对雄安新区建设的主要目标，《指导意见》对于市场不仅明确了其在资源配置中"决定性作用"的地位，而且对于政府"更好发挥"作用的地位给予了肯定，这与新时代中国特色社会主义背景下新发展理念保持了高度的一致性。此外，除了政府与市场的基本定位，《指导意见》还提出要建立制度体系，并对制度体系基本建立提出了2022

年这一具体时间节点。要求在不足四年的时间里,建立一套既要满足雄安新区定位以及高质量发展要求,又要市场和政府都能够发挥各自优势的制度体系。而时间的限定既是对政府与市场定位在雄安新区建设中有效实现可能性和指导性的加强,更是对制度体系能够得以及早建立的策略倒逼。(2)政府与市场的分领域定位。对于"充分激发市场主体活力"这一重要任务,《指导意见》提出在"市场资源"和"市场活动"两个方面,要遵循"最大限度减少""直接配置""直接干预"的原则。这是对市场"决定性作用"在雄安新区建设中最明晰而强势的领域的支持,也是对政府干预和政府边界最为精准而严厉的领域的限制。而对于"推进社会治理现代化"这一重要任务,《指导意见》则提出"政府负责""加大政府购买服务力度"等要求,体现出政府在社会发展领域不可或缺的重要作用。总之,《指导意见》对雄安新区经济和社会不同建设模块中政府与市场权力边界原则给予了更加详尽的表达,为政府责任的划分以及政府边界的设定,提供了重要的政策依据。通过雄安新区,可以帮助我们进一步厘清京津冀协同发展中政府与市场的关系,有助于减少协同中政府"越位""缺位"发生的可能性。

(二)京津冀协同中政府的先行顶层设计责任

市场机制具有自发、盲目和滞后等内在缺陷,为了减少市场机制缺陷对京津冀协同发展的消极影响,国家应该从全局出发,既要考虑到京津冀整个区域的长远利益,又要顾及区域内各辖区的单体发展利益诉求,对京津冀区域进行统筹规划。就京津冀区域而言,京津冀区域形成至今一直具有显著的行政性色彩,无论是京津冀的区划安排,抑或是京津冀区域发展的目标设定,还是京津冀各辖区发展的功能定位,以及京津冀区域发展的路径选择,无不彰显出政府在当前以至未来发展中的主导性作用。

1. 区划的行政性确定

京津冀区域是北京、天津以及河北三地行政区划地理范围的简单加总,并未基于京津冀区域发展趋势而重新对其进行地界整合与划分。因中国具有较为特殊的行政等级管理体制,行政等级的高低往往与资源配置的主动性和资源的优质程度都有着直接的联系,即行政等级越高的地区，资源配置的自主性越高，资源吸附的能力越强；反之，行政等级越低的地区，资源配置的被动性越强，资源"逃逸"的可能性越大。在京津冀区域之内，首都身份的北京、直辖市身份的天津和普通省份的河北，无论是在京冀关系中还是在津冀关系中，河北均处于弱势地位，在京津冀协同发展的过程中将会难以处在平等的协商地位。再者，京津冀的长效发展并非简单地以京、津、冀三地的身份而展开经济与社会的携手共进，"2+11"的城市群发展模式将会是近期内较为长期存在的发展模式，而北京、天津与河北11个地级市之间的行政等级差异化程度将会进一步被放大。

2. 功能定位的政府主导性

首先，在京津冀目标设定方面，具有较为明显的政府主导性。一般的区域发展，其主要以缩小区域内辖区间的差距，实现区域整体快速、长效发展为最终目标。但京津冀地区有所不同，虽然也提倡通过优化产业结构、提高资源配置效率等途径实现京津冀经济与社会差距的缩小，但在区域发展目标设计上还是注重和强调北京首都功能的保障和非首都功能的疏解。虽然两个目标并不存在本质上的冲突和矛盾，但政府主导在京津冀区域发展中的作用已十分明朗。尤其是对于雄安新区的设立，更是明确提出雄安新区应与北京城市副中心形成"北京新的两翼"，与张北地区形成"河北两翼"，以辐射和带动京津冀地区的发展。雄安新区"北京新的两翼"的定位，不仅满足了北京"大城市病"得以有效缓解的初衷，还明晰了"副中心"的具体化发展目标，为雄安新区借助于北京良好的经济和社会发展条件、优质资源和平台加速崛起，提供了强有力的政府规划支持。而雄安新区"河北两翼"的定位则是依托于京津冀协同发展的需要，以及考虑到京津冀三地间切实的经济和社会发展差距，携手举办冬奥会和残奥会的张北地区，发挥雄安和张北的区位相对比较优势，快速成长为新的经济增长极，发挥该"两翼"新经济引擎的辐射带动作用，以有效提升河北发展速度，加速缩小京津冀地区间的差距，从而事半功倍地实现京津冀的均衡发展，为京津冀协同的早日实现保驾护航。

其次，在京津冀区域发展的路径选择方面，也具有明显的政府主导性。区域发展一般依据区域内各辖区的自身比较优势,在竞争与合作中协商确定各自的产业分工和功能定位,具有一定的市场自发性。但京津冀有所不同,为了有效推动京津冀区域发展和实现区域发展目标,对于京津冀三地的功能定位,政府已经做了较为明确的顶层设计,并安排了产业转移、交通一体化、生态环境保护作为主要的优先发展三大领域。

(三) 京津冀协同中政府的有限经济建设责任

京津冀地方政府间横向经济联系越来越紧密,相互间依存度越来越高,京津冀协同发展成为推进区域城市化进程与建设和谐社会的必然路径选择,并成功上升为重大国家战略决策。尤其是 2015 年《京津冀协同发展规划纲要》(以下简称《规划纲要》)的颁发,更是标志着京津冀协同发展进入了全面的推进阶段。京津冀协同发展是一个巨大的"系统工程",《规划纲要》已经明确指出了京、津、冀三省市的功能定位和疏解北京非首都功能的协同发展工作重点,并以此促进京津冀经济结构和空间结构的调整,促成新经济增长极的形成,力图将京津冀打造成为世界级的城市群。京津冀协同的实现也须以经济协同作为基础,依据《规划纲要》中对各个地区的功能定位,针对京津冀区域内各辖区间要素禀赋的互补特点,遵循优势互补原则,解决各辖区间的"诸侯经济"问题,以产业结构协调、空间系统协调等经济协同方式为杠杆,达到京津冀区域内各辖区间人口动态发展、资源环境、社会发展等方面的均衡发展。

京津冀协同发展中政府有限经济建设责任如何进一步具体化,可以以雄安新区的建设为例进行分析。虽然《指导意见》中对雄安新区的"市场资源"和"市场活动"提出了"最大限度减少"政府干预的理念和要求,但由于政府不仅是供给侧结构性改革中的规则制定者,还是规则创新者和规则修正者,为了实现制度创新与供给的有效性[1],政府的干预要减少,但也是不可或缺的。尤其是当下雄安新区仍旧处于经济起步阶段,其自身的市场机制还不健全,仅依靠自然增长形成的资本积累还极为有限,而京津冀各地区因经过长期的历史积累,其在政治、经

---

[1] 刘志彪、陈启斐:《市场取向改革的胜利——纪念中国改革开放 40 周年》,中国财政经济出版社 2018 年版,第 33—35 页。

济、社会等方面已形成固定梯度差距，区域内各地区的经济地位、财政地位也表现出明显的固化格局。为了打破三地间人、财、物、信息等各种资源和生产要素的边界和壁垒，改变此种固化格局，应尽快吸引各种优质生产要素涌入雄安新区，作为政策的决策者以及财政资金的有效使用者，政府可以运用其在生产、经营等制度安排以及资源配置格局调整等方面的权力和能力，通过对雄安新区内的高新产业以及疏解到雄安新区的国有企事业单位进行重点投资和扶持，并配合市场在资源配置中的决定性作用，以调动和激励雄安新区发展动能和发展潜力，激发各种要素的主观能动性和参与积极性，形成雄安新区的内生性崛起力量（刘志彪等，2018），在有限度的政府干预的原则下尽可能地提升制度效率，实现有限资源的最大化利用。该制度效率的提升，不仅不会损害京津冀间经济活动的相互关联性，还可以充分发挥政府良好的引导性作用，从而实现雄安新区经济的快速腾飞，将雄安新区培养成为河北具有较强辐射作用的经济增长极和经济新引擎，发挥其"扩散效应""涓滴效应"，进而加速河北的经济发展，缩小与北京、天津的差距，为京津冀跻身世界城市群创造坚实的经济条件。

（四）京津冀协同中政府的社会发展责任

我国社会公共服务体系自新中国成立初期的刚刚建立到体系的日臻完善经历了一个较为漫长而复杂的演进过程。（1）新中国成立初期，在《中国人民政治协商会议共同纲领》（1949）的指导下，我国城乡分别建立了"企业办社会"式的单位提供与集体经济提供的"二元"公共物品供给模式，如职工的"铁饭碗"和农村的"五保户"。受当时经济发展程度和平均主义分配思想的影响，该时期的公共服务虽然范围较窄、水平较低，但却具有平均化的特点，各辖区间的公共服务水平差异性较小。（2）改革开放初期，我国正在经历从社会主义计划经济向社会主义市场经济的转型，在"效率优先，兼顾公平"思想的影响下，不仅公共服务供给的决策权、融资权逐步由中央政府向各级地方政府下放，其公共服务供给的提供方式也逐渐向市场和社会领域放开，如基础教育的地方负责、分级管理制度以及民政部"社会福利社会办"的倡导。相较于新中国成立初期，该时期的公共服务受到更多的重视，其提供的项目也逐步丰富起来，但城乡之间仍然处于"二元"化分离模式，且各辖区间的提供水平因地方政府财力的差异而逐渐拉大了差距。(3) 分税制体制改革后，以规范各级政府间的收入分配关系为核心内容的分税制财政体制改革使得企业与社会职能得以进一步分离，政府与社会逐渐成为公共服务提供的主要承担者，如城镇企业职工养老保险制度、农村最低生活保障制度、新型农村合作医疗制度等保障制度的建立，均在其中明确体现出政府的支出和保底责任。该时期政府在公共服务提供方面更加体现了其公共服务职能，并逐步展开对改变城乡二元经济结构、缩小城乡公共服务提供差距的探索与尝试，但城乡之间、地区之间的公共服务提供仍存在较大差距。(4) 科学发展观与和谐社会的建设时期，公共服务成为政府的基本职能之一，实现公共服务均等化既成为公共财政制度的重要内容，也成为服务型政府建设的重要价值追求。该时期公共服务体系的建设更加全面和完善，涉及社保、教育、卫生、文化生活、环境保护、节能减排等多个领域，如将农村居民、城镇居民全部纳入社会基本养老保险体系，建成了世界上包含人数最多的养老保障体系，不仅实现了社会基本养老保险的"制度全覆盖"，还实现了农村与城市基本养老保险制度的统一。

　　社会公共服务提供制度的逐渐统一，打破了实现公共服务均等化的制度瓶颈，为公共服务均等化的有效实现创造了良好的环境。但鉴于公共服务（公共物品）一般具有"非排他""非竞争"以及效益外溢等特点，而提供公共服务又是政府的基本职责所在，故地方政府对于公共服务的提供往往具有属地性，即本辖区政府承担本辖区居民的社会公共服务提供责任。而在区域协同发展的进程之中，基于区域内各个辖区间在历史条件、自然条件、经济条件、社会条件、政府政策等方面的差异性，各辖区间极易存在不同的社会发展水平、不同的公共服务水平，给以缩小和消除辖区间差距、实现区域"一体化"为目标的区域协同发展带来障碍。因此，应通过区域内各辖区间在税收政策、财政支出以及转移支付等方面的地方财政合作，以社会公共服务均等化提供为起点，推动区域内各辖区间优质社会公共资源的流动和共享，降低各辖区公共服务提供成本，拓展辖区内公共服务受益范围，在实现区域内各辖区公共服务数量与质量"双"提升的基础上，逐步缩小区域内各辖区的社会公共服务水平差距，实现区域内的公共服务均等化，进而逐步缩小区域内各辖区的社会发展水平差距，促进区域社会协同的实现。

仍以推进雄安新区建设的《指导意见》为例，其提出要建设"让人民满意、让群众放心、运行高效的新时代服务型政府"，而所谓服务型政府是指通过发挥政府的宏观调控与社会管理职能，以有效满足人民、社会、公众的需求。新时代服务型政府作为雄安新区政府的基本定位，包含了政府对于公共服务进行有效提供的事权责任，倒逼相关政府不仅需要将工作重心转至"以人为本"的政府服务上来，更迫使相关政府财政支出在公共服务方面加大投入力度，以加速提升基本公共服务水平，并尽快实现雄安新区基本公共服务水平的优质化。此外，因雄安新区是在京津冀协同发展的背景下诞生的，其先天就具有协同的使命，而京津冀长期的历史渊源和文化积淀，促使京津冀区域内的公众不仅具有极为相似的社会意识形态，更具有极为相近的公共服务偏好和诉求。但因京冀之间较大的行政地位、经济地位以及财力地位的差距，致使两地之间在社会公共服务方面也具有较大差距，而消除差距并非一蹴而就，雄安新区作为非首都功能疏解集中承载地，必然会涉及人员的流动和转移，而与其生活密切相关的公共教育、公共文化、公共医疗卫生、社会保障、生活环境等基本公共服务供给的水平，则往往成为影响人才流入的必然干扰因素。为了加大对疏解和转移人口的吸引力，《指导意见》在"指导思想"中对公共服务方面提出了可以"先行先试"的指导方针，明确提出创新公共服务供给机制，并强调在教育、医疗卫生以及社会保障等公共服务领域与北京的合作，甚至对雄安新区文化领域提出了基本公共文化服务标准化和均等化的要求。

第二节　区域协同与财政责任

一　财政责任的理论基础

地方财政职能与地方政府责任密切相关，地方政府的责任决定着地方财政的职能，而地方财政是实现地方政府责任的重要手段和途径。对于财政职能的理解，无论是西方的财政著作还是中国的财政学术界均有深入的研究和论证，并逐渐凝结和抽象出各种广为接受的财政职能理论，如马斯格雷夫（1959）在《财政学原理》中提出的资源配置、收入分配、经济稳定①三大财政职能，以及我国传统的分配、调节、监督"财政三职能"。我国从计划经济步入市场经济，传统的财政三职能概括的缺陷愈发突出，马斯格雷夫的财政三职能被越来越多的财政学者所接受，并逐渐被公认为权威②，且随着各个地区经济和社会发展的需要，以及在经济运行中市场表现的有限性，促使财政在国家或地区的经济增长以及经济发展过程中发挥着极为重要的作用，经济发展职能也逐渐被纳入财政职能的范畴，形成了当前财政的资源配置、收入分配以及经济稳定和发展三大职能③。

（一）资源配置职能

地方财政的资源配置职能是指地方政府运用政府投资、政府采购、税收优惠等财政手段，实现政府资源和社会资源有效配置的功能④。虽然政府和市场是社会经济的两大资源配置系统，但地方财政的资源配置职能是基于市场在经济体系中对于商品或者服务数量提供存在缺陷，致使整个社会的资源配置缺乏效率，而表现出的地方财政通过税收或者支出方式一方面弥补市场无效或不足的微观配置，另一方面实现地区间、部门间资源均衡的宏观配置，以促成生产要素的合理流动，优化整个社会的资源配置效率。不仅地方财政对营利性行业的投资是资源配置行为，其在安全、行政、教育、卫生等方面的支出也属于资源配置行为，可以有效发挥地方财政的资源配置职能⑤。

此外，美国经济学家查尔斯·蒂布特（1956）在《地方公共支出的纯理论》中提出了著名的"用脚投票"理论，从公共产品提供和人

---

① 陈共：《财政学》，中国人民大学出版社2012年版，第57页。
② 吴俊培：《怎样认识市场经济下的财政职能》，《财政研究》1993年第10期。
③ Musgrave, R. A., *The Theory of Public Finance*, McGraw-hill Book Company, Inc., 1959.
④ 刘京焕、陈志勇、李景友：《财政学原理》，高等教育出版社2012年版，第60页。
⑤ 吴俊培：《怎样认识市场经济下的财政职能》，《财政研究》1993年第10期。

口迁移的角度充分阐释了地方政府存在的必要性,即地方政府以吸引选民为目的,有满足选民公共服务需求的动力和职责。之后美国经济学家斯蒂格利茨和夏普(1957)提出了最优分权理论,认为不同级次政府的居民对公共服务的需求偏好和需求数量是存在差异的,相对于中央以及上级政府而言,地方政府对于辖区内居民公共服务需求的具体偏好和需求数量更加了解,分级次提供公共服务更加合理。而奥茨(1972)在《财政联邦主义》中以中央和地方提供等量公共产品为限制条件,总结出地方政府为辖区居民提供公共产品比中央政府提供效率更高、更符合帕累托最优[1]的分权定理。后来布坎南(1965)提出了"俱乐部"理论,指出地方政府在提供公共产品的过程中,"俱乐部"内成员数的过度增加会带来拥挤成本提高等外部负效应问题,地方政府管辖范围并非越大越好,其政府管辖存在最优规模。

(二) 收入分配职能

地方财政的收入分配职能是指地方政府为了实现公平分配目标,通过税收、转移支出、社会福利制度等途径对市场机制已形成的收入分配格局给予调整的功能。[2] 因"资源配置的方式及格局决定了收入分配的方式及格局"[3],而收入分配的方式及格局又进一步对下一轮资源配置方式及格局产生影响,进而充分表明收入分配与资源配置之间存在互为因果的紧密关系。而单纯的市场机制既无法解决如丧失劳动能力的人等特殊群体的经济生活问题,又无法自动调节因生产要素差异所带来的收入差距扩大问题,故地方财政通过税收以及财政支出等政策,不仅可以解决特殊群体的经济生活,还可以突破收入分配格局与资源要素配置格局的循环,缓解收入差距的进一步扩大,从而实现收入分配的调节职能。德国著名财政学家瓦格纳(1882)就曾给予税收如此的界定,"赋税就是在满足财政必要的同时……规定国民收入和国民财产的分配,以矫正个人所得与个人财产消费为目的而征收的赋课物"[4],明确支持政

---

[1] 平新乔:《财政原理与比较财政制度》,上海三联书店、上海人民出版社2009年版。
[2] 刘京焕、陈志勇、李景友:《财政学原理》,高等教育出版社2012年版,第61页。
[3] 吴俊培:《怎样认识市场经济下的财政职能》,《财政研究》1993年第10期。
[4] 瓦格纳:《财政学》,商务印书馆1931年版,第240页。

府从"家长"的角度运用税收政策等财政工具来矫正社会中的收入分配不公。

收入分配职能作为地方财政三大职能之一，是各个地方政府在实施财政合作活动中需要遵循以及恪守的基本要约，即地方政府间的财政合作不仅应履行其为实现本地区内公平分配目标而进行的收入分配格局调整职能，还应履行其为实现合作地区间公平分配目标而进行的收入分配格局调整职能，以最大限度地缩小个人收入差距、城乡收入差距以及地区间收入差距，不仅可以维护社会公平，还可以有效打破资源流动壁垒，体现地方政府的公平与效率责任。

（三）经济稳定和发展职能

地方财政的经济稳定与发展职能是指地方政府凭借财政赤字、财政预算、税收政策等制度性的财政安排解决失业、通货膨胀、经济萧条等经济问题，以实现本地经济稳定、经济增长以及经济发展的功能。因市场机制的自动调节无法实现地方经济波动的"自动熨平"[1]，可通过发挥地方财政在宏观经济调控中的"自动稳定器"[2]作用和"乘数效应"[3]，进而促进社会总供给和总需求的调节，矫正地方经济的运行轨迹，舒缓地方经济波动的幅度，加速缩短经济萧条或者经济过热的周期，最终实现社会总供给与总需求的均衡、地方经济的稳定。因发展是人类永恒的主题，地方经济发展作为地方经济增长的长效性体现，也成为地方财政无法推卸的责任，与地方经济稳定一并成为地方财政的三大职能之一。

二 京津冀协同中财政责任的具体表现

肩负发展经济、提供公共服务、进行公共管理等职能的地方政府，

---

[1] 古典经济学家认为，虽然经济波动在市场经济中必然存在，但市场机制可以自动熨平此类经济波动。

[2] 自动稳定器作用是指财政制度所具有的能够在经济过热时抑制通货膨胀，而在经济衰退时刺激经济的自发性机制作用，如个人所得税、失业保险金等。

[3] 乘数效应是指财政支出或收入变化带来的经济总需求或总供给的倍数变化，一般分为支出乘数效应和收入乘数效应。

面对区域协同发展的趋势,须调整当前地方政府职能范围,整合和充分利用区域内外各种资源,平抑区域内辖区间的过大差距,推进区域的整体城市化进程,实现区域的整体社会和经济的均衡、持续、良性发展。完善的财税体制是地方政府职能得以良好实现的制度保障,而整合区域政府职能、构建地方政府间的财政合作机制,是缩小区域内辖区间的差距,共同解决跨行政区公共物品和公共服务提供问题,增强区域整体竞争力,实现区域"市场统一、财政统一、规划统一"的必然诉求。

(一)区域性经济职能

缩小区域内辖区之间的经济差距是区域协同发展的核心目标,提升区域整体经济发展水平是区域协同发展的政府职能。为了有效避免区域内辖区间的经济差距呈现"马太效应"①,进而造成经济发达辖区不愿与经济落后辖区进行横向联系,经济落后辖区难以参与经济区的分工与合作的局面,需要辖区政府间互通有无,共谋区域发展,实现辖区地方与区域共同发展的"多赢"。而在合理规划整体区域的经济发展结构、进行资源整合中,需要各级地方财政积极配合、负责落实相关的财政转移支付和政府投资政策,如在限制开发区和禁止开发区减少工业开发行为等,以缓解由此引发的辖区地方财政收入波动而出现的改革或调整抵触情绪,这不仅与辖区地方财政自身管理能力有关,还与辖区间地方财政的沟通、协作能力密切相关。

在《规划纲要》中京津冀"以首都为核心的世界级城市群"的协同定位,与《国家新型城镇化规划(2014—2020年)》中京津冀城镇化建设目标相匹配,力图尽快提升京津冀区域的整体竞争力,发挥京津冀区域对全国经济社会发展的重要支撑和引领作用。根据《规划纲要》对京津冀协同发展的整体格局设计,北京定位为"全国政治中心、文化中心、国际交往中心、科技创新中心",天津定位为"全国先进制造研发基地、北方国际航运核心区、金融创新运营示范区、改革开放先行区",河北定位为"全国现代商贸物流重要基地、产业转型升级试验区、新型城镇化与城乡统筹示范区、京津冀生态环境支撑区",三个地

---

① 马太效应是指强者恒强、弱者恒弱的现象。

区的明确定位为京津冀的未来经济发展指明了方向,结合"交通一体化""生态环境保护""产业升级转移"三个近期重点发展领域,京津冀协同发展的近期、远景均规划到位并相映生辉。依据《规划纲要》的顶层设计,促进京津冀经济结构和空间结构调整,促成新经济增长极的形成,力图将京津冀打造成为"世界级城市群",京津冀协同发展历程必定是一个巨大的"系统工程"。京津冀协同的实现需要以经济协同作为基础,针对京津冀区域内各辖区间要素禀赋的互补特点,遵循优势互补原则,摒弃各辖区之间的"一亩三分地"思想和"诸侯经济"发展模式,通过产业结构协调、资源配置优化、空间系统格局调整等协同方式,提高和改善京津冀区域内各辖区以及京津冀整体区域的经济规模、经济结构、经济增长,实现经济长效发展,为达到京津冀区域内各辖区的人口动态发展、资源环境、社会发展等方面的均衡发展提供物质支撑。

(二)区域性社会职能

1. 一般公共服务

京津冀区域内各辖区间产业的转移和调整必然会引发人员的流动,无论是人口的流出地还是流入地,一方面,鉴于人口规模的减少或增加,势必会对本辖区公共服务提供数量、提供质量带来边际效应的波动;另一方面,流出地和流入地之间的公共服务水平差距也会触动人员流动的转移情绪。尤其是京津冀协同发展中,大部分产业调整带来的人口转移是从北京向天津、河北的转移,以及天津向河北的转移,但北京和天津的社会发展水平明显高于河北各辖区,公共服务的消费"刚性"必定会带来产业转移人员流动的抵触。为了高效实现京津冀区域的整体产业优化和升级,平抑和消除转移人员的抵触性情绪是产业调整的保障性工作,故加速京津冀区域内各辖区间的公共服务协同发展速度,缩小辖区间公共服务的数量和质量差距,尽快实现辖区间公共服务的均等化才是根本性的解决途径。

2. 跨区公共服务

跨区公共服务一般是指超越特定行政区划的公共服务,如跨区基础设施、跨区生态环境、跨区卫生防疫等,也具有一般公共服务的"非排他""非竞争"特性。虽然政府具有提供公共服务的责任，但基于我国当前福利与户籍相对匹配的制度设计，地方政府在辖区间的博弈中虽对辖区内社会福利水平问题有所考虑，但仍更多地以地方经济增长为政府决策导向，尤其是对于跨区公共服务，如跨区交通、水资源利用、环境保护等公共工程，以及跨区医疗、跨区养老、跨区教育等公共服务。如果区域内的辖区政府从共同提供的公共工程、公共服务中所获得的预期收益大于预期成本，其辖区之间展开的合作具有自发性；但如果公共工程与公共服务的预期收益较为有限，或者合作的协商成本较高，其展开合作会缺乏动力，难以对收益界限模糊的跨区公共服务提供表现出积极性，并取而代之表现出"搭便车"的行为取向，易造成跨区公共工程与公共服务提供的不足。而随着社会公共服务体系的逐步完善与新型城镇化发展理念的日渐深入，公众对于各种公共服务的数量需求与质量需求都呈现出刚性的增长，跨区公共服务提供问题更加突出。

又因跨区公共服务的受益范围虽较辖区内的公共服务受益范围模糊，但其仍具有一定的地域性，以满足区域内公众需求为主，故跨区公共服务提供问题难以长期通过中央资金支持予以解决，仍旧需要以地方政府为主要承担和提供主体。鉴于区域内各辖区政府对于跨区公共服务提供难以表现出自发的积极，通过区域内各辖区间的财政合作，以跨区公共服务成本分担为核心，合理确定各辖区需要担负的责任和义务，可以有效解决区域内跨辖区公共服务的提供问题，弥补区域发展中的社会公共管理缺位，并进而拉近区域内各辖区间的经济和社会关系，既有助于实现区域内的经济效率提高，又有助于维护区域内的社会公平，有利于推进区域社会协同发展进程。

基于我国当前福利与户籍相对匹配的制度设计，地方政府在辖区博弈中虽对辖区内社会福利水平问题有所考虑，但仍更多地以地方经济增长为政府决策导向。面对跨区域交通、水资源利用、环境保护等公共工程，以及跨区医疗、跨区养老、跨区教育等公共服务，如果区域内的某个地方政府从共同提供的公共工程、公共服务中所获得的预期收益大于预期成本，其辖区之间展开的合作具有自发性；但如果公共工程与公共服务的预期收益较为有限，或者合作的协商成本较高，其展开合作会缺乏动力，造成跨区公共工程与公共服务提供的不足。因此，通过建立区域内地方政府之间的财政合作机制，对于跨辖区、外溢性较强的公共工程、公共服务，引导政府对其施加影响并进行社会公共管理，有利于降低跨辖区公共事务治理的失灵和难度，缩小辖区之间的社会差距，实现区域社会协同。

（三）区域性稳定职能

消除地方政府间的过度竞争，引导为有序竞争是区域协同发展中需要地方财政合作的又一重要驱动力。"中国式分权"引发的地方财政竞争成为地方政府间竞争的主要内容之一，其对辖区地方政府经济发展、辖区居民的福利水平虽具有激励作用，却也加大了地方政府的财政压力，致使地方保护、辖区市场封锁、重复建设、原料大战等恶性竞争行为层出不穷，不利于区域内的和谐稳定。因此，为了实现区域的长效协同，通过辖区地方政府间的税收合作、财政支出合作、横向转移支付制度、补偿机制等财政合作政策和手段，对公共权力进行合理配置和运用，限制和引导辖区间财政竞争行为，应转变原"为增长而竞争"的理念为"为区域可持续发展而竞争"的健康理念。通过地方政府之间、地方财政之间制度性与非制度性合作，在实现地方政府效率与公平职责的基础上，有效促进生产要素在地区之间的自由流动，不仅能够实现地方经济的增长和地方经济的发展，还能有效缩小地区之间的收入差距，实现区域内辖区间均衡发展目标。

此外，随着我国农业与非农业户籍制度的取消、人口流动束缚的逐渐打破，流动人口的"本地化"以及农业人口的"市民化"，虽然有助于劳动力生产要素流动的"自由化"，并愈加趋于符合市场的"自由化"运行机制，但基于区域内辖区间仍存在的较大社会发展差距，人员的流动性会进一步发挥"用脚投票"的作用。且分税制后我国财政分权体制对于地方财力的规范与限制，面对公共服务数量的不断扩张与质量的不断升级需求，以地方政府承担为主的地方公共财政支出压力陡增。由此，在区域协同发展的背景下和在不违背市场正常运作机制的基础之上，通过各辖区间的通力合作与科学布局，借助各辖区间有限的税收合作、财政支出合作、横向转移支付制度、补偿机制等财政合作政策和手段，在产业发展与基本公共服务提供双方面发挥对各辖区人口流动的引导作用，从而既可以实现"流动人口"与"人口流动"的真正趋稳，有效缩小区域内各辖区间在经济与社会发展上的差距，为区域经济协同发展创造稳定的社会协同环境，实现区域稳定发展的美好愿景。

第三节 财税政策在促进京津冀协同发展中的作用机理分析

京津冀区域的协同发展离不开财政税收政策的支持。在区域协同发展的过程中，市场机制在资源配置中发挥基础性作用，应该强化市场在京津冀区域经济协同领域的作用，依托京津冀区域的产业布局，允许市场充分发挥其在产品结构、产品产量、产品周期寿命等方面的决定性作用。但市场机制并不是万能的，"市场失灵"之处就需要政府利用政策手段，对经济和社会的发展进行干预。区域发展不平衡要求政府通过采取有效的区域经济政策，以纠正市场机制造成的经济结构失衡，从而促进经济增长，推动区域协同发展目标的实现。在京津冀协同发展中，应结合区域整体协同发展规划设计，对于因行政区划等因素造成的市场分割、要素流动不畅以及要素扭曲，应通过各个辖区间的财政税收政策协调，如对因产业转移而引发的人口流动给予承接地直接财政资金支持，以疏导、纠正和清除要素流动障碍。

现代区域经济理论认为，缩小区域经济差距、扶持落后地区发展的关键之一，在于制定有效的财税政策，规范、科学的财税政策对推动区域经济协调发展发挥着重要作用。新经济地理理论认为，保障区域经济发展离不开财政政策，特别是对加大落后地区财政支出尤为重要。财政补贴、转移支付等财政支出对提高落后地区市场竞争力和福利水平、平衡区域经济发展具有不可替代的重要作用，财政支出、税收等财政工具能够有效缩小区域经济发展差距，促进区域经济协调发展。二者通过影响私人物品和公共物品的价格，影响生产要素市场、商品市场，从而调节生产要素在区域内的合理配置，推动区域产业结构调整，促进区域公共物品供给，最终实现区域协调发展。

一　财税政策是调节生产要素合理配置的重要工具

在市场经济条件下，价格会发挥对资源的基础性作用，使资源从获利较少地区或产业流向获利较多的地区或产业。但这种资源的配置在整个国家的范围内来说，容易导致资源源源不断地从经济欠发达地区流出，越来越多地聚集于发达地区，从而造成穷者更穷、富者更富的"马太效应"。这种现象阻碍了整个区域的协同发展和社会的公平正义。

财税政策可以作为调节生产要素流动的重要手段，是调节经济运行的重要工具。在推动区域协同发展的进程中，可以通过直接的财政投资、财政补贴，以及差别化的税收政策，即对不同地区、不同产业、不同纳税人及课税对象进行区别对待，以影响生产要素的流动，调节区域内的经济总量和经济结构，从而达到区域间优化资源配置目标。具体来说，财税政策调节生产要素流动的作用机制可以概括为：区域财政税收政策对劳动力、资本和技术的要素价格产生影响，使生产要素在区域内自由流动，进而推进区域协同发展。下面分别从劳动力、资本、技术和土地四个方面进行阐述。

（一）财税政策调节劳动力在区域内的合理流动

从财税政策引导劳动力在区域范围内的合理流动来看，区域性的财政税收政策可以避免发达地区把周围地区的高素质人才吸引走，导致周边地区的发展缺乏足够的人力保障，出现增长乏力的现象。不同区域之间如果经济发展差距过大，那么对劳动者个人来说，地区间的薪金水平和福利待遇的差异是显著的。再加上发达地区一般享有高水平的教育、医疗、卫生等公共服务，优秀人才往往会被发达地区所吸引。长此以往，就会造成区域内相对落后地区的人才流失，经济发展缺乏必要的人力保障。为了避免产生虹吸现象，就需要采取各种措施，提高欠发达地区对人才的吸引力。其中，可以通过地方财政补贴的方式给予人才在科研经费、购房等方面的奖励；也可以通过个人所得税返还的方式实施财政奖补，以石家庄对创新创业人才的财税激励政策为例进行说明（如表2-1所示）。区域内相对落后地区通过对高素质人才给予特殊优惠政策,可以弥补高素质人才在区域内相对落后地区工作所带来的社会福利和基础设施方面的损失,从而保障区域内相对落后地区有能力吸引人才,促进区域内发展差距的缩小。因为劳动力资源的合理配置,高素质人才得到了施展才华的空间和机遇,区域经济也进入了良性循环的轨道。

表 2 - 1　　　　　　　石家庄创新创业人才的财税政策

带技术、带成果、带项目来石家庄市创新创业和转化技术成果的个人和团队	给予 100 万—500 万元的科研经费支持
	在市区内购买首套自住商品房的,按人才层次分别给予 100 万元、80 万元、60 万元的购房补贴,分 5 年拨付
	租住房屋的 5 年内每年给予最高 5 万元的租房费
	在石家庄连续缴纳个人所得税满 3 年且年度应纳税工资薪金收入在 10 万元以上的,其工资薪金个人所得税形成的地方财政收入,3 年期满后按现行财政体制奖励给个人

资料来源:根据 2018 年石家庄市委办公厅、市政府办公厅印发的《关于实施现代产业人才集聚工程的若干措施》整理。

(二) 财税政策调节资本在区域内的合理配置

资本形成的前提条件是拥有充足的投资,即投资者具有投资的意愿。投资者在决定是否在一个地区投资的时候,当地的财税政策是需要考虑的重要因素。一个地区所能够享受财税政策的广度和深度,直接影响着当地对投资的吸引能力;所享受财税政策的具体产业方向和内容,则影响投资者在不同行业领域之间的选择。财税政策对投资的影响,具体来说是通过其对资本成本的影响形成的,企业所得税能够通过允许某些资本成本的扣除而直接影响资本形成。经济发达地区具有相对优良的投资环境,容易吸引更多的投资者。如果不给区域内相对落后地区更多税收优惠政策,就会导致区域经济发展的不均衡。但是,目前税收优惠政策的决定权大多在中央,地方政府只能通过财政补贴、财政贴息、财政奖补、税收返还的形式吸引投资。尤其是区域内相对落后地区更要思考如何通过财政税收手段吸引更多的投资,进而带动整个区域的经济增长。

（三）财税政策调节技术在区域内的合理配置

在科学技术飞速发展的当今社会，科学技术对区域协同发展具有重要的推动作用，甚至可以说是发展的根本动力。发达地区一般来说具有比较高的科技基础和科技孵化机制。相对落后地区就需要想方设法把先进地区优秀的科技成果引入本地区，使先进的科学技术切实成为推动发展的坚实力量。区域财政税收政策对科学技术的作用，第一方面是通过对科技研发的成本采取税收优惠，允许企业在科技研发过程中产生的人力成本、资金成本和设备的实际成本进行一定比例的扣除，对设备仪器等固定资产加速折旧或特别折旧等；第二方面是针对科技成果转让所征收的所得税进行一定的优惠；第三方面是加大财政直接投资于基础科研的开发，减轻企业科研开发的风险。总之，采取各种财政税收政策措施，促进技术在区域内的流动，提高落后地区的技术水平。

（四）财税政策调节土地在区域内的合理配置

土地价格是企业投资决策的重要因素，同时也引导着交通业等基础产业的布局。区域内，土地资源的合理配置受到财政税收政策的影响。具体来说，在新征耕地环节，涉及的税种包括耕地占用税、契税、印花税和城镇土地使用税。在土地出让、转让环节，除了契税和印花税之外，还涉及土地增值税、城建税、教育费附加、所得税。区域内相对落后地区可以通过在土地出让环节向企业返还部分土地出让金，以吸引投资，提高基础设施建设水平。而在土地出让环节少征收的税费则可以通过企业在生产建设中缴纳的其他税收来弥补税费不足。引进企业的发展不仅能够带动上下游产业的发展，而且对当地的就业和第三产业发展具有积极的带动作用。

二 财税政策是引导产业布局合理化的推动力量

（一）财税政策通过对商品价格机制的作用进而引导产业布局合理化

财税政策在引导产业布局方面具有非常重要的作用。价格机制是市场的基本机制，财税政策对区域协同发展的影响是通过价格机制的传导实现的。给予某种商品财政补贴可以降低商品的价格，同时税率、税收优惠等也可作用于商品的价格，并通过商品价格的变动影响企业利润的变化。企业根据商品的价格和经营情况，决定是否在某一地区进行扩大经营规模和追加投资，或者削减经营规模，甚至退出某一地区的经营。企业厂商个体的理性行为和决策，就导致了产业在地区内的安排和布局。合理的财税政策会引导商品价格变化，从而有利于区域产业布局向合理方向发展。比如对某些行业的增值税优惠税率会扶持特定行业的发展，有益于引导产业升级和行业的合理布局。中央政府层面依据经济转型的切实需要和经济发展的客观实际制定优先支持发展的产业目录，并通过制定相应的扶持政策，保障产业政策的顺利实施。而对不发达地区相应产业的政策倾斜，可以帮助相对不发达地区顺利完成产业合理化布局，缩小与发达地区的发展差距，实现区域内经济和社会的均衡发展。

（二）财税政策直接作用于企业利润进而推动产业布局合理化

财税政策对区域产业布局合理化的另一个作用机制表现为直接对企业利润的影响。一般来说，一个地区对企业的税收优惠政策多，财政补贴多，则该地区企业的税费负担就轻，利润就丰厚，就会吸引企业进入该地区；而一个地区所享有的税收优惠政策少，财政补贴少，则该地区企业的税费负担相对就重，利润就薄，对企业的吸引就弱。如果给区域内相对发达地区享受更多优惠政策，在区域内形成了所谓的"税收洼地"，会导致相对落后地区的民众相对承担较高的税收负担，造成了税负在区域分布上的不公。因此，我国政府应该在统一的税制条件下，尽量对相对落后的区域给予税收优惠政策、财政补贴政策，以提高其对企业的吸引力，保障相对落后地区经济发展的起飞。

三 财税政策是促进区域公共物品均衡供给的重要手段

区域公共基础设施、医疗卫生、教育、社会保障等是在一个区域生活的人们所共同享有的，都属于区域公共物品。区域公共物品既可以成为区域经济和社会协同发展的坚实物质基础，也可能成为区域发展的"绊脚石"。财税政策与区域公共物品息息相关。公民向政府交纳的税收实质上就是向政府购买公共物品的成本,税收在一定意义上可以说是公共物品的价格,相应的,政府通过公共财政向公民提供公共物品。因此,财税政策可以通过影响公共物品的供给进而影响区域经济和社会的协同发展。

(一) 财政转移支付是实现区域内基本公共服务的重要手段

基本公共服务的提供水平取决于地方财政能力的大小,近年来区域之间由于财力的差异出现了越来越大的差异,基本公共服务不均等的现象日益突出。实施政府间财政转移支付后,区域间财力差异扩大的趋势能够受到明显抑制,财政转移支付对均衡地区间的财力差距可以起到积极作用,从而进一步提升区域间转移支付均等化效应,使财政转移支付效果更加明显,推动地区协同发展。而随着区域基本公共服务均等化的实现,又可进一步促使区域内的资源配置合理、产业布局有序转移,从而缩小区域差距,实现整体区域的协同发展。具体而言,财政转移支付可以分为纵向转移支付和横向转移支付,其中纵向转移支付为上级政府对下级政府的支付,横向转移支付为同级政府之间的资金转移。但是目前我国横向转移支付较少。

(二) 财税政策通过促进区域公共基础设施建设帮助区域协同发展

区域协同发展客观上要求各地公共基础设施的水平大体相当,而税收政策恰恰能对公共基础设施水平的平衡起到促进作用。一般来说,一个地区税基广,税收充裕,地方财力就相对充足,地方政府就有能力提供满足当地需要的公共产品、推进基础设施建设,当地就具有经济发展的良好基础。反之,地方政府没有充足税源,地方财力就弱,政府无力提供较高水平的公共物品和公共基础设施,则不利于当地经济的发展。因此,税收政策应当对相对落后的地区倾斜,增强其提供公共物品和服务的能力和水平。税收在促进区域经济和社会均衡发展中的作用主要体现为:一方面,通过税收政策加强基础设施建设,如交通、通信、物流等,为产业发展提供良好的硬环境;另一方面,通过财政政策加强对教育、医疗卫生、养老等方面的投入,促进公共服务均等化,为区域经济均衡发展提供良好的软环境,从而带动整个区域经济腾飞。

综上所述,财税政策通过对价格机制的作用,对资源配置、产业布局和公共物品产生影响，从而推动区域经济和社会协同发展。如果区域经济发展差距持续过大，从长期来看，容易导致相对发达地区增长乏力，引发社会不满，甚至可能引发社会不稳和政治危机。因此，区域财税政策的基本目标应该定位于弥补市场机制的缺陷、夯实区域发展基础、推动区域的协同发展、实现区域经济在空间上的均衡和一体化发展。恰当的财税政策应当在全国统一的财税制度基础上，尽可能地向相对落后地区倾斜，对落后地区执行优惠政策，在保证全国经济持续高速增长的基础上，兼顾地区发展的公平和协调，缩小区域间的经济差距。

区域协同发展客观上要求各地平衡发展，但京津冀三地长期以来经济差距过大，现有财税政策中的一些不平衡、不到位、不统一的内容，造成了区域经济差距的进一步扩大。调整现有财税政策中的不合理部分、逐步缩小区域经济差距成为大势所趋，通过调整京津冀区域的财税政策来影响价格机制，从而达到产业资源、产业布局和公共物品在京津冀区域的合理配置。北京、天津、河北税务部门应本着同目标、同方向、同标准的原则，兼顾统一性与区域性，结合区域功能定位，探讨京津冀大经济圈规划发展中的税源建设、政策共享、收入分配、征收管理和纳税服务等问题，推进三地财政税收问题的协商和税收优惠政策的最终落实，为京津冀区域协同发展提供强有力的财税政策支持。

第三章　京津冀协同发展的历史演进与财税政策现状

第一节　京津冀协同发展的历史演进

一　中央计划性的经济协作阶段（1949—1978年）

（一）计划经济体制下京津冀协作关系演进

自新中国成立至改革开放之前的这段时期，我国处于高度的计划经济管理体制之下，所有的经济活动都基于中央的计划和部署展开。新中国成立初期，虽然我国的经济迅速全面进入复苏阶段，但全国的经济基础较为薄弱，各个地区的人力、物力、财力等均严重不足，全国的经济仍处于较为落后的状态。为了均衡全国发展，合理调配有限的物资，促进各省区市的分工与协作，中央政府于1958年成立了七大经济协作区，以组织和促进各地区的经济协作，而包含京津冀的华北协作区即为其中之一，京津冀区域协同进入萌芽阶段。由于中央政府对地方政府和国营企业实行高度集中的"统收统支"政策，地方政府没有独立的预算。京津冀地方政府相当于中央政府的派出机构，没有独立的自主权，三地政府间是一种被动的合作关系，完全按照中央的意图进行资源调配。三地的分工呈现为河北主要为北京、天津提供农产品和原材料，北京、天津则为河北提供工业品。

集权必然带来资源配置的低效率，1958年中央和地方实行"以收定支，五年不变"的财政管理体制，探索给予地方一定的自主权。伴随着中央政府统一调配物资体制的削弱，京津冀各区域资源流动机制被割裂，原来由外地供给的能源、原材料等生产要素不能及时供应。京津冀三地政府不得不立足于本地工业体系进行大规模的投资建设，以建立自给自足、自我平衡的产业体系。在中央政府鼓励地方政府自求平衡的背景下，建设投资急剧增加，各种资源短缺。为保证本地区经济发展，京津冀地区各自实行地区分割和封锁，三地竞争加剧，重复建设严重。

分权带来的资源短缺迫使中央政府终止分权的步伐。1961年9月，在"调整、巩固、充实、提高"八字方针指导下，中央政府将下放到京津冀等地方政府的大部分权力收回，这样原有的京津冀各个地区、各个企业之间的协作关系又得到恢复。但是中央政府依然无法有效克服信息传递等痼疾，于是又开始分权：1964年，中央划拨20%的预算内基本建设投资由京津冀地方政府统筹安排；将"五小企业"①的分配权完全下放给京津冀地方政府；1971—1973年实行财政收支包干体制，与此同时实行基本建设投资的"大包干"，投资、设备、材料由地方统筹安排，调剂使用，结余归自己。在这种体制下，中央加强了地方财政和物资分配权的适当控制。可以看出，中央大力提倡建立本地化的工业经济体系，京、津、冀三方均运用有限的生产要素进行工业化建设，但基于三地自然资源禀赋的差异性，在中央政府的计划和主导下，这一阶段的区域合作主要是围绕区域内的自然资源开展的，河北被动地为北京、天津提供了大量的能源、原材料和农产品，北京、天津根据计划为河北提供工业品。经过一段时间的投入和建设，京津冀三方逐渐显现出产业同构现象，造成京津冀之间越来越明显的工业化竞争，从而进一步引发了京津冀之间对于资金、能源和项目的激烈争夺，中央政府计划下的协作关系基本不复存在。

（二）评价

1. 京津冀三地政府间合作关系带有明显的体制特征

这一时期的典型体制特征是中央计划经济指导下的"集权—分权—集权—分权"，相应的财政管理体制也经历了"高度集中统收统支管理

---

① "五小企业"是指浪费资源、技术落后、质量低劣、污染严重的小煤矿、小炼油、小水泥、小玻璃、小火电。

体制—收支划分、分级管理体制—以支定收、五年不变—总额分成、一年一变—财政收支包干—收入固定比例留成、支出包干"几个阶段。随着体制的变迁，京津冀三地政府先是在中央计划统一调配资源下被动地开展合作，河北提供原材料，北京、天津提供工业品；随着体制由集权走向分权，京津冀需要各自配置资源，寻求本身的自我平衡。于是合作关系不再，在资源短缺的情况下，三地走上了抢资源、抢项目、抢能源的道路。究其原因，体制特征决定了三地的行为特征。

2. 京津冀协同在萌芽阶段就走向了各自独立发展的道路

京津冀协同从萌芽到最后呈现出越发激烈的相互竞争，一定程度上显示出中央计划性经济协作的失败。此阶段的京津冀协同因正处于全国区域内"百废待兴"的特殊阶段，一方面，京津冀区域特殊的地理位置、人文条件以及自然资源，促使其拥有短时间内自我经济发展的充沛条件；另一方面，经过长期战争的洗礼和沉淀，京津冀与全国其他地区一样，发展经济的意愿异常强烈；另外，京津冀区域内各个辖区在该阶段的经济水平均处于较低的水平，既未形成典型的"增长极"，又没有形成显著的经济差距，中央政府的计划性干预政策难以发挥其提倡的"扩散效应"，京津冀之间缺乏协同动力。由此，此阶段的京津冀协同并未在中央计划下继续发展深化，而是独立发展自身经济。

二 地方自发性的经济合作阶段（1978—1996 年）

（一）"首都圈""两环战略"的提出

改革开放以来，我国的经济体制由计划经济转型至市场经济，政府的主导作用日益弱化，反之，市场的基础作用正在逐渐强化。各地区根据自身的发展需求逐渐自发地结盟，以此加速本地区的经济发展。1981年北京、天津、河北、内蒙古、山西共同组建了华北地区经济技术协作会。这是全国范围内最早的一个区域协作组织，该组织筹建的初衷是通过协商打破行政区划的分割，加强各个地区之间的物资协作，充分利用五省份之间的物资，提高物资的调配效率。在此期间，京津冀区域内各辖区间曾成功建成了几个合作项目，如京冀合作建成了生活资料基地

(肉、蛋、菜)和生产资料基地(纯碱、生铁),邢台与天津合作完成了第二棉纺厂的扩建工程和医用塑料厂的注射器生产线的建设①。

随着经济社会的进步与发展,京津冀地区被寄予了更高、更快的发展期望,在1982年的《北京建设总体规划方案》中,"首都圈"概念问世。"首都圈"分为两个圈层:内圈是北京、天津及河北的唐山、廊坊和秦皇岛三市;外圈则包括承德、张家口、保定和沧州。随后,第一个区域协作组织——华北地区经济技术协作区应运而生,此举有效地促进了区域间物资协作,解决了区域内物资短缺的问题。为了进行物资的交换,1986年河北提出"环京津"战略,试图依托北京、天津的区位优势,带动河北的经济发展。为此,1986年环渤海地区的15个城市还成立了环渤海地区经济联合市长联席会;1988年北京与环北京的河北6个城市②也组建了环京经济协作区,不仅卓有成效地创办了农副产品、工业品批发等交易市场,还组建了信息网络等行业协作,以推进各个辖区的经济合作。1985—1989年,河北省内各辖区与京津两市签订经济联合项目6000多项,引进技术3000多项,引进人才16000多人,共计引进资金高达53亿元③。1992年河北提出两环④开放带动战略,但是"环京津"由于京津还处于产业集聚阶段,没有什么大的进展,而"环渤海"由于河北没有自己的海港,也没有发挥出沿海优势⑤。1995年,提出"首都都市"概念,后来演变成"总部都市"。所谓"总部都市",就是研发和销售在总部,生产基地在外省的一种经营模式,后来发展成为"总部经济",即生产基地的税收统一在总部所在地缴纳,造成了现在所谓的"税收"和"税源"相背离问题,产生地区之间的不公平。

---

① 马海龙:《京津冀区域治理协调机制与模式》,东南大学出版社2014年版,第44页。
② 分别为保定、廊坊、唐山、秦皇岛、张家口、承德,资料来源:http://epaper.ynet.com/html/2014-04/03/。
③ 闫凌州:《政府主导京津冀科技创新联盟研究》,硕士学位论文,河北工业大学,2005年,第58页。
④ 内环为京津,外环为渤海。
⑤ 直到2004年以后,因北京"绿色奥运"和曹妃甸海港建成以及首钢搬迁至曹妃甸,两环战略作用才开始凸显。

（二）评价

1. "行政力量"和"市场机制"的双缺失导致合作失败

京津冀自发性的经济合作组织是我国经济体制由计划经济向市场经济转型的典型产物，一定程度上提高了区域内各辖区间资源的配置效率，但由于政府支持力度的缺失，且自发性合作组织缺乏长效的发展规划和违反合作协议后的实质性惩罚措施，自发性合作组织的凝聚力逐渐削弱，京津冀地区的合作发展陷入了困境，少有显而易见的合作成果。同时，经济技术协作区等区域组织又难以承担起区域规划和政策协调的职责，解决不了深层次的问题，影响了地区间的凝聚力。因此，区域协作和区域组织逐步弱化。京津冀区域内曾经具有标志性的华北地区经济技术协作会于1990年走向了消亡，环京经济协作区也于1994年停止了活动。京津冀区域相比珠三角、长三角地区，市场机制发展不畅，因此这个中国最大的工业密集区很快就被珠三角、长三角地区超越。

2. 京津冀三地政府"各自为政"特征明显

纵观这一时期的区域合作，北京、天津、河北各自提出了以自己为主的区域合作机制。1986年在时任天津市市长李瑞环同志的倡导下，环渤海地区15个城市发起成立环渤海地区经济联合市长联席会，这被认为是京津冀地区最早和最正式的区域合作机制；1988年，北京与环京6地市成立环京经济协作区；1995年河北确立了"两环开放带动"战略，明确了其在全省经济发展中主体战略的地位。可以看出，虽然名义上京津冀三地很重视区域的统筹推动，但受地方利益考核机制的制约，区域自我发展动力要大于区域合作发展。加之，自发性经济合作组织内部虽然具有一定的协作性，但各个经济合作组织之间、各个合作项目之间，由于缺乏有效的协调性，也易造成地区间、组织间、项目间的恶性竞争、重复建设，从而引发京津冀之间的严重内耗，不利于京津冀区域整体性的健康发展。

三 政府主导性的经济协同阶段（1996—2014年）

（一）"首都经济圈""大北京""环首都绿色都市圈""首都都市圈"等概念相继提出

1996年3月八届全国人大四次会议提出建立长江三角洲及沿江地区、环渤海地区、东南沿海地区等七个综合经济区，同年《北京市经济发展战略研究报告》明确提出"首都经济圈"概念，2011年"十二五"规划纲要又从国家层面正式提出"首都经济圈"，我国京津冀区域发展步入了中央政府积极倡导和参与、京津冀区域内各辖区政府频繁接触的新合作阶段。

2000年，吴良镛院士提出"大北京"①概念，制定了大北京地区规划设想，以北京、天津为双核，以唐山、保定为两翼，谋求共同发展。大北京地区的发展规划涉及六大目标，分别是：疏解核心大城市功能、调整产业布局、发展中等城市、构建大北京地区组合城市、增加城市密度、建设"世界城市"。吴良镛指出，规划大北京地区，就应该使核心城市"有机疏散"与区域范围的"重新集中"相结合，实施双核心—多中心都市圈战略②。

2004年2月国家发改委与京、津、冀发改委在廊坊就京津冀区域经济发展战略的原则性问题达成"廊坊共识"，同年5月环渤海七省份③政府又达成"北京共识"，6月国家发改委联合商务部、七省份达成"廊坊框架"，11月国家发改委又牵头组织《京津冀都市圈区域规划》的编制，规划的编制意味着京津冀三地合作由务虚向务实转变。

2005年亚洲开发银行提出"环京津贫困带"概念，亚洲开发银行资助的一份调查报告显示：在国际大都市北京和天津周围，环绕着河北的3798个贫困村、32个贫困县，有年人均收入不足625元的272.6万贫困人口。"环京津贫困带"已成为中国东部沿海地区城乡差别最严重

---

① 指京津和冀北地区，具体包括京津唐和京津保两个三角形地区。
② 王红旗：《评吴良镛先生的大北京蓝图》，http://guancha.gmw.cn/，2001年11月1日。
③ 京、津、冀、晋、蒙、鲁、辽七个省份。

的三大地区之一，由于北京处于绝对的政治优势，未能给其他区域发展机会，反而在客观上产生"虹吸效应"，拉大了贫富差距，影响了区域的协同发展。

2006年，国家发改委提出"京津冀都市（2+7）"①，包括北京、天津和河北的石家庄、唐山、秦皇岛、保定、张家口、承德、沧州和廊坊，总面积18.34万平方公里，2006年北京和河北正式签署《关于加强经济与社会发展合作备忘录》。按照备忘录内容，双方将在交通基础设施建设、产业转移、水资源、生态环境保护、能源开发、农业、公共卫生、旅游、劳务9个方面展开合作，以促进两地的可持续发展。

2007年京津冀三地商务部门加强合作，首次联合发布了《2006京津冀都市圈城市商业发展报告》，谋划建立统一的质量标准认证体系②。京津两地的商务部门将研究制定有利的市场准入政策，消除地方保护、区域市场封锁与行业垄断，鼓励河北优势企业和安全优质的农副产品进入京津市场。这是京津冀三地在流通领域的合作，三地制定的"十一五"时期商业发展规划中，都体现了加强三地商业合作的意向，如北京提出建立完善以市场机制为基础的政府引导、协会推动、企业积极参与的区域合作发展机制，以口岸、物流、区域市场建设等领域为重点，强化京津合作，推动京冀合作，通过加强京津冀合作交流，实现区域统筹、协调发展，完善首都商业服务体系，天津提出天津滨海新区既是"京—津—冀"城市带和环渤海经济带的交汇点，又是中国"东中西"板块与"南中北"板块在环渤海地区的连接点，经过十多年的发展建设，逐步成为环渤海区域发展的热点和龙头，并纳入全国发展战略的总体布局，河北提出促进各地区的平衡发展，是形成全省统一开放、竞争有序市场体系的一个重要途径。此外，环京津、环渤海的"两环"带动战略和"一线两厢"战略将缩小与先进省市的距离，促进全省区域经济协调发展。

2008年京津冀三地发改委签署《促进京津冀都市圈发展协调沟通

---

① 后来又加上石家庄，成了"2+8"。
② 《京津冀将统一质量认证体系 共享商业信息》，《新京报》2007年3月1日。

机制建议》、津冀双方签署《关于加强经济与社会发展合作备忘录》；2008 年中国农工民主党北京市参政议政委员会提出了一个非常大胆的想法——创建"大首都特区"①，推进以大首都城市圈为中心的华北大城市群开发，整合泛华北地区的全部资源，将产业结构布局重新整合，将京津一体作为"泛华北五环绕复合同心圆圈区"的核心圈逐层外向辐射拉动，最终形成一个强势的所谓"泛大华北区域经济协作带"。这个设想是以巴黎大区"和"东京都市区"为原型的。

2010 年河北提出"环首都绿色经济圈"概念。《京津冀都市圈区域规划》上报国务院，区域发展规划按照"2+8"模式制定。2010 年 10 月，河北省政府《关于加快河北省环首都经济圈产业发展的实施意见》正式出台，提出在 6 个方面启动与北京的对接工程。2011 年国家"十二五"规划纲要提出打造"首都经济圈"，京津冀合作的内容更加广泛，涉及交通运输、信息技术、人才市场、建筑市场、旅游市场、金融市场等众多经济相关领域。

(二) 评价

1. 中央政府和地方政府更加积极

此阶段的京津冀协同相对于上一阶段的地方自发性，不仅更加体现出了各级地方政府的积极推进作用，还通过国家发改委、商务部等上级政府出台的政策和组织的活动，透视出中央对于京津冀合作发展的大力支持，从而取得了显著的成效。

2. 京津冀合作引起了社会全员参与

从"2·12 廊坊共识"到"5·21 北京建议"，从"6·26 廊坊框架"再到"8·30 环渤海论坛"；2000 年提出"大北京"概念；2008 年提出"大首都特区"设想。可以看出，专家、学者、民主党派广泛参与，出谋划策，京津冀一体化探讨不断。

3. 仍然缺乏顶层设计

此阶段的京津冀合作仍存在一些亟待解决的问题，一方面，协同范围狭隘，仍以经济领域合作为主，虽然京津冀辖区间的合作领域已经跨

---

① 或北京大区，国务院华北行政直属管理区。

至交通、技术、人才、教育、卫生等多个领域,但其中心目标均是以加强京津冀经济合作为核心目标,而在非经济领域,合作的范围和程度都差强人意;另一方面,协同缺乏顶层设计,难以宏观把握京津冀协同发展的长远目标和效益,京津冀区域内各辖区合作的主旨依然主要在于通过京津冀协同合作而提升各辖区的经济增长速度,而非京津冀整体区域的长效发展。

4. 三地诉求各不相同,参与的积极性亦不同

在京津冀三地中,态度最积极的是河北,对京津冀区域合作抱有很大希望,寄希望于京津的资金、项目、人才。天津参与京津冀合作的积极性始终不高,其一心一意致力于发展滨海新区。以天津2013年政府工作报告为例,在近两万字的报告中没有一处提到河北,提到北京四次;但在河北2013年的政府工作报告中提到京津达25次之多。北京在京津冀合作中处于优势地位,由于其独特的政治地位,决定了在三地合作中其始终处于核心位置,其最希望河北提供好的生态环境和水资源。这从三地合作的提法中可以看出,"首都圈""首都经济圈""大北京""首都都市圈""环首都都市圈""两环带动战略""大首都特区"等概念的提出,都是围绕"首都"做文章,但眼花缭乱、概念纷呈的背后折射出三地利益的重点不同,都设想把自己的利益放在更重要的位置。比如"首都都市圈"和"环首都都市圈"仅一字之差,但强调的重点不同,"首都都市圈"强调以北京为核心,而"环首都都市圈"强调的是河北环首都的14个县区。又如河北提出"环京津贫困带",强调了河北为京津发展所做出的牺牲,其背后隐含着京津需要补偿河北的思想。

四 国家战略性的全面协同阶段(2014年至今)

(一)取得的成效

1. 协同发展规划体系日臻完善

2014年2月26日,习近平总书记主持召开京津冀地区座谈会,京津冀协同发展被确定为重大国家战略;2015年4月30日作为京津冀顶

层设计的《京津冀协同发展规划纲要》审议通过,京津冀区域五年规划《"十三五"时期京津冀国民经济和社会发展规划》实施。国务院相关部门相继出台了京津冀协同发展水利、交通、生态等12个专项规划,确定了交通一体化、生态环境保护、产业转移3个领域率先突破等一系列规划体系。河北省委、省政府专门成立推进京津冀协同发展工作领导小组办公室,深入贯彻落实协同发展战略要求,先后研究印发《关于贯彻落实习近平总书记重要讲话精神 加快推动京津冀协同发展的意见》,制定出台《河北省推进京津冀协同发展规划》。2018年,经党中央、国务院同意,国务院正式批复《河北雄安新区总体规划(2018—2035年)》《白洋淀生态环境治理和保护规划(2018—2035年)》。由此,京津冀协同发展进入了重大国家战略全面实施并向纵深发展阶段。

2. 以习近平总书记的七点要求为引领展开全面合作

习近平总书记对京津冀协同发展提出了7点要求:一是要着力加强顶层设计,抓紧编制首都经济圈一体化发展的相关规划,明确三地功能定位、产业分工、城市布局、设施配套、综合交通体系等重大问题,并从财政政策、投资政策、项目安排等方面形成具体措施。二是要着力加大对协同发展的推动,自觉打破自家"一亩三分地"的思维定式,抱成团朝着顶层设计的目标一起努力,充分发挥环渤海地区经济合作发展协调机制的作用。三是要着力加快推进产业对接协作,理顺三地产业发展链条,形成区域间产业合理分布和上下游联动机制,对接产业规划,不搞同构性、同质化发展。四是要着力调整优化城市布局和空间结构,促进城市分工协作,提高城市群一体化水平,提高其综合承载能力和内涵发展水平。五是要着力扩大环境容量生态空间,加强生态环境保护合作,在已经启动大气污染防治协作机制的基础上,完善防护林建设、水资源保护、水环境治理、清洁能源使用等领域合作机制。六是要着力构建现代化交通网络系统,把交通一体化作为先行领域,加快构建快速、便捷、高效、安全、大容量、低成本的互联互通综合交通网络。七是要着力加快推进市场一体化进程,下决心破除限制资本、技术、产权、人才、劳动力等生产要素自由流动和优化配置的各种体制机制障碍,推动各种要素按照市场规律在区域内自由流动和优化配置。

3. 疏解非首都功能成效初显

京津冀协同发展以"有序疏解北京非首都功能"为核心，在中央政府的大力支持下，京冀两地通力合作，河北集中承接非首都功能取得重大突破。2016年河北疏解北京商品交易市场117家，河北与北京共同研究制定区域性批发市场疏解支持政策和措施，如北京新发地高碑店农产品物流园、廊坊永清国际服装城、白沟大红门国际服装城等多家承接中心开始运营。北京·沧州渤海新区生物医药产业园探索区域共建共享新模式，累计落户北京生物医药企业68家。廊坊经济技术开发区云存储数据中心产业园积极承接北京辅助服务功能，集中承担建设国家多个部委的电子政务平台、能源企业信息交互平台。

4. 聚焦重点领域，交通、生态、产业转移等领域率先突破

首先，交通一体化成效显著。一是京津冀在打通"断头路""瓶颈路"方面取得实质性进展。京台高速、京港澳高速等10余条道路扩容工作完成，京沪高速沧州至冀鲁界段、荣乌高速狼牙山至坡仓段等一批"断头路"实现通车。二是"1小时通勤圈"初现。加快推进京津冀构建多层次、全覆盖的综合交通运输网络，形成北京、天津、石家庄中心城区与新城、卫星城之间"1小时通勤圈"，北京、天津、保定、唐山"1小时交通圈"[1]。京津冀高速公路ETC联网收费实现全覆盖，11个设区市、642条线路、12000余辆公交车实现"一卡通行"。三是区域交通体系逐步完善。津保铁路、京蓟城际铁路建成通车，京张铁路全线开工，京秦高速、太行山高速正在建设中，区域快速交通体系逐步完善。计划至2020年前实施北京至霸州铁路，北京至唐山铁路，北京至天津滨海新区铁路，崇礼铁路，廊坊至涿州城际铁路，首都机场至北京新机场城际铁路联络线，环北京城际铁路廊坊至平谷段，固安至保定城际铁路，北京至石家庄城际铁路9个项目[2]。

其次，生态环境合作力度加大。京津冀三地在环境治理方面，开展管理体制创新，统一规划、统一标准、统一环评、统一监测、统一执

---

[1] 《京津冀交通一体化蓝图渐次落地》，中国经济网，2018年7月17日。
[2] 《京津冀一体化 助推廊坊交通大融合》，https://house.focus.cn，2018年9月28日。

法。在统一规划方面，2014 年 11 月京津冀签署《京津冀水污染突发事件联防联控机制合作协议》、2015 年 8 月京津冀签署《京津冀百项安全生产地方标准协同战略合作框架协议》。在统一标准方面，2017 年 4 月，京津冀三地的环保部门、质监部门共同发布环保领域首个"统一标准"《建筑类涂料与胶粘剂挥发性有机化合物含量限值标准》，以减少约 20% 的无组织排放的挥发性有机物（VOCs），该物质是 PM2.5 和臭氧污染的"前体物"。在统一监测方面，京津冀已统一应急预警分级，采取地域联动、时间联动、人员联动"三联"模式，聚焦高架点源、燃煤、移动源等重点污染源的监测。在执法领域，三地统一联动。2015 年 11 月，京津冀建立环境执法联动工作机制，确立定期会商、联动执法、联合检查、重点案件联合执法后督察、信息共享 5 项制度[①]。

产业转移升级稳步推进。深入落实《规划纲要》，加强"4 + N"产业协同平台建设，产业协同发展步伐加快。推动政策协同和机制创新，生物医药产业、保健品产业异地监管模式正式实施。加快合作园区建设，推进北京（曹妃甸）现代产业发展试验区建设等一批产业项目落地投产；启动建设北京·沧州渤海新区生物医药产业园，截至 2017 年 7 月底，共签约北京企业 73 家，计划总投资 225 亿元；启动建设滦南大健康产业园，截至 2017 年 6 月底，签约北京项目 24 个，计划总投资 150 亿元；推动张北云计算产业基地建设，阿里数据中心投入运营。加强产业对接合作，据工信部及河北、天津相关部门反馈，2014 年以来，天津承接北京疏解搬迁和转移投资的工业和信息化项目累计 185 个，涉及投资额 740 亿元；河北承接北京疏解搬迁和转移投资的开工和竣工项目 513 个，涉及总投资 6106 亿元[②]。

5. 京津冀协同体制机制不断创新

为保障协同发展工作的顺利开展，中央政府与京津冀三地政府在各自范围内进行有效的制度创新，加快破除制约协同工作和要素流动的体

---

① 《京津冀生态一体化强势推进》，新华社，2017 年 10 月 10 日。
② 《推动京津冀协同发展　北京产业疏解步伐加快》，https：//house.focus.cn/，2017 - 10 - 19。

制机制障碍。一是完善对接协调机制。通过协商建立对话机制、强化政府对接机制、完善区域信息交流机制、加强社会参与机制等方式加强沟通。三地联合建立常务副省长、协同办主任和职能部门定期会晤和联系制度，区域间互派干部制度进一步规范。二是构建利益分配共享机制。对三地产业转移项目、共建园区、招商投资异地落户政策，探索实施地区间税收分享办法，建立区域税收合作征管合作机制和税收收入区域归属争议协商解决机制。三是生态保护机制日益完善。强化生态补偿机制，设立了生态补偿专项基金，探索水资源使用权、排污权、碳排放交易等市场化生态补偿方式。四是公共服务合作机制逐步强化。第一，就业创业服务合作不断深入，2014年8月1日正式实施了《人力资源服务京津冀区域协同地方标准》，这是全国首个人力资源服务区域性地方标准，使求职者在三地都能享受同样标准的人力资源服务。第二，养老保险关系实现顺畅转接。为促进京津冀三地人员自由流动，与京津人社部门建立职工养老保险关系转移协商机制。第三，异地就医直接结算加速推进。在人社部的安排指导下，京津冀率先实现异地就医直接结算。截至2018年6月27日，京津参保人员可在河北385家医院住院直接结算，河北参保人员可在北京673家医院、天津184家医院直接结算。河北燕达医院直接接入北京医保系统，在燕郊居住的近40万北京参保人实现按照北京医保政策刷卡直接结算，探索了京津冀医保结算新方式。

(二) 评价

1. 顶层设计使京津冀合作取得了突破性进展

纵观京津冀区域合作发展历程，三地对区域合作重视程度越来越高、合作也愈加紧密。《规划纲要》的出台，不仅明晰了京津冀三地的功能定位，给以后京津冀协同的具体实施指明了路径，还指出京津冀协同发展并非单纯是京津冀三地之间的经济协同与经济发展，而是包括行政管理、公共服务、公共事业等众多内容的协同和共同发展，在强调和灌输京津冀经济协同的同时，还需关注和实现京津冀的社会协同。再者，在《规划纲要》中明确"有序疏解"，不仅是对北京首都作用的进一步强调，更是对疏解必要性的进一步强调，这不单单是对地方利益的协调，也是对国家整体利益的维护。此外，通过京津冀协同发展的顶层设计可以看出，京津冀协同发展并非只是着眼于京津冀这一区域的产业调整，或是京津冀区域内各个辖区的经济和社会发展，而是放眼全国，从全国视角布局京津冀产业结构的优化和整合，以此起到区域协同的带头作用，担当起中国经济增长"第三极"的重任，打造牵引中国创新驱动的"高铁动车组"。

2. 京津冀协同由"自下而上"向"自上而下"阶段演进

制度变迁理论认为，制度变迁包括"自下而上"的诱致性制度变迁①和"自上而下"的强制性制度变迁②两个基本类型。纵观京津冀协同发展的演进历程，初始阶段带有诱致性制度变迁特征，即改革主体主要是京津冀三地基层政府，程序是自下而上的，三地的合作基本上处于自发阶段，市场自发合作模式难以壮大，政府间又缺乏有效的利益协调机制，三地虽然都意识到了问题所在，但真要解决问题时，却又囿于"一亩三分地"的行政束缚，三地之间的竞争关系远超过协作关系，因此总是陷于"共识多，行动少"的怪圈。从首都圈—两环战略—首都经济圈—大北京—环京津贫困带—环首都绿色都市圈—首都都市圈等不同时期不同概念的提出，看似轰轰烈烈，实则"自说自话"，协同推进缓慢。

2014年，《规划纲要》的出台则标志着京津冀三地的协同发展进入了"自上而下"的强制性制度变迁阶段。以政府行政法规的形式外在强化了京津冀合作，带有必须遵守执行的强制性特征。因此三地政府纷纷表态支持京津冀协同发展。北京市委表态，要克服行政辖区惯性思维束缚，自觉把工作放在京津冀协同发展的大局中去谋划和推进；天津市委表态，京津冀协同发展是中央审时度势、深谋远虑做出的重大部署，适应国家改革发展要求，回应社会各界关切，恰逢其时，水到渠成，天津要扎扎实实做好工作；河北省委表示，京津冀协同发展是多赢之举，条件得天独厚，时机已经成熟，河北要把握好战略定位和历史机遇，在区域良性互动、协同发展中实现自身更好的发展。

---

① 也称需求主导型制度变迁。
② 也称供给主导型制度变迁。

由此可以判断，在以后的京津冀协同发展阶段中，秉承《规划纲要》这一京津冀顶层设计原则，充分发挥北京、天津这两个经济增长极的"扩散效应"，一方面，实现京津冀区域内各辖区间经济和社会差距的逐渐缩小乃至消除；另一方面，遵循"比较优势""合作共赢"等共同发展理念，在各级政府的有效助推作用和完善市场的主导作用下，实现"世界级城市群"这一宏伟目标。

第二节　京津冀协同发展的目标及功能定位

一　京津冀协同发展的目标及评价

（一）目标

《规划纲要》从近期、中期、远期三个方面明晰了京津冀协同发展目标。

1. 近期目标

到 2017 年，有序疏解北京非首都功能取得明显进展，在符合协同发展目标且现实急需、具备条件、取得共识的交通一体化、生态环境保护、产业转移等重点领域率先取得突破，深化改革、创新驱动、试点示范有序推进，协同发展取得显著成效。

2. 中期目标

到 2020 年，北京市常住人口控制在 2300 万人以内，北京"大城市病"等突出问题得到缓解；区域一体化交通网络基本形成，生态环境质量得到有效改善，产业联动发展取得重大进展。公共服务共建共享取得积极成效，协同发展机制有效运转，区域内发展差距趋于缩小，初步形成京津冀协同发展、互利共赢新局面。

3. 远期目标

到 2030 年，首都功能更加优化，京津冀区域一体化格局基本形成，区域经济结构更加合理，生态环境质量总体良好，公共服务水平趋于均衡，成为具有较强国际竞争力和影响力的重要区域，在引领和支撑全国经济社会发展中发挥更大作用。

（二）评价

2017年已过，近期目标取得突破。三地在交通一体化、生态环境保护、产业转移等方面制定了实施规划，《京津冀协同发展交通一体化规划》《京津冀协同发展生态环境保护规划》《京津冀产业转移规划》相继出台，为近期目标的实现提供了纲领性指导。

1. 三个领域的规划相继出台有力保障了目标的实现

（1）在交通一体化方面，构建"四纵四横一环"① 主骨架。《京津冀协同发展交通一体化规划》由国家发改委和交通部制定出台，构建了以轨道交通为骨干的多节点、网格状、全覆盖的交通网络。重点完成八大任务：

一是建设高效密集轨道交通网。强化干线铁路与城际铁路、城市轨道交通的高效衔接，着力打造"轨道上的京津冀"。

二是完善便捷通畅公路交通网。加快推进首都地区环线等区域内国家高速公路建设，打通国家高速公路"断头路"。全面消除跨区域国省干线"瓶颈路段"；以环京津贫困地区为重点，实施农村公路提级改造、安保和危桥改造工程。

三是构建现代化的津冀港口群。加强津冀沿海港口规划与建设的协调，推进区域航道、锚地、引航灯资源的共享共用，鼓励津冀两地港口企业跨行政区投资、建设、经营码头设施。

四是打造国际一流的航空枢纽。形成枢纽机场为龙头、分工合作、优势互补、协调发展的世界级航空机场群。

五是发展公交优先的城市交通。优化城市道路网，加强微循环和支路网建设；推进城市公共交通场站和换乘枢纽建设；推广设置潮汐车道，试点设置合乘车道。

六是提升交通智能化管理水平。绘制京津冀智能交通"一张蓝图"，打造交通运输信息共享交换"一个平台"，推动城市常规公交、轨道、出租汽车等交通"一卡通"，实现交通运输监管应急"一张网"。

---

① "四纵"即沿海通道、京沪通道、京九通道、京承—京广通道，"四横"即秦承张通道、京秦—京张通道、津保通道和石沧通道，"一环"即首都地区环线通道。

七是实现区域一体化运输服务。推动综合客运枢纽、货运枢纽（物流园区）等运输节点设施建设，加强干线铁路、城际铁路、干线公路、机场与城市轨道、地面公交、市郊铁路等设施的有机衔接，实现"零距离换乘"。鼓励"内陆无水港""公路港"和"飞地港"建设。

八是发展安全绿色可持续交通。统一京津冀地区机动车注册登记、通行政策、排放标准、老旧车辆提前报废及黄标车限行等政策。

（2）在生态环境方面，制定了生态保护红线、环境质量底线和资源消耗上限。2015年出台的《京津冀协同发展生态环境保护规划》提出：在空气质量方面，到2017年，京津冀地区PM2.5年平均浓度要控制在73微克/立方米左右；到2020年，PM2.5年平均浓度要控制在64微克/立方米左右。在水环境质量方面，到2020年，京津冀地区地级及以上城市集中式饮用水水源水质全部达到或优于Ⅲ类，重要江河湖泊水功能区水质达标率为73%。在资源消耗上限方面，2015—2020年，京津冀地区能源消费总量增长速度显著低于全国平均增速，其中煤炭消费总量继续实现负增长；到2020年，京津冀地区用水总量控制在296亿立方米，地下水超采退减率达到75%以上。

上述生态目标的提出体现了中央的决心，坚决摒弃了"以污染环境换经济增长"的旧发展理念，体现了京津冀协同发展中"环境优先"的新发展理念。京津冀地区是全国水资源最短缺，大气污染、水污染最严重，资源环境与发展矛盾最为尖锐的地区。该规划制定了京津冀地区生态保护红线、环境质量底线和资源消耗上限，将增加生态空间和改善环境质量作为经济建设和社会发展的刚性约束条件。

该规划还提出，实施国土生态整治、清洁水、大气污染防治等一批重点工程，将治理需求切实转换为工程措施，在改善生态环境质量的同时培育新的经济增长点。在污染源综合防治上，2016年年底前，全部取缔不符合国家产业政策的小型造纸、制革、印染、染料、炼硫、炼砷、炼油、电镀、农药等严重污染水环境的生产项目。2017年年底前，将京津唐电网风电等可再生能源电力占电力消费总量比重提高到15%；北京市煤炭占能源消费比重下降到10%以下。防治机动车污染方面，2015年年底前，京津冀全范围供应符合国家第五阶段标准的车用汽、柴油；

到 2017 年年底,全部淘汰京津冀地区的黄标车①。

(3) 在产业升级转移方面,打造京津冀产业转移的"2+4+46"个平台。《京津冀产业转移规划》重大文件出台后,京津冀三地共同研究制定了《关于加强京津冀产业转移承接重点平台建设的意见》,初步明确了"2+4+46"个平台,包括北京城市副中心和河北雄安新区两个集中承载地,四大战略合作功能区②及 46 个专业化、特色化承接平台,并对"两翼"(通州和雄安)的产业发展方向做出了一些初步安排。引导钢铁深加工、石油化工等产业及上下游企业向曹妃甸协同发展示范区集聚;结合北京非首都功能疏解和区域产业结构升级,在北京新机场临空经济区重点发展航空物流产业、综合保税区和高新高端产业,打造国家交往中心功能承载区、国家航空科技创新引领区和京津冀协同发展示范区;引导北京金融服务平台、数据中心机构以及科技企业、高端人才等创新资源向滨海—中关村科技园集聚;发挥 2022 年冬奥会筹办的牵引作用,北京携手张家口大力发展体育、文化、旅游休闲、会展等生态友好型产业,共建京张文化体育旅游带。

2. 出台多项政策实现协同管理

首先,为了保证京津冀交通一体化的实现,中央政府相关部门不断完善交通一体化相关政策。(1) 除新建机场外,对纳入规划的建设项目视同立项,并与铁路、公路、港口等中长期专项规划衔接后调整纳入。(2) 积极探讨建立三省市对城际铁路、城际客运等建设资金、运营补贴的分担机制;充分发挥价格杠杆作用,引导不同运输方式协调发展,形成合理运输结构。(3) 在创新投资融资模式方面,探索建立促进社会资本参与交通基础设施建设与运营的合作机制,通过投资主体一体化带动区域交通一体化。为尽快缩小河北交通运输公共服务水平与京津的差距,对河北省交通建设给予特殊政策支持。③

其次,在生态环境保护方面,打破行政区域限制,推动能源生产和

---

① 参见《聚焦〈京津冀协同发展生态环境保护规划〉出台 首次划定 PM2.5 红线》,http://news.hexun.com/2016-01-01/18153,2016 年 1 月 5 日。
② 指曹妃甸协同发展示范区、北京新机场临空经济区、天津滨海新区、张承生态功能区。
③ 该部分内容参照《京津冀协同发展交通一体化规划》。

消费革命，促进绿色循环低碳发展，加强生态环境保护和治理，扩大区域生态空间。重点是联防联控环境污染，建立一体化的环境准入和退出机制，加强环境污染治理，实施清洁水行动，大力发展循环经济，推进生态保护与建设，谋划建设一批环首都国家公园和森林公园，积极应对气候变化。完善经济政策，严格落实差别电价、惩罚性电价、脱硫脱硝除尘电价等政策，取消地方擅自出台的优惠电价。

二 京津冀区域的功能定位

《规划纲要》对京津冀区域整体的功能定位是：建立以首都为核心的世界级城市群、区域整体协同发展改革引领区、全国创新驱动经济增长新引擎、生态修复环境改善示范区。为了实现整体功能定位，京津冀三地明确了各自的功能定位。

（一）北京的功能定位

北京作为我国的首都，其功能定位是全国政治中心、文化中心、国际交往中心、科技创新中心。这就要求：一是坚持把政治中心安全保障放在突出位置，严格中心城区建筑高度管控，治理安全隐患，确保中央政务环境安全优良。二是抓实抓好文化中心建设，做好首都文化这篇大文章，精心保护好历史文化金名片，构建现代公共文化服务体系，推进首都精神文明建设，提升文化软实力和国际影响力。三是前瞻性谋划好国际交往中心建设，适应重大国事活动常态化，健全重大国事活动服务保障长效机制，加强国际交往重要设施和能力建设。四是大力加强科技创新中心建设，深入实施创新驱动发展战略，更加注重依靠科技、金融、文化创意等服务业及集成电路、新能源等高技术产业和新兴产业支撑引领经济发展，聚焦中关村科学城、怀柔科学城、未来科学城、创新型产业集群和"中国制造2025"创新引领示范区建设，发挥中关村国家自主创新示范区作用，构筑北京发展新高地。[①]

新的历史时期，北京政治中心、文化中心的功能定位未变，但增加

---

① 参见《北京城市总体规划（2016年—2035年）》。

了科技创新中心、国际交往中心的定位，城市空间结构因之会出现调整。为了实现北京的功能定位，需要处理好"都"和"城"、"舍"与"得"、"疏解"与"提升"的关系，当前的关键是要尽快疏解"非首都"功能。正如习近平总书记在 2015 年 2 月 10 日主持召开的中央财经领导小组第九次会议上指出的"疏解北京非首都功能、推进京津冀协同发展，是一个巨大的系统工程。目标要明确，通过疏解北京非首都功能，调整经济结构和空间结构，走出一条内涵集约发展的新路子，探索出一种人口经济密集地区优化开发的模式，促进区域协调发展，形成新增长极"。那么如何疏解北京的非首都功能呢？本书认为一是行政功能分散，二是产业向天津、河北转移，三是科技创新中心的建设。

1. 行政功能分散

北京既是中国的首都，又是北京人的北京城，双重身份导致大城市病严重，因此要保"都"去"城"。核心是"要建设一个什么样的首都，如何建设首都"这个宏大命题，必须紧紧围绕实现"都"的功能来谋划"城"的发展，努力以"城"的更高水平发展服务保障"都"的功能。当前最重要的就是把握好"一核两翼"①的关系，把北京市属行政单位整体或部分迁入通州区，实现北京中心城区向外疏解，功能分散化。

2. 产业向天津、河北转移

按照北京"四个中心"的功能定位，凡是不符合首都功能的都要疏解，具体可以分为五大类产业："三高一低"的制造型企业；带区域性集贸性质的产业，比如大红门服装批发市场、新发地农产品批发市场等；非生产型事业单位，比如高校、医院、养老机构等；区域性总部企业；非核心行政事业单位，等等。这其中，除了行政事业单位外，其他基本包含在工信部制定的指导目录范围内。根据工信部等制定的京津冀产业转移指导目录要求，北京有信息技术、装备制造、商贸物流、教育培训、健康养老、金融后台、文化创意、体育休闲八大类产业需

---

① 即以北京为核心，以通州和雄安为两翼。

要转出。

具体措施方面，北京市坚持"严控增量""调整存量"双管齐下，确保禁限项目"零准入"，制定发布了《北京市新增产业的禁止和限制目录》和《北京市工业污染行业生产工艺调整退出及设备淘汰目录》两个目录，发布实施工业企业调整退出奖励资金管理办法、差别电价、污染扰民企业搬迁等政策措施，健全市区统筹工作机制，统筹推进一般制造业疏解退出、"散乱污"企业治理和镇村产业小区和工业大院清理整治工作。从2016年开始，牵头推动"散乱污"企业清理整治工作，当年共清理整治"散乱污"企业4477家，超额完成任务。2017年1—8月，全市累计退出一般制造业企业599家，完成全年500家任务的119.8%；清理整治"散乱污"企业4858家，完成全年5829家任务的83.3%，涉及人口约6.87万人。低端、污染产业淘汰和疏解出去，为实现"腾笼换鸟"释放出更多的空间资源，为承接创新资源、发展"高精尖"产业腾退空间，推动北京加快朝着更加符合"四个中心"战略定位的方向发展。

3. 科技创新中心的建设

北京功能定位之一是打造"科技创新中心"。为此，北京专门出台了一系列政策文件作为保障措施。制定《创新型产业集群与"2025"示范区建设实施方案》，加强政策引导。围绕构建高精尖经济结构，又牵头制定《〈中国制造2025〉北京行动纲要》，提出了"三四五八"[①]发展战略，明确了北京产业创新发展的方向，推动实现"北京制造"向"北京创造"的转变。先后出台鼓励发展的高精尖产品目录和工业企业技术改造指导目录，发布《北京市"十三五"时期工业转型升级规划》《北京市"十三五"时期软件和信息服务业发展规划》《北京市工业和科研用地项目供地联审工作规则》《北京"高精尖"产业活动类

---

① "三"是指三转调整，通过"关停淘汰一批、转移疏解一批、改造升级一批"，进行分类引导，推动存量产业"转领域、转空间、转动力"，再造产业发展新势能。"四"是指四维创新即技术创新、组织创新、管理创新、标准创制和商业模式创新。"五"是指发展五类高精尖产品，主要包括，代表产业制高点的创新前沿产品、满足国家战略需求的关键核心产品、体现制造业服务化的集成服务产品、推动产业轻资产化的设计创意产品和保障基础民生需求的名优民生产品。"八"是指实施八个新产业生态专项。

别》等系列文件，引导高端要素向创新型产业集聚。制定实施了《北京绿色制造实施方案》《关于加快应急产业发展的实施意见》《"智造100"工程实施方案》等配套政策。

2017年，国家首批首个制造业创新中心——国家动力电池创新中心落户北京，北京市拥有国家级产业创新平台116个，国家级企业技术中心78个，规模以上工业企业中研发创新活动的占比为65%。全球首个5G大规模天线设备等一批高精尖产品集中面世，京东方新产品在国际高端市场占有率接近4成，中芯国际28纳米产品产能达到2万片/月，北京自主可信开放高端计算系统进入产业化，全市纯电动汽车产量成倍增长，制造业与互联网深化融合发展，"互联网＋先进制造业"领域高精尖项目试点示范积极推进，高精尖产业逐渐成为发展新动能。[①]产业创新有力支撑了经济提质增效，高端产业集群日益集聚壮大，高技术产业增加值所占比重逐年递增，2017年达到22.8%。在科技创新方面，基础研究经费占全市R&D经费的比重为14.7%，高于全国平均水平9.2个百分点。在制度创新方面，知识产权审结一审案件量24631件，比2016年增加43.6%；新创办科技型企业数量达到7.6万家，平均每天就有209家科技企业注册[②]。

（二）天津的功能定位

《规划纲要》确定了天津"一基地三区"的定位，即全国先进制造研发基地、北方国际航运核心区、金融创新运营示范区、改革开放先行区。

1. 加快建设全国先进制造研发基地

2018年天津出台《关于进一步加快建设全国先进制造研发基地的实施意见》，明确指出，紧紧抓住天津发展的重要历史性窗口期，积极推进供给侧结构性改革，加快实施京津冀协同发展重大战略和《中国制造2025》，瞄准世界一流水平，坚持改革引领、创新驱动、智能转型、

[①] 参见《推动京津冀协同发展 北京产业疏解步伐加快》，https://house.focus.cn/，2017年10月19日。

[②] 《科技创新添活力 发展质量稳提升——2017年北京创新驱动发展监测评价报告》，北京统计局网站。

质效为先、绿色发展，建设以战略性新兴产业为引领、先进制造业为支撑、十大支柱产业为重点、生产性服务业协同发展的全国先进制造研发基地。2018年，天津进一步明确要培育壮大新一代信息技术、新材料等十大高端产业集群，加快建设中欧先进制造产业园、滨海新区国家军民融合创新示范区，先进制造业比重提高到60%以上[①]。

2. 加快建设北方国际航运核心区

天津是北京的出海口，又是北方的重要港口，是中国重要的交通枢纽地带，是沟通欧洲和亚太地区的主要交通通道，具备建设北方国际航运核心区的基础。为早日实现"建成北方国际航运核心区"的目标，2017年天津出台《关于加快建设北方国际航运核心区的实施意见》，从优化规划功能布局到提升航运枢纽功能，从壮大航运产业到提升航运服务水平，再到完善通关环境，从五大方面明确提出了19项重点工作，为北方国际航运核心区建设提供了根本遵循。

遵循这一发展的指导思想，天津在建设北方国际航运核心区方面取得了不错的成效。比如，天津港成功开行中欧班列，集装箱吞吐量超过1500万标准箱，港口航道等级达到30万吨级，国际集装箱班轮航线达到123条，建立25个无水港，设立了5个区域营销中心；滨海国际机场新增加密客货运航线航班100多条，旅客吞吐量突破2000万人次、货邮吞吐量增长14.2%，开通邮轮旅客直通车，实现海空联运旅客无缝衔接。

3. 打造金融创新运营示范区

2018年天津出台《关于进一步加快建设金融创新运营示范区的实施意见》，明确了金融创新运营示范区建设的时间表和路线图：2017年年底形成初步框架，2020年年底基本建成，2030年年底示范引领作用更加突出。天津坚持大金融发展理念，围绕供给侧结构性改革，大力推进京津冀协同发展和自贸试验区框架下的金融开放创新，致力于推动金融与产业融合发展，让金融"活水"更好地浇灌实体经济。围绕打造

---

① 参见《天津全面落实功能定位 加快"一基地三区"建设》，http://tjec.gov.cn/xinxxw/65080.htm，2018年8月10日。

金融创新运营示范区的定位,天津在全国率先探索出保税租赁、融资租赁、出口退税、离岸租赁、售后回租、联合租赁、委托租赁等多种业务模式,飞机、船舶、海洋工程钻井平台的租赁业务分别占全国的90%、80%和100%。截至2017年,央行对天津自贸试验区的"金改30条"政策超70%已落地,直接投资外汇登记下放银行办理、有离岸业务资质的银行总行授权天津自贸试验区分行开展离岸业务等十几项金融创新政策已开花结果,中新天津生态城跨境人民币创新业务试点政策扩展到全市范围,累计确定了4批38个可复制可推广的创新案例,金融创新环境彰显。①

4. 打造改革开放先行区

"改革开放先行区"的定位不像全国先进制造研发基地、北方国际航运核心区、金融创新运营示范区那样具体,它意味着体制机制的整体创新,在京津冀协同发展中承担着先行先试的重担。(1)将滨海新区打造成先行先试的试点。滨海新区有着为国家改革开放积累经验的重大责任。滨海新区作为全国综合配套改革试验区,在创新发展功能区经济基础上,全面推进和深化行政管理体制改革,勇做先行先试示范。2015年4月21日,天津自贸试验区成立,滨海新区在扩大开放的区域形态上实现质的飞跃。(2)建立改革的容错机制。2016年11月,滨海新区试行了《激励干部改革开放创新、勇于担当、容错免责实施办法》,列出10种情形,紧紧瞄准重大战略布局和滨海新区改革发展需要,对先行探索改革创新举措没能实现预期目标的单位和个人不作负面评价,在各类考核、评先评优、表彰奖励、选拔任用时不受影响,不追究相关责任,激励党员干部勇于担当、放开手脚、干事创业。(3)深化行政体制改革,解决发展中的矛盾。由于开发区、保税区等七大功能区相互之间缺乏战略协同,发展趋于同质化,造成体制机制不顺畅。2018年,滨海新区将区位相邻、功能定位相近的原中心商务区并入天津经济开发区、原临港经济区并入天津港保税区。与此同时,将天津经济开发区的社会管理职能剥离出来,合归滨海新区新

---

① 《天津:加速推进金融创新运营示范区建设》,《天津日报》2017年2月22日。

成立的泰达街管理。滨海新区打出了一套"组合拳",用新体制、新机制破解发展中的新矛盾、新问题,改革后各功能区体制机制将更为顺畅。①

(三) 河北的功能定位

《规划纲要》确定了河北"三区一基地"的功能定位,即全国现代商贸物流重要基地、产业转型升级试验区、新型城镇化与城乡统筹示范区、京津冀生态环境支撑区,这是国家第一次明确界定河北的功能定位。围绕落实四大功能定位,河北出台了四个专项规划,分别是《河北省建设全国现代商贸物流重要基地规划(2016—2020年)》《河北省全国产业转型升级试验区规划(2016—2020年)》《河北省建设新型城镇化与城乡统筹示范区建设规划(2016—2020年)》《河北省建设京津冀生态环境支撑区规划(2016—2020年)》。

1. 建设全国现代商贸物流重要基地②

京津冀地区拥有1.2亿消费人口,2016年社会商品零售总额占全国的9.4%,铁路营运里程占全国的7.5%,货运量占全国的6.6%,邮政业务总量占全国的9.0%,③是全国商贸物流最活跃、最集中的区域之一。河北环绕京津,区位优势独特,交通快捷便利,特别是随着北京新发地、大红门等商品集散地先后迁址河北,以及北京新机场和轨道交通项目加快建设,为河北发展商贸物流业迎来了前所未有的机遇。

(1)制定明确的发展目标。到2020年,商贸物流业将成为河北重要的支柱产业,物流效率达到国内先进水平,优势领域达到或接近国际水平,培育世界级商贸物流产业集群。具体目标包括:一是基本实现多种交通方式有效衔接,到2020年实现市市通高铁、县县通高速、市市有机场。二是建设一批重要物流枢纽和商贸中心,到2020年,形成5个国家级物流枢纽、6个区域性物流节点、20个年交易额超百亿元的物流园区。三是运行效率持续提升,到2020年争取实现社会物流总费用

---

① 《天津全力打造改革开放先行区:先行先试、以新赢新》,天津网,2018年1月24日。
② 该部分根据《河北省建设全国现代商贸物流重要基地规划(2016—2020年)》整理。
③ 数据来源于《中国统计年鉴 2017》。

占GDP的比重由2015年的18.9%下降至17%左右。四是产业规模不断壮大。到2020年，社会物流总额年增7.5%，达到12万亿元，物流业增加值年增9%以上，达到4000亿元。

（2）优化商贸物流空间布局。明确提出打造"一环、两通道、多节点"商贸物流空间结构。"一环"即环首都商贸物流产业集聚带，"两通道"即东西向大宗商品物流通道和南北向综合物流通道，"多节点"包括各设区市重要物流枢纽、100个县域特色物流市场和100个商贸交易中心。

（3）加快商贸物流创新步伐。一是建设指挥物流服务体系，包括打造大数据"云服务"平台、促进商贸物流智能化、推进技术装备现代化、实现商贸物流标准化、建立高效便捷配送网络；二是培育壮大新兴商贸业态，主要有建设大型商贸综合体、壮大特色商务群集、建设商务会展基地；三是创新商贸物流发展模式，通过培育壮大商贸物流企业，优化商贸物流行业结构，促进商贸物流多业联动来实现商贸物流发展模式的创新。

（4）突出载体支撑，实施商贸物流重大工程。提升物流发展所需的基础设施建设水平，有序推动物流园区的发展，同时加强公共服务能力建设，突出载体的支撑作用。围绕河北商贸物流业发展重点领域，谋划实施空港海港、大宗商品、制造业、农产品、传统商贸提升、电子商务、快递、多式联运、物流品牌化、绿色商贸十大商贸物流工程。

2. 加快建设产业转型升级试验区[①]

河北产业转型升级要和供给侧结构性改革结合起来，一方面做减法，大力化解过剩产能，改造提升传统产业；一方面做好加法，培育壮大战略性新兴产业，推动经济提质增效，实现经济由低水平供需平衡向高水平供需平衡的跃升。正如习近平总书记2017年1月23日考察河北时提出的：去产能特别是去钢铁产能，是河北推进供给侧结构性改革的重头戏、硬骨头，也是河北调整优化产业结构、培育经济增长新动能的关键之策。河北要树立知难而上的必胜信念，坚决去、主动调、加快

---

① 根据《河北省全国产业转型升级试验区规划（2016—2020年）》整理。

转。要在已有工作和成效的基础上，再接再厉，推动各项任务有实质性进展。

（1）制定发展目标。一是产业结构更趋合理。到2020年，服务业增加值占生产总值的比重达到45%左右；战略性新兴产业占规模以上工业增加值的比重达到20%以上；装备制造业占规模以上工业比重达到25%，成为工业第一支柱产业。二是过剩产能有效化解。到2020年，六大高耗能行业增加值在规模以上工业中的占比控制在35%以下，全省压减炼铁产能4989万吨、炼钢产能4913万吨等；单位GDP能耗降低17%，全省化学需氧量、氨氮、二氧化硫、氮氧化物排放量比2015年分别下降19%、20%、28%、28%。

（2）去产能调存量，优化供给结构。一是积极稳妥化解过剩产能。如何积极稳妥化解过剩产能是河北省产业转型升级的关键点。规划提出"五个"一批，即运用经济、法律手段和市场机制淘汰一批，通过整合重组和布局优化整合一批，扩大国内市场需求消化一批，依法处置"僵尸企业"退出一批，加强国际产能合作转移一批。二是改造提升传统优势产业。要改造提升钢铁产业、装备制造业、石化产业、纺织服装业、食品产业、建材行业等传统优势产业。三是调整优化能源供给和消费结构。通过压减煤炭消费总量、扩大天然气利用规模、扩大可再生能源利用规模等手段实现能源供给和消费结构的升级。四是大力发展绿色循环经济。主要包括优化循环经济产业布局、实施循环经济推进计划、推进重点领域循环经济改造、加快园区循环化改造等。

（3）补短板优增量，创造新需求。一是培育壮大战略性新兴产业。确定新一代信息产业、生命健康产业、新材料产业、新能源和清洁能源产业、节能环保产业5大类为战略性新兴产业。二是加快发展现代服务业。主要包括现代商贸物流业、金融服务业、科技服务业、旅游业、文化产业、健康养老服务业。三是力促现代农业提质增效。主要通过推进农业结构调整、建设现代农业园区、加强农业科技创新、提升农产品质量安全水平等手段实现农业提质增效。四是做大做强县域特色产业。通过培育10个智慧集群和20个创新型产业集群，建设一批主营业务收入超百亿的产业集群，打造县域特色产业集群。

（4）抓创新促开放，加快动力转换。一是提升科技创新能力。主要包括培育发展创新主体、强化协同创新支撑、完善科技成果转化服务体系、加强创新政策激励、推进军民融合发展等措施。二是全面推进"互联网+"，主要有"互联网+"创业创新、"互联网+"制造业、"互联网+"现代农业、"互联网+"服务业、"互联网+"智慧能源等。

（5）优布局建平台，推动集约发展。一是打造环京津核心功能区、沿海率先发展区、冀中南功能拓展区和冀西北生态涵养区四个战略功能区。推进石家庄、保定和廊坊全面开展创新改革和政策先行先试，着力破除体制机制障碍，使石保廊全面创新改革试验区成为全省转型升级的重要突破口和经济增长新引擎。二是与京津共建协同发展示范园区。加快建设河北·京南国家科技成果转移转化示范区，探索形成具有地方特色的科技成果转化机制和模式。支持曹妃甸区依托区位和港口优势，利用北京的产业基础和科技创新资源，建设北京（曹妃甸）现代产业发展试验区。加强冀津经济合作，共同推进津冀芦台、汉沽协同发展示范区、冀津循环经济产业示范区等建设。三是做大做强新区园区，全力提升特色产业园区。重点推进省政府确定的50个特色产业园，推动其向专业化、高端化、品牌化、国际化方向发展。培育一批国别（地区）园区，重点抓好沧州中欧产业园、高碑店国家建筑节能技术国际创新园、白石山国家中美科技国际创新园等35个国别（地区）园区建设。

3. 加快建设新型城镇化与城乡统筹示范区[①]

（1）制定清晰的发展目标。到2020年，新型城镇化建设与城乡统筹示范区发展取得明显成效，全省常住人口城镇化率达到60%左右，户籍人口城镇化率达到45%左右，与京津共同构成层级结构合理的城市群，全省城镇化率力争达到全国水平，城市经济、县域经济发展实现新突破，城乡发展一体化格局基本形成，贫困群众与全省人民同步实现全面小康。展望2030年远景蓝图是：新型城镇化与城乡统筹示范区功能定位基本实现，区域中心城市与京津多城联动格局基本形

[①] 根据《河北省新型城镇化与城乡统筹示范区建设规划（2016—2020年）》整理。

成，全省常住人口城镇化率达到70%，适应城乡经济社会发展的基础设施体系全面建成，努力实现城乡居民基本权益平等化、城乡公共服务均等化、城乡居民收入均衡化、城乡要素配置合理化、城乡产业融合化。

（2）为保障规划目标的实现，还需要从八大方面努力。一是优化城乡空间布局和形态。围绕打造京津冀世界级城市群，统筹空间、规模、产业三大结构，着力推动区域性中心城市"提质"、重要节点城市"扩能"和县城"攻坚"，有重点地培育特色小城镇，优化村庄布局，构建布局合理、功能互补、梯次有序、疏密有度的城乡空间发展格局。

二是加快农业转移人口市民化进程。围绕"人往哪里去"，统筹推进户籍制度改革和基本公共服务均等化，建立健全农业转移人口市民化推进机制，创造更好的就业创业环境，努力实现农业转移人口户籍市民化、公共服务市民化、就业市民化和生活市民化。

三是提高城乡规划建设管理水平。强化规划引领，加强城市基础设施建设，提升城市管理效能，实施县域建设攻坚行动，加快推进美丽乡村建设，努力打造和谐宜居、富有活力、各具特色的现代化城市，建设"环境美、产业美、精神美、生态美"的美丽乡村。

四是强化产业发展支撑。发展壮大城市经济，推动县域经济增比进位突破，实施脱贫攻坚工程，以产兴城、以业聚人，调整优化产业结构和布局，改善营商环境，增强经济活力，为城镇化和城乡统筹发展提供强有力的产业支撑。

五是弥补公共服务短板。持续加力民生投入，统筹布局教育、卫生、文化、体育和社会福利设施，加快推进基本公共服务均等化，大幅提升公共服务水平，使发展成果更多地惠及全省人民。

六是保障水资源供给。按照以水定城、以水定地、以水定人、以水定产的原则，严格用水总量控制，加强水利基础设施建设，全面提高水资源利用效率，增强水资源安全保障能力。

七是强化综合交通运输网络支撑。加快构建以高速铁路和高速公路为骨干、以普通国省干线公路和民航机场为补充、以综合交通枢纽为支点的多节点、网格状、全覆盖的快速交通网。到2020年，实现县县通高速、市市通高铁、市市有机场,实现干线公路镇镇通、三级公路乡乡通、硬化路面村村通(行政村)。

八是创新体制机制。深化重点领域和关键环节体制机制改革,推进城乡要素平等交换和公共资源均衡配置,促进资源要素集约高效利用,着力破解土地、资金等瓶颈制约,加快形成有利于城镇化和城乡一体化健康发展的制度环境。

4. 建设京津冀生态环境支撑区[①]

(1) 树立红线思维,制定生态保护红线、环境质量底线、资源消耗上限目标。通过生态环境支撑区建设,全省环境容量、生态空间逐步扩大,生态环境得到有效保护和治理,资源节约和综合利用成效显著,生态文明体制机制基本健全。提出到2020年,煤炭消费总量比2017年削减9%左右。到2020年,全省生态环境质量明显好转,PM2.5浓度比2015年下降17%左右且达到国家规定要求,重要江河湖泊水功能区水质达标率为75%,森林覆盖率为35%。到2030年,生态环境质量显著改善,建成人与自然和谐相处、山清水秀的美丽河北。

(2) 为保障目标实现,实施六大生态建设攻坚行动。一是强力推进大气污染防治攻坚。包括严格区域环境准入、严格大气排放管控、实施清洁能源替代、全面推进煤炭清洁高效利用。二是强化区域水安全保障。包括水空间统筹、水环境治理、海域生态环境治理与保护。三是加快建设区域生态屏障。包括京津保中心区过渡带成片林地建设、重点湿地保护与恢复、水源涵养林和防风固沙林建设、再造坝上良好草原生态、沿海防护林建设、矿山治理与生态修复。四是积极改善土壤和城乡环境。包括土壤环境治理修复、推进美丽乡村和绿色城镇化建设。五是强化资源节约和综合利用。包括水资源节约与保护、强力推进地下水超采综合治理、集约节约利用土地、大力推进节能降耗、加快发展循环经济。六是推进京津冀生态建设联动。包括强化大气污染联防联控治理、积极参与京津冀水环境协同整治、共同推进京津保生态过渡带建设、共同开展环首都国家公园建设、推动建立跨区域生态补偿长效机制。

---

① 根据《河北省建设京津冀生态环境支撑区规划(2016—2020年)》整理。

第三节　京津冀区域协同发展的财税政策现状

一　区域协同发展中通常采用的财税政策

财税政策是国家实施区域发展规划与宏观调控的重要手段，是指导区域功能定位与科学发展、引导产业发展与升级的有效措施。国家为加强对区域发展的指导，推进区域经济的科学发展，陆续出台或者批复了西部大开发、促进中部崛起、振兴东北等老工业基地，建设天津滨海新区、泛珠三角横琴经济合作区、海峡西岸经济区、关中—天水经济区、广西北部湾、吉林图们江、江西环鄱阳湖、皖江城市带、海南国际旅游岛、山东半岛等多个区域发展规划和区域性的政策文件。科学的财税体制和财税政策，是区域协同发展的制度保障和重要促进手段，在区域协同发展中发挥着至关重要的作用。

（一）区域合作中主要的财政政策

财政政策是指直接或者间接给予特定区域财政资金及其他规费性政策扶持的措施，通常包括财政一般转移支付、财政专项转移支付、财政补贴与补助、政府优先采购、财政贴息等方式。在已经实施与批复的区域发展规划中，主要的财政政策手段有：

1. 财政转移支付政策

财政转移支付政策按照政府间关系可以分为纵向转移支付和横向转移支付，纵向转移支付是指上级政府对下级政府的资金拨付，比如中央政府对省级政府的转移支付，省级政府对县级政府的转移支付等；横向转移支付是指同级政府间的资金转移，比如我国实行的对新疆、西藏的对口支援。我国使用较多的是纵向转移支付，横向转移支付较少使用。纵向转移支付又分为一般转移支付和专项转移支付，按照不同的组合形式，在区域合作中大致有三种方式：

（1）一般财力转移支付和专项转移支付相结合的方式。如国务院西部开发办《关于西部大开发若干政策措施的实施意见》中，涉及转移支付的措施就有6条，包括增加对西部民族地区财力转移、西部地区的专项转移、西部地区的扶贫转移、农村税费改革转移和其他方面的补助等。又如给予海南国际旅游岛的转移支付政策包括加大"对海南的均衡性转移支付力度",也包括其他一般性转移支付和专项转移支付,特别是革命老区转移支付、边境地区转移支付等。

(2) 给予特定的专项转移支付。一般结合区域功能定位与发展方向及其区域实际情况,给予特定的专项转移支付。如中央财政给予东北三省社保定额补助、经济补偿金补助、国有企业分离办社会职能等专项补助,给予鄱阳湖生态经济区区内资源枯竭型城市的转移支付等。

(3) 给予区域基础设施建设的专项补助。已经批复的区域发展规划中,中央财政明确在一定时期内给予基础设施建设补助的有:海南国际旅游岛的建设发展专项补助,天津滨海新区的开发建设一定时期内(5年) 的专项补助等。

2. 财政投资政策

财政投资政策是指中央政府和地方政府运用财政手段把累积的财政资金投向特定领域。在区域合作中,表现为给予特定区域在基础设施、产业布局、特定工程、项目、基地等方面财政投入的扶持措施。在中央批复的现有区域发展规划中,绝大多数有加大中央预算内投资的保障措施,同时包含地方政府的预算内投资的保障措施。例如对西部大开发的投资扶持采取提高中央基建投资西部的比例、增加中央对西部重大基础设施投入、增加对西部开发专项投资三大措施。

3. 其他财政政策

其他财政政策是指除财政转移支付政策、财政投资政策之外的财政补助或补贴、财政贴息、政府采购、成立投资基金等扶持政策。主要包括:一是财政补助或补贴。例如在西部大开发中,国家向退耕户提供苗费补助,补助标准按退耕还林还草和宜林荒山荒地造林种草面积每亩50元计算,所需资金由中央基建投资安排。二是财政贴息政策。如批复的中部崛起规划中,明确继续对中部地区国家级经济技术开发区和高技术开发区公共基础设施项目贷款实施贷款贴息。三是政府采购政策。如批复中关村国家自主创新示范区,明确"支持北京市人民政府积极利用政府采购政策,在中关村科技园区通过首购、订购、实施首台(套)

重大技术装备实验和示范项目等措施，推广应用自主创新产品，支持企业自主创新"。四是成立投资基金政策。在区域合作中为了达成某种共同的目标，中央政府和地方政府之间，以及地方政府之间合作成立基金。如京津冀产业协同发展投资基金等。

（二）区域协同发展中的税收政策

促进区域协同发展中的税收政策主要包括各种税收优惠，通常包括免税、减税、出口退税、再投资退税、税收抵免、延期纳税、加速折旧等方式。除此之外，还有设立保税区等政策。

1. 各种税收优惠政策

（1）减税政策。例如批复的西部大开发规划中规定，对设在西部地区国家鼓励类的内资企业和外商投资企业，2001年至2010年，减按15%的税率征收企业所得税；国务院批复的天津滨海新区规划中规定，从2006年7月1日起，天津滨海新区所辖规定范围内、符合条件的高技术企业，减按15%的税率征收企业所得税[①]。

（2）免税政策。对在西部地区新办交通、电力、水利、邮政、广播电视企业，给予减免企业所得税的优惠政策，对保护生态环境、退耕还林（生态林应占80%以上）还草产出的农业特产收入，自取得收入年份起10年内免征农业特产税。

（3）加速折旧。国务院批复的天津滨海新区规划中规定，比照东北等老工业基地的所得税优惠政策，对天津滨海新区的内资企业予以提高计税工资标准的优惠，对企业固定资产和无形资产予以加速折旧的优惠。

2. 设立保税区

根据国务院批准实施的《广西北部湾经济区发展规划》以及《国务院关于进一步促进广西经济社会发展的若干意见》，中央引导北部湾经济区"有条件的地方设立海关特殊监管区域，加快推进钦州保税港区、凭祥综合保税区和南宁保税物流中心建设。支持北部湾经济区在符合条件的地区设立保税港区、综合保税区和保税物流中心"。

---

① 参见国务院批复的《天津滨海新区开放开发的若干意见》（国发〔2006〕20号）。

二 京津冀协同发展的财政政策

(一) 财政加大三大领域的投资

1. 交通一体化

(1) 京津冀三地创新财政投资和利益共享机制财政，共同投资铁路建设。为通过投资主体一体化带动区域交通一体化，促进京津冀协同发展，京津冀三省市政府、铁路总公司在北京签署协议，按照3:3:3:1的比例共同出资成立京津冀城际铁路投资有限公司，创新财政投资和利益共享机制，缴纳的营业税和地方分享所得税，由北京与天津按照25:75比例分成。

(2) 财政不断加大对交通运输的投入。为了加速京津冀交通互联互通，着力建设"轨道上的京津冀"，三地不断加大财政投入。以河北为例，京津冀协同发展战略实施以来，不断拓宽融资渠道，2015年统筹省以上交通运输补助资金72亿元，支持河北普通干线公路新改建和大中修；安排普通干线公路"三路一危"资金5亿元，农村公路补助资金24亿元，着力解决断头路、瓶颈路、年久失修路、危桥升级改造等突出问题。2017年，省财政投入10亿元，支持高速铁路建设；投入4.1亿元，支持机场和航空运输发展，承德机场实现了正式通航；投入57.5亿元支持重点高速公路建设，延崇、津石等重点高速项目开工建设；投入5.4亿元，支持港口海运发展，曹妃甸、黄骅货运码头建成投运。

2. 生态环境保护

在京津冀联防联控环境治理方面，天津近5年累计拨付河北1.6亿元，用于承德、唐山两市的污水垃圾处理、尾矿治理和取消水库网箱养鱼等水源保护项目。多渠道、多形式筹集资金333亿元，实施清新空气行动，与京津冀及周边地区共同治理污染排放，健全区域性重污染天气监测预警和应急响应机制，协同查处跨界环境违法行为。

河北财政加大了对生态环保领域的投入。2016年，筹集省以上大气污染防治专项资金48亿元，重点支持新能源汽车推广应用、化解钢铁过剩产能、黄标车淘汰等；统筹省以上资金74.5亿元，在黑龙港流域49个县（市、区）开展地下水超采综合治理试点，为华北地区及全国探索了可推广、可复制的治理经验；将张、承地区及衡水湖周边31个县（区）纳入国家重点生态功能区补偿范围，将衡水湖、白洋淀、官厅水库列入国家湖泊生态环境保护试点；统筹省以上资金11.7亿元，支持太行山绿化、林业生态补偿、草原生态保护，促进生态环境持续改善。2017年，河北投入200.1亿元，全面落实"1+18"大气污染防治方案；投入83.2亿元，实施了地下水超采治理和引黄补淀入湖等水涵养保护工程；投入24.8亿元，开展了流域水污染和土壤污染重点工程整治以及农村环境整治；首批出资4.5亿元，与北京、天津共同组建永定河流域投资有限公司，开启了永定河全流域水环境整治。

3. 产业转移

京津冀三地采取不同的财政政策促进产业转移。北京市财政主要以财政断投、断补、断供等"釜底抽薪"的措施推动"低散污"产业大幅度退出去。在承接首都经济转移方面，天津财政加大政策资金支持力度，支持建设京津冀合作产业园区，为首都非核心功能产业集群化转移创造条件。河北安排承接京津地区优势产业项目转移奖补资金2亿元，用于打造承接平台、承接京津优势产业项目和公共服务机构转移；投入专项资金25亿元和体制返还资金13.5亿元支持曹妃甸区、渤海新区、北戴河新区等沿海地区重点打造产业对接平台；整合省级钢铁产业结构调整等专项资金7.9亿元，支持化解钢铁过剩产能。

（二）尝试创新跨区域的财政补贴方式

在疏解物流、仓储等非首都功能方面，引导、鼓励、扶持在京企业到津冀两地投资建设是必由之路。但由于北京财政资金无法补贴到河北、天津辖区内的项目上，"喊声大、办法少"的尴尬局面长期存在。为激励企业外迁，北京大胆创新财政资金使用方式，突破补贴资金使用地域限制，切实支持在京企业到津冀区域投资建设物流项目。目前，试点企业已在河北累计投资近6000万元，获得北京财政资金补贴1000余万元。从2015年8月正式运行至今，试点企业已在河北开设965家农村门店，月营业额超过500万元，货物装卸效率、交接效率平均提高2

倍，装卸人员成本降低50%以上。

（三）中央政府对京津冀地区的纵向转移支付

中央政府对京津冀转移支付资金除一般转移支付外，主要是通过专项转移支付来实现的，其中在生态环境保护领域最为显著。

《中央对地方重点生态功能区转移支付办法》规定了转移支付支持范围，主要包括限制开发的国家重点生态功能区所属县（县级市、市辖区、旗）和国家级禁止开发区域，以及京津冀协同发展、"两屏三带"[①]、海南国际旅游岛等生态功能重要区域所属重点生态县域等。该办法提出争取将每年承担京津供水任务的河北六个地市所属县区全部纳入国家重点生态功能区范围，给予生态功能区转移支付。目前，以北京、张家口为主的京津冀西北部初步形成了以中央纵向补偿为主、地方横向补偿为辅、经济和技术为主要补偿方式的跨区域生态补偿机制。如2009—2016年，中央对张家口市的生态转移支付从1.89亿元迅速增长到9.45亿元；2001—2015年张家口风沙源防治、退耕还林还草等重点工程投资总额达到30.47亿元。其中，中央财政资金达27.56亿元，占总投资的90.45%[②]。

（四）探索建立区域间横向转移支付制度

我国一直缺乏规范的区域间横向转移支付制度，现有的相当于横向转移支付的安排主要有各省对新疆、西藏等西部地区的对口支援。目前京津冀间的横向转移支付主要表现为京津给予河北的生态补偿资金。生态环境是具有外部效应的公共产品，京津冀在生态环境方面的利益息息相关，任何一方都无法做到独善其身。河北作为首都的生态屏障、京津水源地，为了保护京津地区生态环境，尤其为了保障京津供水，做出了巨大贡献和牺牲。张家口、承德地区许多县区被列入国家级和省级重点生态功能区，产业发展长期受到限制，面临贫困与生态保护问题双重挑战。

---

① 指"青藏高原生态屏障""黄土高原—川滇生态屏障""东北森林带""北方防沙带""南方丘陵山地带"。

② 《京津冀西北部初步形成跨区域生态补偿机制》，《中国环境报》2018年7月19日。

1. 京津冀和中央的财政合作机制逐步建立

在财政部等部委的大力支持下，按照"成本共担、效益共享、合作共治"的原则，建立协作机制，共同推进流域水资源与水生态环境整体改善。例如，为治理滦河流域，河北、天津签订《引滦入津上下游横向生态补偿实施方案》，方案规定试点期为 2016—2018 年，三年内河北、天津每年各出资 1 亿元，财政部出资 3 亿元，建立引滦入津上下游横向生态补偿机制，推动了潘大水库网箱养鱼清理和滦河流域水污染治理，使滦河流域水质显著改善。

2. 京津对河北的财政补偿逐步到位

北京、天津作为受益地区，要落实补偿政策，建立稳定投入机制，创新和拓宽补偿方式。比如，《京津两市对口帮扶河北省张承环京津相关地区工作方案》在"保障措施"中，明确要求北京对口帮扶资金平均每年不低于 5 亿元；天津对口帮扶资金平均每年不低于 2 亿元。又如，北京和河北就密云水库的治理签订了《密云水库上游潮白河流域水源涵养区横向生态保护补偿协议》，协议实施期为 2018—2020 年，协议规定：北京对密云水库上游潮白河流域的承德、张家口相关县区进行生态保护补偿，对污染治理成效进行奖励；北京财政于 2018 年年底前先行向河北预拨补偿资金 2 亿元，河北财政配套 1 亿元，下一年根据目标考核情况进行清算①。

（五）区域间合作基金的建立

京津冀区域既然要协同发展，在很多方面就涉及共同投资的问题，而由三地政府财政出资，带动社会资本进入的资金池共建模式，是一种很好的合作方式。目前较大的京津冀合作基金主要有京津冀产业协同发展投资基金。

京津冀产业协同发展投资基金，是国家出资引导社会资本参与的第一只京津冀协同发展专项投资基金，也是目前国内唯一一只以区域协同为主题的政府参与的产业投资基金。京津冀协同发展基金计划总规模 500 亿元，首期规模 100 亿元，主要用于交通、生态、产业、科技创

---

① 《京冀签订密云水库上游横向生态保护补偿协议》，《河北日报》2018 年 11 月 9 日。

新、承接地基础设施建设等。其定位目标是要努力成为产业协同发展率先突破的"实践者"、加快雄安新区建设的"推动者"、构建京津冀协同创新共同体的"探索者",更好地发挥对社会资本投入的带动作用、对创新要素集聚的导向作用、对试点示范建设的引领作用,加快推动京津冀产业协同发展实现率先突破。

除此之外,各方也在呼吁探讨建立京津冀生态环保基金,三地共同解决流域生态补偿机制薄弱的问题,实现受益者付费原则。2016年农工民主党北京市委提交了《有关建议设立京津冀生态环保基金的提案》,建议可以通过财政资金,包括中央财政、京津冀地方财政与少量社会捐赠资金设立京津冀生态环保母基金,提案测算京津冀生态环保基金所需投入的财政资金为500亿元左右,通过PPP拉动社会资金总量2000亿元,基金总盘子在2500亿元左右。

三 京津冀协同发展的税收政策

(一)"一事一议"的税收收入分享政策

京津冀协同发展中,迁出地和迁入地之间的税收协调问题,在早期多采用"一事一议"的方式,其中最为经典、影响最大的当属"首钢搬迁"。2005年,按照国家部署,首钢集团除总部、研发体系等外,涉钢产业开始从北京石景山区整体搬迁至河北唐山的曹妃甸工业区。作为北京最大的国有企业,首钢曾是石景山区的主要税源,2004年首钢的纳税额占到石景山区的55.4%,占北京财政收入的5%,石景山区地税局甚至专门成立了首钢税务所。因此,首钢主体的搬迁短期内必然会带来税源的流失,会削弱石景山区的财政收入,搬迁后石景山区的财政收支缺口如何弥补?为了减少首钢搬迁对当地财政收入带来的冲击,国务院专门出台了《财政部关于首钢搬迁有关税收政策问题的通知》,规定:对首钢搬迁所涉及的18户企业在2006—2009年的增值税、企业所得税税款给予"税款全部返还"的特殊优惠待遇。"43.6、32.2、33、45.1、50、56.6",这一串以"亿元"为单位的数字,是石景山区2008—2013年的地税收入数据,恰好呈现一个"V"字形,反映了石景山区财政收入由大幅下滑到逐步回升的状态,到 2011 年石景山区地税局摆脱了首钢搬迁的影响,税收收入不但恢复至 2008 年的水平,还略有超出。首钢搬迁后全区税收结构不断优化,以首钢税收收入为主的第二产业主导地位终结,文化创意产业和金融业为主的第三产业逐步发展起来。

而首钢搬迁至河北后,首钢京唐公司在渤海湾建立起 20 多平方公里的新厂区,有 220 项全球顶尖技术、世界上最先进的生产线,几乎"零排放"。自 2009 年投产后,产品质量逐年提高,销售收入稳步增长,截至 2013 年年底,公司累计在曹妃甸缴纳税款 9.12 亿元。首钢京唐公司的建设还带动了北京生产性服务业转移至曹妃甸,同时公司与钢铁业下游形成产业链,带动了地方建筑、交通运输、加工制造和服务业等行业的发展。因此,"首钢搬迁"是一个实现"双赢"的成功案例,为京津冀协同发展提供了一个良好的范本。

除首钢搬迁外,随着京津冀协同发展逐步推进,京津冀区域内各个辖区间的产业合作形式越发多样化。如经北京海淀区和秦皇岛双方协商,中关村海淀园在国内建立首个分园——秦皇岛分园。对转移企业实施 4∶4∶2 的税收分享政策,即对企业产生税收的地方留成部分进行切分,20% 作为园区产业扶持资金,余下 80% 由秦皇岛分园和中关村海淀园对半分成,这种税收共享模式不仅解决了阻隔两地的利益鸿沟,让两地政府实现共赢,也让企业受益匪浅,为跨区域合作提供了一种共生共赢的新思路。

(二) 探索制度性的税收利益分享政策

虽然"一事一议"的税收分享政策效率高,针对性强,但是随着京津冀协同发展上升为国家战略,京津冀产业转移成为一种常态,采用"一事一议"方式的协商成本越来越高,京津冀实现税收收入分享的"制度化""体制化"的诉求越来越迫切。

最突出的制度性税收分享政策当属 2015 年 6 月财政部和国家税务总局联合发布的《京津冀协同发展产业转移对接企业税收收入分享办法》。该办法明确提出,由迁出地区政府主导、符合迁入地区产业布局条件且迁出前三年内年均缴纳"三税"大于或等于 2000 万元的企业,以增值税、企业所得税、营业税三税地方分成部分(以下简称"三税")

的总和为基础，由迁入地区和迁出地区按 50%：50% 比例分享，迁出地区分享"三税"达到企业迁移前三年缴纳的"三税"总和为上限，达到分享上限后，迁出地区不再分享；若三年仍未达到分享上限，分享期限再延长两年，此后迁出地区不再分享，由中央财政一次性给予迁出地区适当补助。办法的出台通过制度化的分享比例规定，有效地解决了京津冀产业转移而引发的税收利益冲突，为促进资源要素合理流动，实现京津冀间的优势互补、合作共赢打下了制度基础。

（三）税收合作框架的建立

为落实京津冀协同发展这一重大决策部署，2014 年 7 月，国家税务总局成立京津冀协同发展税收工作领导小组，重点定位于京津冀协同发展的税收政策、税收征管一体化、信息化共享、税收征管便利化等方面。2014 年 10 月，京津冀三地税务部门签署了《京津冀协同发展税收合作框架协议》，协议在联合推进京津冀协同发展税收政策构建与完善、逐步统一税收政策执行标准、建立税收利益协调机制、加强税收征管、推进税收执法、深化纳税服务、拓展人才培养交流、加强税收科研八方面展开合作。该协议的签署在一定程度上为京津冀全面开展税收合作提供了重要思路和框架，但因为该协议是京津冀三地税务部门牵头签署的文件，参与的部门数量和协议的法律效力层次均有限。

第四章 促进区域协同发展财税政策的国际经验借鉴

京津冀区域协同发展的结果必将会形成世界级水平的大都市群。世界上现已形成很多成熟的大都市群，比较典型的有纽约都市群、伦敦都市群、巴黎都市群、多伦多都市群、东京都市群、首尔都市群。本章主要通过研究世界级大都市群的历史形成过程和协同发展模式，尤其重视剖析其协同发展过程中实行的财税政策，借鉴其相关经验和有效做法，以促进京津冀区域都市群的协同发展。

第一节 世界大都市群的协同发展模式

一 纽约都市群

纽约都市群是目前全球五大都市群之一，从北到南连接缅因州和弗吉尼亚州，跨越了美国东北部的10个州，约占美国本土面积的五分之一。包括纽约、波士顿、费城、华盛顿4座大城市，以及巴尔的摩等一些中等城市以及附近的一些卫星城镇，构成带状大都市带，群内共包含40个10万人以上的中小城市。纽约在整个都市群内占据核心地位，是世界经济和国际金融中心，而其周边的波士顿由于良好的产业升级成为"美国东海岸的硅谷"，聚集了全球顶尖级的高技术企业和研究机构。

（一）纽约都市群形成的历史过程

纽约从一个单独的城市，发展成现如今区域经济有效协同发展的世界著名都市群，整个过程并不是一帆风顺的。1870年以前，各城市间联系较少且独立发展，很多周边的中小城市由于城市化水平较低，人口分布松散，经济发展落后。针对当时出现的城市之间发展不平衡的问题，纽约区域规划协会（Regional Plan Association of New York，简称RPA）就提出了构建"大纽约市"的系统性的规划方案，而纽约都市群的协同发展跟这四次具有针对性的规划有着密不可分的联系，并且每个阶段都有自己的发展特征。

1. 对纽约及周边地区进行区域规划

随着产业结构的变化，美国城市化的速度也在加快，城市规模急剧扩大，人口数量显著增加，以纽约、费城两个特大城市为核心的区域城市发展轴线开始形成，区域城市化水平显著提高。1921年，RPA对纽约都市群进行了第一次规划并颁布《纽约及周边地区的区域规划》，主要内容就是将城市功能布局的思路运用到纽约都市群的规划中，重新设计核心城市，进行"再中心化"。将工业向核心城市以外的郊区延伸，同时引导人口向周边区域扩散，缓解核心城市空间结构拥挤和人口积压的问题。通过加强群内公路、铁路和桥梁等公共交通运输系统的建设，为纽约都市群的发展提供环境支持。

2. 提出"铺开的城市"建设

第一次规划实施后，由于制度上的缺陷和历史环境等影响，效果并没有达到预期。从纽约市往外的延伸郊区大面积出现低密度的问题，因此在1968年RPA制定了第二次规划，提出"铺开的城市"的概念。这个概念不是传统意义上的城市郊区化，而是对纽约都市群试图建立多个城市中心以及重建公共交通网络。不过由于土地资源利用效率低下，纽约都市群城市空洞化现象严重，城市人口向郊区转移，都市群内人口结构出现较大变化，核心城市的产业也出现空心化现象。此次规划与纽约都市群的区域发展目标不一致，最终以失败告终。

3. 重造纽约都市群新理念

20世纪末，随着全球经济一体化以及发展中国家的崛起，纽约作为全球国际金融中心的地位受到了威胁。于是在1996年RPA提出了第三次规划，通过建设美国东北部大西洋沿岸城市带，确立纽约都市群新理念，即在全球经济一体化过程中增强纽约都市群区域经济的整体竞争力，强化纽约在都市群产业结构调整中的主导地位，并改善周围地区的经济发展条件，优化资源配置，促进群内区域协调发展和共同繁荣。同时，RPA 还制定了"经济（Economy）""环境（Environment）"和"平等（Equity）"的"3E"标准，将三者并重考虑，体现了纽约都市群的可持续发展理念，可用于评判都市群的整体竞争力。

4. 提出让区域更好地为我们服务

第三次规划以后，纽约都市群的经济发展取得了一定的成绩，但是在情况好转的同时，该区域也出现了一些其他的问题。家庭收入水平下降，生活成本显著提高，交通网络等公共设施受损严重，温室效应带来的碳排放加剧，都给纽约都市群的发展带来了阻力。所以 RPA 于 2017 年 11 月 30 日发布了第四次规划，为纽约都市群的经济增长与可持续发展制定蓝图，共提出 61 条相关建议，主要建议包括：针对纽约大都市运输系统进行改革，实施区域铁路网的扩张整合；在所有社区保留并建立经济适用房，RPA 建议各级政府增加对各级收入群体的住房供给，增加社区内的永久性经济适用房，通过政策对当地弱势居民提供积极主动的保护；建立新的气候适应信托基金（Climate Adaptation Trust Fund），为合适的项目提供专门的收入来源；强化碳排放体系，运用科学的方法对碳排放进行定价。本次规划为都市群的生态发展提供了思路，更加注重为区域一体化进行服务。

（二）纽约都市群的协同发展模式

1. 功能互补、错位发展的产业发展模式

纽约都市群内每个城市之间在产业发展上各具特色，形成功能互补、错位发展的格局。以纽约市为主的核心群主要以高附加值、高技术含量、知识密集型的现代服务业为主，例如金融业、房地产业、信息业、科技服务业等；纽约都市群的内群主要以核心群转移出来的产业为主，例如零售业、医疗卫生业等；而都市群的外群主要以农业和零售业为主。① 各个城市根据自身的特色，形成各自的优势产业，协调发展。

---

① 林兰、曾刚：《纽约产业结构高级化及其对上海的启示》，《世界地理研究》2003 年第 9 期。

如纽约在整个都市群内占据核心地位，是世界经济和国际金融中心；波士顿由于良好的产业升级，成为"美国东海岸的硅谷"；费城依据良好的地理位置发展国防和航空工业；巴尔的摩利用自然资源优势开采矿产，发展冶炼工业；首都华盛顿作为政治中心，依靠深厚的历史文化发展旅游产业。这些城市的发展都离不开纽约作为群内核心城市的辐射作用，同样各个城市的发展也促进核心城市的发展，都市群内功能互补的产业格局使整个都市群在协调发展上更进一步。

2. 发达的公共交通网络系统

纽约都市群的交通网络系统十分庞大并且错综复杂，是全美最发达的运输系统，由轨道交通、公共汽车、海运及空运多种运输方式构成。纽约作为都市群的核心，以占都市群不到2%的国土面积，承载了都市群38%的人口，公共运输压力巨大，纽约地铁是世界上最大的公共运输系统之一。作为连接都市群内各个城市之间往来的交通工具，公交、渡轮是人们比较喜欢的出行方式，公交汽车网遍布都市群各个区域，并与地铁站点形成良好的转乘配合。同时都市群与都市群外的其他城市往来也很方便，发达的航空运输、复杂的轨道交通网都能给人们提供便利的方式往返于各个城市，大大提升了纽约都市群出行的运输效率。

3. 融入可持续发展理念的生态模式

纽约都市群一直秉持了可持续发展理念，致力于构建绿色自然生态模式，在2007年推出"绿色纽约计划"。① 此计划提出100多个举措，涉及都市群城市生活的各个方面，如为了减少碳排放量，升级了传统的公共交通工具，不仅投入了新的混合动力公交，还更新了城市渡轮，用新型燃料替代过去的内燃机；为解决城市烟尘污染问题，政府引进投融资模式，通过吸引非政府组织和房地产行业，共同开展节能减排方面的项目等；为增加城市建筑的绿色生态性，政府把众多的绿色自然景色搬进繁华的都市，纽约的屋顶上种植了大量的绿色植物和农作物，为城市的生态和可持续发展做出贡献。

---

① 武建奇、母爱英：《世界大都市圈协同发展模式与京津冀协同发展路径研究》，中国社会科学出版社2018年版。

二 伦敦都市群

伦敦都市群是以伦敦—利物浦为轴线，主要包括伦敦、伯明翰、谢菲尔德、曼彻斯特、利物浦等数个大城市和众多中小城市，都市群整体占地面积约4.5万平方千米，占英国全国总面积的18.4%，人口约3650万人，经济总量占英国全国的80%左右。[①] 伦敦都市群形成于20世纪70年代，是产业革命后英国主要的生产基地和经济中心，同时也是世界著名的金融中心、高技术中心、国际文化艺术交流中心等。

（一）伦敦都市群形成的历史过程

伦敦都市群历经工业革命以来世界经济发展的四次长波和工业化进程的各个阶段，成为现在世界瞩目的产业均衡发展、创新型产业突出的大都市群。其协同发展跟纽约政府制定的两次纽约都市群规划方案有着密不可分的联系，每个阶段都有其特有的发展模式，具体如下：

1. 提出"组合城市"概念

20世纪40年代，伦敦正处于城市无序扩张的阶段，大量的人口向城市涌进，造成城市人口过度集中、交通拥堵、环境污染等问题。因此1942年，伦敦政府公布了第一次规划方案，提出了"组合城市"的概念。此次规划方案对都市群空间结构布局提出了新的想法，共设计建设四个群层，即内环、郊区环、绿带环和乡村外环。第一层是内环，包括伦敦金融城及内城的12个区，该环是伦敦都市群的核心区，规划的目的在于降低人口密度、控制工业等；第二层是郊区环，规划设计对该层地区重新进行空间组织，不再增加人口，能够提供舒适的居住环境；第三层是绿带环，设计理念融合了田园城市的概念，由英国《绿带法》规定整个绿带用地，并在外围将绿带宽度扩展到16千米；第四层是乡村外环，规划设计在该地区建设卫星城，用来解决内环人口过度集中、住房拥挤、土地紧张等问题。

2. 加入"可持续发展"理念

由于伦敦巨大的产业虹吸效应，都市群在发展过程中依旧难以协调

---

① 栗宁：《漫谈世界五大都市圈》，《地理教育》2009年第2期。

发展，第一次规划未能达到预期效果。所以在 2000 年开始了第二次规划，此次规划首先对伦敦政府进行了重新构建，成立"大伦敦管理局"，主要职责包括伦敦都市群内的经济发展、土地规划、交通运输、环境保护等。然后制定了《大伦敦地区空间发展战略规划》，提出要把伦敦建成"可持续发展的世界级城市"，全面关注人口、土地、交通、环境等问题，彻底改变以前的限制性增长战略，更加有利于都市群内各群层的协调发展。

（二）伦敦都市群的协同发展模式

1. 创新性产业转型升级

伦敦都市群在经济结构上高度服务化，目前的产业结构是以金融服务业和商务服务业为主，2009 年两者产值合计占经济总产值的 40% 以上。其他群内次级中心城市伯明翰、曼彻斯特、利物浦、谢菲尔德等也经过产业升级，形成以服务行业为主的产业结构，如伯明翰在近年来由工业经济向现代服务业转型，进行产业结构上的调整，2009 年其服务业产值占总产值的 80% 左右。伦敦都市群自工业革命以后，在产业结构上经历了多次产业转型升级。无论是作为核心城市的伦敦，还是周边次级中心城市，都在产业转型升级中积极向前，尤其是带领整个都市群发展的伦敦市，在产业升级中发挥出创新引领的核心作用。

英国在世界工业革命的长河中，一直站在工业的最前沿，作为世界工业领域的佼佼者带领全球进行工业化发展。而在第二次世界大战后，由于传统工业竞争力下降，整体经济在世界范围内的产业结构调整中面临边缘化的危险。但是伦敦每次都能在困境中及时认清现状，发挥创新引领的关键作用，进行产业结构调整。20 世纪 60 年代，伦敦开始进行产业结构调整，从传统的工业转移到金融业，使伦敦成为全球最大的国际金融中心。此后伦敦又将主导产业转向了商务服务业，然而创新的脚步没有就此止步，随着后期金融服务业发展速度趋缓，伦敦将视线转移到了文化和创意产业，以广告、设计、表演艺术、电视广播为代表的创意产业开始为伦敦注入新的发展动力，发展速度也远超其他产业，成为仅次于金融服务业的伦敦第二大支柱产业，成为名副其实的"创意之都"。

伦敦都市群在发展过程中，非常注重发展新兴战略产业，由工业到金融服务业再到文化创意产业，每一次产业转型都使伦敦能够始终站在世界经济发展转型的最前沿，不仅给自身的经济发展带来了活力，成为世界一流的国际大都市，同时也有效带动了周边中小城市的产业转型及升级，促进了伦敦都市群的协同发展。

2. 完善通畅的现代公共交通系统

伦敦都市群的交通系统是以伦敦为中心，不断向外辐射的庞大铁路系统和高速公路网络系统。伦敦市区的交通工具主要是地铁，地铁线路纵横交错，共有9条地铁干线，贯穿整个市区。政府为了缓解交通压力，通过收费的方式鼓励公共交通出行方式，如征收拥堵费、提高停车费等，减少交通拥堵。除了伦敦市区发达的交通系统，为了方便伦敦市和周边城市之间的便利往来，强化轻轨及地铁车站与火车站的紧密联系，使立体交通系统网渗透到伦敦都市群的每一个角落，带动了周边城市的经济发展，对促进整个地区的协同发展起到了强有力的推动作用。

3. 嵌入式绿色生态网络模式

伦敦都市群非常重视区域经济的协同发展，所以一直坚持环境、经济和社会可持续发展能力的建设，为此构建了嵌入式绿色生态网络模式，[①] 对整个都市群的绿色发展和生态环境起到了保护作用。伦敦都市群在城市内部构建了一系列的绿色空间，通过把绿色带入城市内部，起到生态建设的作用。如建设各级城市公园、绿带、绿色通道及废弃地生态改造等。同时，伦敦都市群还非常重视生物多样性保护，对自然保留地和半自然保留地进行保护，即使在建筑密集的城市内，也会规划出自然保护区域，将城市生态建设和生物多样性保护结合起来。

4. 政策规划下的协同发展模式

伦敦都市群的协同发展是在市场机制的主导之下，结合政府的规划组织和协调作用实现的。市场机制不是万能的，而政府在整个都市群发展过程中可以通过制定科学、民主、权威的规划，使伦敦都市群的协同发展能够顺利进行。

[①] 徐颖：《生态经济发展模式研究》，硕士学位论文，福建农林大学，2014年。

首先，伦敦政府成立了巴罗委员会，针对城市内部人口密度过高的问题提出了《巴罗报告》，旨在疏散伦敦中心区的工业和人口。随后，制定了相关的法律法规进一步强化区域间的协同发展，如《新城法》规划在离伦敦市中心 50 千米的半径内建立 8 个伦敦新城，缓解都市群内人口密集、住房条件恶化及土地紧缺等问题；《大伦敦空间发展战略》提出将伦敦分为五大分区和五大现代服务业功能区，对各个区域进行具体产业规划，有效保证都市群的有序发展。

政府通过制定针对性的规划政策，保障了都市群规划的方向，再加上相关法律法规的支持，能够有效地促进伦敦都市群的协同发展。

三　巴黎都市群

传统意义上的巴黎都市群主要由巴黎市区、近郊三个省、远郊四个省组成，被称为大巴黎都市区，有"法兰西岛"之称。整个大区面积占法国国土面积的 2.2%，聚集了法国 20% 以上的人口、30% 的国内生产总值。[①] 巴黎作为巴黎都市群的中心城市，是世界著名的历史名城及欧洲最重要的经济和政治中心，其周围设有城市副中心以及修建的新城和卫星城，共同组成了巴黎都市群。

（一）巴黎都市群形成的历史过程

巴黎早在 18 世纪就已是欧洲的文化中心，聚集众多享誉世界的文化巨人。此后巴黎都市群先后经历了六次政府规划，形成了目前在欧洲市场占据中心位置的局面。1932 年，巴黎郊区扩散现象日趋严重，政府首次提出需要设立巴黎地区，打破行政区划壁垒，对整个区域实行统一的区域规划。由于"二战"影响，第一次规划仅部分得以实施，效果未达到预期。1956 年巴黎政府提出第二次规划，制定了《巴黎地区国土开发计划》，该规划旨在降低巴黎中心区产业密度，通过在城市周边建立卫星城，将市区基础工业向郊区转移，推进城区非工业化，进而促进区域均衡发展。随着城市产业和人口向郊区大量扩散且蔓延趋势没

---

① 洪亮平、陶文铸：《法国的大巴黎计划及启示》，《城市问题》2010 年第 10 期。

有减缓，巴黎政府意识到未来巴黎地区城市发展的重点不是继续扩展，而是对现有建成区进行调整，并利用企业扩张或转产的机会建设新的城市发展集合。所以巴黎政府在1960年提出了第三次规划，《巴黎地区整治规划管理纲要》要求在城市周边建设卫星城，并通过航空、高速铁路等交通工具实现衔接，打造"1小时交通圈"。1965年、1976年，巴黎政府再次提出了第四次、第五次规划，进一步发展多中心的大都市格局，并开始注重自然环境问题。随着全球经济结构重大调整，法国经济出现低迷，巴黎政府为了振兴法国经济，在1994年提出了第六次规划，《巴黎大区总体规划》明确指出区域规划指导思想从以规模为主向以质量为主转变，深化区域概念，将超大城市具有的多种职能向大、中、小城市分散，城市间实现功能分工，形成一个体系健全、城市间协调发展的都市群。

（二）巴黎都市群的协同发展模式

1. 聚集型的产业发展模式

巴黎都市群同伦敦都市群、纽约都市群一样，经历了产业结构从以工业为主转型到以服务业为主，最终形成了高度服务化的第三产业，如文化、艺术以及旅游产业等，是世界著名的文化艺术之都。同时，巴黎都市群是欧洲地区企业总部最为发达的区域，欧洲重要的总部基地和国际组织都设立于此，聚集了法国96%的银行总部、70%的保险公司总部及近400多家国际组织。除此之外，巴黎都市群的高科技产业也十分出众，科技研发能力居欧洲第一，聚集了欧洲最优质的人力资源。同时，尽管巴黎都市群的支柱产业不再是第二产业，但其仍然是整个法国最重要的工业基地。

巴黎都市群从整体来看，聚集了法国最优质的资源，形成了以服务业为主、高技术工业为辅的聚集型产业模式，承载众多高端功能和经济活动，由巴黎带动周边城市共同发展，成为欧洲最富有的地区。

2. 发达而密集的公共交通系统

巴黎都市群通过建立发达的交通网络系统，打破传统的行政区划，有效地把巴黎和周边城市整合在一起，实现交通一体化，为都市群内其他城市的发展降低了运输成本,带动了整个都市群的协调发展。作为核心城市的巴黎,拥有世界一流的地铁系统,地铁就像一张密集的网络罩住巴黎及周边城市。都市群内城市之间通过发达的高速铁路网、海港网及机场进行联系,非常快速便捷,增强了区域之间的来往。巴黎发展了比其他都市群更为强大的航空业,为都市群与世界其他地区的联系建立了便捷通道。发达而密集的公共交通网络系统,为城市间的联系降低了成本,从而进一步促进了区域协调发展。

3. 环境与生态并重的绿色发展模式

巴黎都市群是世界著名的文化和旅游胜地,蕴含大量文化古迹和自然景观,为了更大程度保护这些重要资产,都市群非常注重生态环境建设,把保护自然环境作为首要目标。首先从公共服务的公共绿地来说,政府建设了很多市级、区级、社区公园,提高城市居住环境质量,为都市群内经济发展做好支持工作。同时还制定了多部法律法规,如《法兰西岛地区发展指导纲要(1990—2015)》,提出将保护自然环境作为首要任务,尊重自然环境与自然景观、保护历史文化、保留都市群内的绿色山谷、保留城市周边的森林、保护具有生态作用的自然环境,将绿色可持续发展理念融入都市群规划建设中,促进都市群的协调发展。

四 东京都市群

东京都市群位于日本列岛东南侧,濒临东京湾,包括东京都、神奈川县、崎玉县、千叶县、茨城县、群马县、栃木县和山梨县,构成的"一都七县",以不到全国总面积的 9.6%,聚集了全国 32.89% 的人口,创造了日本全国 GDP 总量的 30% 左右。东京都市群是日本经济的核心地带,是全国的政治、经济、文化中心,核心城市东京也发展成为全球三大金融中心之一。[①]

[①] 刘瞳:《世界主要都市圈经验的借鉴和北京都市圈的发展》,硕士学位论文,中共中央党校,2011年。

（一）东京都市群形成的历史过程

日本政府从 20 世纪 50 年代开始首次提出首都群概念，然后依次制定了五次规划方案（见表 4-1），从日本经济社会发展的特点和政府的五次规划来看，东京都市群的发展主要经历了如下三个阶段：

表 4-1　　　　　　　　　东京都市群五次规划

	时间	地理范围	人口数量	规划思路
第一次	1958—1967 年	距东京市中心半径 100 千米的区域	2660 万人	为了避免建成区膨胀，在东京中心区外面建设绿化带，为了吸收人口和产业，在市街地区建设卫星城
第二次	1968—1975 年	一都七县全部区域	3310 万人	对东京进行相应的城市改造，作为全国经济的管理中枢，推进卫星城市的开发政策
第三次	1976—1985 年	一都七县全部区域	3800 万人	在东京市中心建设"区域多中心城市复合体"，通过构建多极多群组结构来促进周边地区的社会经济发展
第四次	1986—1999 年	一都七县全部区域	4090 万人	根据第三次规划思想，强化首都群的国立中枢职能，提出发展副中心，同时承担中心区一部分功能，增强各地区之间联合性，提高地区之间独立性
第五次	2000—2015 年	一都七县及周边区域	4180 万人	强调构建地区多中心城市"分散型互联网结构"的空间模式，同时提出多样化家庭办公等职住模式的想法

资料来源：冯怡康、马树强、金浩：《国际都市群建设对京津冀协同发展的启示》，《天津师范大学学报》（社会科学版）2014 年第 6 期。

1. 都市群的雏形期阶段

20 世纪 50 年代至 70 年代，整个日本经济经过战后 10 年的复兴进入高速增长阶段。伴随着制造业大规模发展和人口的高速增长，东京成为都市群内的超级核心城市，在区域发展中拥有独一无二的优势。但是很快就面临产业过度集中、交通堵塞、居住环境恶劣等问题，所以这一时期，东京都市群的规划重点是促进产业分散以及推动城市间基础设施建设。日本政府最先采取在东京中心区外面建设绿化带，在市街地区建设卫星城，通过这些举措来引导产业结构布局。另外，东京都市群对城市间的基础设施加强建设，依靠行政手段对包括基础教育、公共交通在内的基础设施进行政策、资金上的倾斜扶持，进而缩小都市群内东京和周边城市的差距，实现区域协同发展。

2. 都市群的扩张阶段

20世纪70年代至80年代，东京都市群的经济增长开始减速，这一时期政府对都市群的规划就是内部发展和外部扩张。[①] 内部发展是指都市群内各城市都有自己的产业和功能定位，外部扩张是指空间上由东京向周边城市进行扩大。无论是内部发展还是外部扩张，其目的都是通过市场机制来实现都市群内经济协调发展。伴随着多个首都群副中心和商务核心城市的兴起，再加上公共交通系统的建设，产业开始由东京向这些城市转移，进入各城市间分工明确、产业高速发展的扩张阶段。

3. 都市群的成熟阶段

20世纪90年代之后，东京都市群的经济增速和人口规模都进入了前所未有的负增长阶段，人口老龄化的加剧和经济停滞引发的就业困难等社会矛盾也逐步凸显，这一时期规划的重点是群内城市协调发展，实现都市群整体效益和长远发展。经过80年代全球经济转型发展，东京都市群的产业结构形成了以生产服务业为主的模式。群内核心城市和其他城市进入协调发展的阶段，尤其在城区基础设施建设、公共交通网络建立以及绿色生态保护治理等方面进行了多方位的合作。

(二) 东京都市群的协同发展模式

1. 分工明确的产业发展模式

东京作为都市群的核心城市，是日本政治、金融、教育、技术创新的中心。其产业结构以第三产业为主、第二产业为辅。除核心城市外，东京都市群拥有一批与东京错位发展、分工明确的次级中心城市，如大

---

① 张颢瀚、张超：《大都市圈的成长阶段与动力机制》，《江海学刊》2006年第1期。

阪的工业规模仅次于东京，第二产业比重高达21.3%，而名古屋的支柱产业是传统重化工，形成包括汽车、机械、钢铁、石化等在内的专业化产业领域。各个城市功能定位不同、错位发展，最终促进整个都市群的协调发展。

2. 层次分明的轨道交通体系

东京都市群秉承"交通引领城市发展"理念，交通状况井然有序，很少出现交通堵塞现象。其交通网络主要分为三个群层：中心城区15千米范围以内是综合枢纽集中分布区域，聚集了多条城市轨道交通；15—30千米范围是区域性交通网络集中区域，分布着众多港口和机场；30—60千米范围主要是郊区交通客运区域，分布着多条城际轨道和市郊铁路，承担了工作人员都市一小时通勤和大量的区域性货运职能。东京都市群这种以轨道交通为主，层次分明、职能分工明确的现代交通网络体系推动了人口的扩散和产业的转移，进而促进都市群内各城市的共同发展。

3. 融入可持续发展理念的绿色低碳都市群

东京都市群作为一个经历过环境严重污染到生态治理过程的区域，非常重视生态环境保护，构建绿色低碳城市。1994年日本建设省城市局城市规划课监制的政策指导书中就开始提出生态环境保护，明确了日本实现小环境负荷城市规划的三个基本思路：一是密集集约的城市规划；二是作为一个有机体进行呼吸，与自然进行对话的城市规划；三是环境与便利性相互协调的城市规划。此外，东京都市群还加强技术创新，重视低碳环保技术研发、推广和应用。例如都市群创新垃圾焚烧技术，对垃圾焚烧末端进行无害化处理技术，有效解决垃圾焚烧过程中产生的"二噁英"问题等。

五 首尔[①]都市群

首尔都市群位于韩国的北部，由以首尔为中心的首尔特别区、仁川

[①] 韩国首都名，原为汉城。为行文方便，现统一为"首尔"。

广域市、京畿道行政区及其下属的 64 个次级城市行政区组成，总面积约 11726 平方千米，占韩国国土面积的 11.8%。① 首尔都市群形成于 20 世纪 70 年代中期，是韩国的经济、政治、文化和教育中心。

（一）首尔都市群形成的历史过程

20 世纪 60 年代韩国进入工业化快速启动时期，首尔作为都市群的核心城市，出现人口大量集聚、交通堵塞、环境污染、土地价格快速上涨等问题，造成整个都市群城市运行效率低下。从这个时期开始，首尔都市群经历了中心集聚快速发展、中心限制稳定发展、中心扩散外围发展三个阶段，韩国政府针对三个关键阶段制定了三次规划，进而推动都市群的建设和协调发展。

1984 年韩国政府提出第一次规划，为了解决首尔人口集聚衍生出来的一系列问题，按照《首尔地区管理法》的要求，制定《首都圈整治规划》，旨在推动人口、产业和城市功能的转移分散，促进国土资源均衡利用。在全球化竞争不断加剧的背景下，为了促进首尔都市群更加有秩序地治理及提高群内公共基础设施建设，韩国政府于 1997 年提出第二次规划，加强交通、物流、信息通信、给排水等基础设施建设，重视环境保护和管理，开展首都群综合环境治理与保护。随着韩国第七次国土综合计划修订，对综合性或多功能城市及公共机构功能提出新的要求，于是韩国政府于 2006 年提出了第三次规划，旨在修建达到先进国家水平的首都群，为建设可持续发展的首都群打下基础。这些规划制定的目的是缓解人口过度流入首尔，都市群内各个城市能够发展自己的产业，最终实现首尔都市群的协调发展。

（二）首尔都市群的协同发展模式

1. 以高技术为核心的产业转型模式

首尔都市群的产业升级经历了几个重要的阶段。20 世纪 60 年代，首尔都市群以制造业为主，凭借高端的技术和丰富的劳动力，形成了电子装备和零部件的装配制造等支柱产业。到 70 年代，首尔都市群开始将产业发展重点放在重化工业上，如造船、汽车、钢铁、石化及有色金

---

① 根据韩国统计厅 2010 年 11 月 1 日实施的《2010 年人口住宅总调查》结果计算。

属等行业。然而过度的重化工业造成了都市群内产业结构的严重失衡。90年代开始，首尔都市群开始积极进行产业结构转型升级，把重点放在高技术领域，包括信息技术、机械设备、航空航天、海洋等尖端产业，提升了整个都市群的经济实力。到了21世纪，首尔都市群在发展高技术产业的基础上，加入园区经济、招商引资等重要举措，实现从制造业向服务业转型，并把制造业不断从核心城市向周边仁川、京畿道地区转移扩散，形成分工协作产业格式，推动首尔都市群的协同发展。

2. 引导首尔城市职能外移

20世纪60年代韩国进入工业化快速启动时期，首尔作为都市群的核心城市，出现人口大量集聚、交通堵塞、环境污染、土地价格快速上涨等问题。韩国政府认为政府机关和生产部门是造成首尔市人口压力过大的原因，于是制定了一系列政策转移首尔市的工业和政府机关单位。1964年的《控制快速城市增长的国务决策》，提出"不鼓励首尔新工业开发"和"二级政府机构在地方城市重新分布"。1972年的《首尔土地利用控制》，又提出"减少首尔居住和工业用地的区划"和"在首尔外重新安排政府机构"。1977年《工业分散法》规定，凡不符合首尔城市土地利用规划要求的工厂必须搬迁。政府还对从首尔迁出的公司实行减免税政策，通过税收杠杆刺激工业布局的调整，加速工业企业外迁。通过对首尔市内工业和政府机关单位的分散，缓解了首尔的人口压力，促进了首尔从工业到服务业的产业转型，对区域经济发展起到推动作用。

3. 有序的绿色生态格局

首尔都市群跟其他都市群一样，也非常重视生态环境保护。在韩国城市规划法和政府政策的引导下，都市群建立了有序的绿色生态格局：在都市群30千米范围内建设绿带、大型主题公园、绿道等；在大城市周围采取划定区域绿带，开发卫星城、新城等举措。首尔都市群绿带的设置成功控制了城市向周围农村地区蔓延，并保护了周边的自然环境，为首尔都市群未来的可持续发展打下了坚实基础。

第二节　世界大都市群协同发展的财税政策

一　纽约都市群协同发展的财税政策

区域发展不平衡是世界各国普遍存在的现象，美国作为世界经济的龙头，同样也不例外。为了实现纽约都市群的区域协同发展，美国政府利用多样化的财税手段，制定对落后地区倾斜的政策，鼓励落后地区产业升级，缩小区域发展差距。经过几十年的不断尝试，美国在促进区域协调发展方面取得了不错的成绩，在实践中也发展出完善财税政策作用机制的有效经验。

（一）建立包括财税等专门协调区域发展的组织机构

要加快都市群协同发展的形成，需要成立一个能够协调群内城市的由政府部门主导的协调组织机构。纽约区域规划协会（Regional Plan Association of New York）就是一个专门由政府部门设立的用来协调和实施都市群发展政策的机构。作为非政府组织，区域规划协会的规划实施并不依靠政府赋予的权威，而是通过广泛的公众参与来兼顾各方的诉求与利益，以扎实的调查、研究和分析保证其规划的科学性。目前，区域规划协会由董事会、专家委员会以及职员部门组成。董事会内包含社会各界成员，部分成员由该协会的主席、各部门领导与顾问等人组成，其余成员包括政府部门负责人、大学教授、知名基金会负责人，以及建筑业、规划业、咨询业等行业在内的知名企业领导人，他们为区域协调发展的政策制定提供了学术与经济等方面的支持。董事会内部设有正副主席、总裁、各委员会联席主席与顾问等职位，担任者皆为协会内部领导成员。纽约区域规划协会的成立，有助于都市群在面对区域发展不平衡问题时，制定合理的财税政策，协调群内各个部门之间的合作，保证都市群的可持续协调发展。

（二）实施有助于区域产业结构调整的财税政策

都市群内城市之间发展不平衡的内在原因是产业结构的不合理。从20世纪50年代开始，纽约政府就十分重视产业结构的升级，在发展传统制造业的同时大力引入高技术产业，对传统技术产业改造升级，提升国际竞争力，并对这些企业实行一系列的财税政策，包括优惠能源计划、房产税减征、商业房租税减免等。90 年代之后，随着纽约产业升级效果显著，纽约与群内其他城市的差距越来越大，为了缩小地区经济发展不平衡，纽约区域规划协会决定加大对相对落后地区的财政支出力度，实施产业升级，发展地区核心支柱产业。波士顿率先进行了产业升级，除了对高技术产业进一步调整，同时实行产业多元化发展，形成了以软件业、电子通信业、计算机制造业和生物技术为核心的支柱产业群。这种多元化产业发展的模式改变了地区经济对单一特定产业的过度依赖，有利于地区经济的可持续发展。美国政府通过实施强有力的财税政策，对区域发展过程中落后地区进行倾斜性的产业扶持，有助于区域间经济的均衡协调发展。

（三）增加用于提高公共服务建设的财政支出资金

公共交通可以减少区域之间出行及运输的成本，有助于区域间的协同发展。美国政府通过增加核心城市纽约及周边城市之间的公共交通财政支出，完成了纽约都市群建设的重大工程。纽约第一次规划提出的关键交通设施包括华盛顿桥、皇后区至曼哈顿中城隧道、三个区域机场等交通基础设施的建造，均已实现完成。第二次规划提出老城区和区域次中心必须构建完善且可靠的地铁、通勤铁路和公共汽车网络，以改变孤立的次中心只能依赖汽车进行通勤的状况，联邦政府通过加大财政对公共交通的投资，创办纽约大都会运输署，对地铁、公交、通勤铁路和桥梁隧道的收费进行统一管理，最终实现第二次规划的目标。第三次规划进一步强调公共交通网络对该地区发展的重要性，提出的包括机场与地铁站连接交通、新的地铁和铁路在内的公共交通项目均已经完成或在建。第四次规划建议对纽约大都会运输署与纽约港务局进行改革，并实现地铁系统的扩张与现代化建设，同时对区域铁路网进行扩张整合。

除了在公共交通系统建设方面提供大量的财政支持，政府在公共基础设施建设方面也提供了充足的财政资金，包括公园、图书馆、消防站、污水处理、公共安全、公共救济等公共服务产品。纽约都市群公共交通系统和公共基础设施的建设,一方面保障了都市群内区域之间的可达性,另一方面提高了城市的环境质量,有助于产业、人口从核心城市向周边城市进行转移,从而缩小区域间的不平衡,促进区域间协调发展。

(四)制定跨区域税收机制,协调区域经济发展

纽约都市群横跨包括纽约、华盛顿、波士顿在内的10个州,企业跨州经营非常普遍,为了确保州政府之间税收竞争和税收分配合理有序,以及跨州企业纳税便利,美国实行了分权税制,即各州政府均有税收立法权,各州公司所得税立法存在差异。

一方面,为了分权税制能够有效实施,美国政府成立了美国跨州税收委员会(The Multistate Tax Commission)。跨州税收委员会设立的目的包括促进联邦政府和地方政府对跨州企业的征税做出恰当决定,促进税收制度中的重要部分达成一致性和兼容性,提高纳税人的便利和纳税遵从度,避免重复征税,代表多州政府对大公司进行审计。根据参与税收协调的程度不同,美国跨州税收委员会会员又分为协定会员、主权会员和准会员。

另一方面,为了协调区域间税收的分配,美国跨州税收委员会制定州际税收协定,对州际税收分配进行协调,其中跨州公司所得税分配的范本为《应税所得统一分配法案》(The Uniform Division of Income for Tax Purposes Act,简称UDITPA),该文件建议在计算公司所得税时将公司跨州经营所得按照三因素法在各州之间进行分配,其中:本州在计算公司所得税时划分的所得 = 公司总经营所得 × (公司在本州拥有的资产价值/公司拥有的全部资产价值 + 公司支付给本州员工的工薪额/公司支付的工薪总额 + 公司在本州的销售额/公司的销售总额)÷3。[①]

在实际执行过程中,美国跨州税收委员会允许会员州以三因素法为基准对资产价值、工薪额和销售额三项因素的权重进行适当的调整,以便适应不同州之间缔约的实际情况。同时,州与州之间根据具

---

① 龚亚洲:《地区协同发展中税收分享政策研究》,硕士学位论文,山东大学,2017年。

体情况签订的税收协定，也成为协调地区间利益、促进群内协同发展的重要财税手段。

（五）加大转移支付力度，支持生态环境协调发展

区域规划协会认识到纽约市只是整个地区自然生态系统的一小部分，因此自成立以来一直致力于在都市区范围内对自然环境和水域进行保护。由于纽约市和都市群内其他城市的政府在促进生态环境保护方面的财政能力不同，联邦政府就通过加大转移支付力度保障地方财力、事权和支出责任的匹配。根据美国环保署的财政预决算报告，2013—2015年，美国联邦政府对州政府和地方政府的大气污染防治财政转移支付分别是 2.24 亿美元、2.28 亿美元和 2.43 亿美元。联邦政府的大气环保投入资金占其环保总投入的 10% 左右。[①]

二 伦敦都市群协同发展的财税政策

英国为了促进区域间的协调发展，其制定的财税政策可归纳为三个方面，即加强基础设施建设、促进产业结构调整、通过税收政策治理环境污染。

（一）采用财政补贴方式提高落后地区公共服务的提供能力

为了推动伦敦都市群经济协调发展，英国政府高度重视区域间的基础设施建设，通过增加财政支出的方式对落后地区的基础设施建设进行财政倾斜。第一，英国政府为了实现伦敦都市群通信一体化，对落后地区的通信产业进行了财政补贴，降低其地区的通信收费标准，最后整个都市群内实行统一的收费标准。在都市群内，上网、邮资、电话同一资费，没有长途电话的概念，也没有省内省外的邮费区分，有效实现了通信业的协调发展。第二，把公共交通一体化建设作为工作重点，特别重视除了伦敦之外周边中等城市和小城镇的发展，以中小城镇建设推进城市化。第三，英国政府为了疏解核心城市的人口和产业压力，在伦敦周

[①] 中国财政科学研究院课题组：《发达国家大气治理财税政策经验与启示》，《经济研究参考》2017 年第 33 期。

围兴建新城，通过增加财政支出，在新城建立学校、住宅、厂房和公园等基础设施，对搬迁过去的企业和居民给予一定的财政补贴，从而缩小城市间的经济差距，实现区域间的协调发展。

（二）采取"免税港"、税收抵免等多种税收优惠，优化产业结构调整

近年来，英国政府特别重视从产业发展角度来实现区域经济的协调性和均衡性：第一，大力发展清洁低碳能源产业。英国政府通过财政补贴的方式支持老旧设备的更新改造，同时对可再生能源电力实施政府采购，推动可再生能源产业的发展；第二，对落后地区的产业提供税收减免，采取投资补贴的政策，鼓励落后地区相关产业的发展，同时为了吸引人口和高技术产业从伦敦向外转移，政府帮助解决转移人口的就业问题，提高落户地区的经济水平，缩小区域经济差距，最终实现经济的协调发展；第三，通过在落后地区以"免税港"形式开办自由企业园区吸引高端产业前来发展，提供一系列的产业优惠政策，实现落后地区的产业结构调整，进而促进区域经济协调发展。

（三）制定惩罚性和激励性的税收政策来防治环境污染，实现生态的可持续发展

同京津冀一样，伦敦都市群也曾遭遇过严重的环境污染。1952年，伦敦发生了毒烟雾事件，这件事被看作是20世纪重大环境灾害事件之一，也促使英国政府开始反思环境污染的原因及带来的后果。环境污染带来的辐射性影响对整个都市群的协调发展都是负面的，所以在1956年，英国政府制定了《清洁空气法案》，通过一系列的惩罚性或鼓励性的税收政策治理日益严重的大气污染和水污染，减少能源消耗，实现生态的可持续发展，具体税收政策如下：

（1）征收气候变化税。从2000年开始，英国制订"气候变化计划"，经过广泛研究和各行业讨论之后，决定于2001年开始启动气候变化税。气候变化税属于一种能源税，旨在鼓励能源的高效利用和可再生能源、清洁能源的推广，帮助解决环境问题。英国议会肯定了气候变化税在温室气体减排上的作用，该政策有效降低了能源消耗量，减少了煤炭等化石能源的消耗量，从而降低了温室气体的排放量。根据英国的估计，气候变化税的开征已经让企业以及公共事业每年的能源需求减少了约3%，英国政府在2006年的预算报告中指出，自2001年气候变化税实施以来，碳排放总量已经减少了至少2800万吨，更多清洁的能源投入使用，煤炭已经不再是主要能源。①

(2) 设置车辆消费税、机场旅客税、购房出租环保税、燃油税等环境税。在实施环境税的同时结合相关的税收优惠，利用税收约束与税收激励的办法促使污染者主动治理污染，对整个伦敦都市群的环境治理效果显著。

(3) 征收交通拥堵费。作为占全国人口超过1/10的"超大城市"伦敦，其"大城市病"十分严重，尤以交通拥堵问题为最，为了治理交通带来的环境污染与拥堵问题，开始征收交通拥堵费。自20世纪80年代开始，伦敦着手治理交通污染及交通拥堵问题。2003年2月，伦敦开始对"繁忙时段"进入市中心的汽车征收交通拥堵费，同时大力推进公共交通网络的建设，抑制人们对于私人汽车的需求。

(4) 对节能减排行为实施税收优惠。除了采用惩罚性的税收政策抑制环境污染，英国政府还对节能减排这些行为实施激励性的税收优惠政策。包括电力公司在提供需要安装的节能设备时，针对不同的用户，相关的节能费用可以实现不同程度的免税；对新兴煤炭技术项目、煤气化项目和节能建筑项目投资进行税收减免；通过加速折旧的方式对防止污染的专项环保设施计提折旧。

三 巴黎都市群协同发展的财税政策

自20世纪50年代起，法国政府就开始实施一系列促进区域协调发展的财税政策。首先对参与同区域发展的落后区域实施复兴计划，包括设立各种基金和奖金，对迁出巴黎的机构和企业提供财政补贴，并对在落后地区进行投资的企业给予重奖。其次对参与同区域发展的相关的所

---

① Chen, Shiyi, Gay H. Jefferson, and Jun Zhang, "Structural Change, Productivity Growth and Industrial Transformation in China", *China Economic Review*, 2011, 22: 133 – 150.

有经济活动，包括为创办工业和第三产业活动提供不同程度的税收减免等措施。

（一）制定多样化的财政政策

法国政府针对不同区域、不同产业采取了多样化的财政政策，以此达到促进落后区域经济发展和产业结构优化的目的。具体措施包括：一是把政府财政支出的重点放在工业结构改革和现代化、发展科技、就业和培训上，优先保证冶金和煤炭等困难产业的需要；二是成立工业现代化基金，作为企业改造和现代化建设的专用款项，资金来源除了政府财政拨款，还包括引入的社会闲散资金，这些款项专门用于企业发放优惠贷款；三是提供各种补贴和奖金，包括工业企业下放奖金、第三产业地方奖金和科研活动奖金等；四是加大对于生态环境保护的财政支出力度，包括鼓励企业外迁至首都群以外的省份甚至国外，加强控制机动车辆尾气排放等。

（二）实施灵活多变的税收制度

为了减轻落后地区企业的负担和推进高技术产业崛起，法国政府实施了一系列灵活多变的税收优惠政策，具体措施包括：一是为了促进新技术、科研的开发，政府通过建立风险投资共同基金，积极引入民间风险资本，并对投资者给予一定的税收优惠，例如免征科研、投资所得税和增值税；二是为了减轻企业负担和推动工业结构改革，削减工业企业行业税；三是吸引社会资本参与工业结构改革，对投资者专门设立新的储蓄项目，免征利息税。一系列的税收优惠政策对于促进高技术产业崛起和减轻落后地区企业的负担起到了良好的推动作用，为进一步实现区域经济协调发展提供了有力的支持。

四 东京都市群协同发展的财税政策

日本在第二次世界大战后经济一片萧条的情况下，用极短时间取得了经济的飞速发展。东京都市群更是日本经济高速发展的代表，取得了世界瞩目的成绩，然而在这个过程中，出现了东京都和周边特别区经济发展明显不均衡的现象。为消除经济布局中过密和过疏问题，日本政府从 20 世纪 60 年代开始，采取了许多颇具特色的财税政策，引导都市群的协调发展。具体财税政策如下：

（一）实行收支均衡型的转移支付制度

日本实施的收支均衡型的财政转移支付制度是由地方交付税制度、国库支出金制度和地方让与税制度共同构成。[①] 其中地方交付税制度是由中央政府给予地方政府财政补贴，从而实现地区间财政均衡。通常来说，地方交付税中 94% 属于普通交付税，6% 属于特别交付税；国库支出金制度相当于我国的专项转移支付，在规定的用途和附加条件下使用，包括国库补助金、国库负担金和国库委托金三类；地方让与税是指中央政府集中征收某些特定税种，然后再按照一定的比例将税收收入分解，在中央政府和地方政府之间进行分配，规模相对较小。财政转移支付是日本区域政策中最基础、最重要的手段，通过调节中央政府和地方政府之间的财政收入，从而促进落后地区的经济发展。

（二）设立都区财政调整制度，协调区域间财源分配

日本政府通过设立都区财政调整制度来平衡东京都与特别区之间及特别区相互之间的财源。日本《地方自治法》第 282 条第 1 项规定，设定特别区财政调整交付金。[②] 一般情况下，东京都本应仅负责府县事务，特别区仅负责市街村事务，但是东京都通过特别区行使了一体化事务，如上下水道和消防事务等基础设施建设，而特别区也行使了中心核心城市的事务。在此情况下，东京都与特别区之间就必须重新分配为处理上述事务经费的税源，因都区分割税源，在特别区之间遂产生了很大的税源差异。伴随这种税源差异，为更合理地在都区之间进行分配，建立都区财政调整制度。

首先，在特别区，除了都道府县税之外，在赋税征收方面还设定了三种税的特例，即市街村固定资产税、市街村民法人税和特别土地保有

[①] 金向鑫：《促进我国区域经济协调发展的财税政策研究》，硕士学位论文，哈尔滨商业大学，2010 年。

[②] 特别区财政调整交付金是为了使东京都与特别区之间的财源得到均衡发展，确保特别区能够顺利实施行政自主性计划的运营资金。

税,这些税种统称为"调整税"。① 其次,东京都为了调整都区之间的财源分配及特别区之间的财源,在征收的市街村税中,按照一定比例提取调整税作为财源,这笔税金也称为"特别区财政调整交付金"。特别区财政调整交付金包括三个方面:一是根据《地方自治法》第 282 条的规定,为了调整东京都与特别区之间及特别区相互之间的财政税收,特别区要向"都"交付特别区财政调整交付金。二是东京都要按照一定比例抽取调整税,以此作为财源。自 1997 年起,所抽取的比例设定为 55%。三是余下的 45%用于确保大都市区域一体化发展事务的财源。

(三) 引入财政投融资机制,促进区域协调发展

日本为了平衡地区间经济差异,疏导城市聚集现象,引入财政投融资制度。通过设立一批政府主导的金融机构(包括 10 家公库和两家银行),将财政资金和社会闲散资金集中起来,根据国家法律法规政策,针对产业发展过程中薄弱的项目提供特定的贷款,支持产业结构调整,缩小地区间经济差距。

主要方式包括:一是通过政府主导的金融机构对都市群内基础设施建设直接进行投资,同样对落后地区的产业项目提供特定贷款支持;二是通过银行对政策性项目进行专项贷款和导向贷款;三是通过设立的公库对落后地区的新兴产业项目进行财政补贴。通过引入财政投融资机制,以前聚集在核心城市的产业、人口开始向其他地区转移,促进了周边城市的产业结构调整和升级,对都市群区域协调发展起到了良好的推动作用。②

(四) 加大税收优惠力度,推进高技术产业发展

日本在产业方面的税收优惠政策主要包括加速折旧和税收减免政策。加速折旧是指政府通过缩短折旧年限和提高折旧率的方式提高固定资金的折旧速度,使企业的一部分利润以扣除折旧费支出的形式少征税,将资金转用于企业更新固定资产。日本政府通过采用加速折旧的方法,有效刺激了日本企业更新设备、创新技术的积极性,也促进了企业

---

① 2000 年,日本将"调整税""交付金调整额""香烟税调整额"合计在一起,统称"调整税"。

② 张莹:《京津冀税收政策协同研究》,硕士学位论文,天津科技大学,2016 年。

研究开发新技术。20 世纪 80 年代以后，随着高技术产业在全世界范围内普及，日本政府为了促进企业新技术的开发，对企业在进行技术研发时制定了一系列的税收优惠政策，包括特别试验研究费税额抵扣制度、中小企业技术基础强化税制、促进基础研究开发税制等。一系列的税收优惠政策大大推进了日本在新技术产业方面的研究和创新能力，其电子信息技术等产业迅速在世界上崛起，带动了整个东京都市群的经济发展。

五　首尔都市群协同发展的财税政策

首尔作为首尔都市群的核心城市，聚集了全国最优质的生产力、资本和技术，这种人口、资源过度集中的模式导致都市群内各地区经济发展不平衡。从 20 世纪 60 年代起，韩国政府为了协调区域之间的发展制定了新的区域均衡发展政策，并在实践中逐步完善都市群经济发展的财税机制。

（一）促进首都功能外迁的财税政策

韩国以首尔为中心的都市群集中了全国近 50% 的人口，以仅占全国 10% 的土地集中了大约 70% 的经济总量，人口的严重集中化引发了一系列问题，包括：一是由于人口拥挤导致的交通拥堵、尾气排放严重、资源紧缺等问题；二是产业过度集中在首尔地区，造成首尔地租上涨、通货膨胀等降低效率的问题；三是首尔地区与周边地区发展不均衡，加剧了地区间和阶级间的贫富矛盾，从而影响国家政治和经济安全。为均衡区域发展和促进长期经济增长，疏散首尔过度集中的政治、经济、文化等多重职能成为解决难题的一种思路。韩国政府决定将首尔市的 70% 国家公共机关转移到 12 个市、道以及新建成的行政中心复合都市当中，从而引导企业、人口向地方转移。[①]

在这个过程中，首先政府给予一定的财政补贴，主要包括损失补贴和财政贴息：针对房地产买卖时发生的损失进行补贴。原机构所在地的

---

① 樊迪：《我国区域经济协调发展的财税机制研究》，硕士学位论文，哈尔滨商业大学，2017 年。

房屋出售主要由三家国有企业,即"韩国土地住宅公社""韩国资产管理公社""韩国农渔村公社"负责,对于长期未售的转移机构的办公楼和土地,由上述三家企业来实施收购,而后在售卖时发生损失的由政府补贴给予弥补;对搬到新址购买办公楼的资金进行财政贴息,贴息限额是所需资金的30%以内的贷款利息(限2%利息)部分。

其次,政府给予一定的税收优惠政策,包括:三家国有企业在收购长期未售的转移机构办公楼及土地时免征取得税和登记税;转移的机构在购买相应的国有和公有财产时,免征取得税和登记税;转移机构自转移日期开始实施财产税的5年内免税,之后3年免50%;转移机构自转移日期开始实施法人税的5年内免税,之后3年免50%;对转移机构的新建办公楼使用的农地减免50%的"农地转用费"、使用森林资源时免征"森林开辟费"、使用草地时免征"草地开辟费"。[①]

此外,为支持这些政府机构和相关产业的搬迁,还有其他形式的优惠,比如在转移机构需要购买国有和公有财产时,允许通过非公开竞标的方式采用"私订合同"来购买,一定程度上可以节约资金。对于政府机构因搬迁发生的超预算的意外费用支出也允许在结算时扣除,对相关机构进行年底评估,允许剔除因搬迁发生的意外费用和损失效应。

(二)保障区域间公共服务的财税政策

韩国政府为积极推动人口从首尔地区疏散,除了从企业角度进行一系列的激励措施,还从关系个人衣食住行的多方面给予财税政策上的支持。包括以下几个方面:

1. 教育领域的财税政策

韩国政府为了支持人口从首尔的迁出,解决人口在新城当地接受教育的需要,从2007年就开始了针对开设英才教育机构[②]的财政拨款,对

---

① 金希娜、黄夏岚:《支持韩国首都功能搬迁的财税政策——对北京市首都工程疏解的启示》,《地方财政研究》2017年第5期。
② 韩国教育开发院自1996年开始,受教育部委托设立英才教育研究组,设置了英才教育研究中心,于1998年制定《英才教育振兴法》,并先后修订和制定了相关法律和实施法令,安排财政资金投入专项英才教育机构。

接收转移的16个市或道及城市教育厅每个拨付5000万韩元,总计8亿韩元,2008年再次拨款16亿韩元,2013年5月再次安排了25亿韩元的财政资金支持相关市或道及城市教育厅促进英才教育机构的建设。截至2014年10月,上述资金支持了10个创新城市运营140个英才班级、24个英才教育院。这些资金不仅可以积极支持当地建设中小学的英才教育,也特别支持接收转移机构产业从业者子女入学。教育质量和环境的改善还需要投入大量人力、物力和财力,在增加幼儿园、高级教师、特殊教师、营养教师和专业咨询教师等人员上千人之外,专项财政资金还用于支持当地现有学校的改善。

2. 住房领域的财税政策

住房方面的财税政策主要包括:一是提供长期的低息房费,特别是对夫妻年薪合计5000万韩元以下的无住房购买者,可以申请4.3%低息贷款,低于一般水平的5.2%,对于租房的也可申请3.7%的低息贷款,低于一般水平的4.0%;二是对于搬迁机构和企业建设单身员工宿舍的,政府也提供低息的建设资金融资;三是搬迁人员在新址购买住宅时也免征住宅取得税。此外也有其他的住房政策配合财税政策,比如政府有限定开发商必须将房屋的50%—70%卖给转移机构的从业人员,搬迁人员可不限于一般的一手房购买条件;对于因搬家而购买第二套房的员工,比一般政策2年期限可多享受3年的购买唯一住房的优惠政策;套房搬迁人员也不限于一般的公租房条件等。在住房土地供给上,政府也优先提供公共宅基地给予搬迁机构修建相应的员工公寓等。

3. 医疗交通领域的财税政策

医疗和交通也是配套公共服务中的重要部分,人口的定居需要能就地满足医疗服务的需求,道路和交通基础设施的建设也必须跟进。为此,韩国政府于2010年为8所地方国营医院(釜山、大邱、清州、忠州、金泉、浦项、安东、真安)提供了高达2.3兆韩元的财政资金支持,用于新的医院大楼建设、装修以及设备购买和环境改善;2011年为釜山、大邱、金泉和西归浦的国营医院提供了9000亿韩元的资金,支持其医疗环境的改善;同时发展构建了28个与附近医院合作的急诊医疗所和近 500 个床位。此外，为建设道路和水路也提供了财政资金支持。

4. 其他领域的财税政策

其他领域的短期财政支持包括提供搬迁补贴金、搬家费用补贴、失业金政策和就业辅导等。政府直接给予转移机构的从业者（包括合同员工）自转移日期起两年内总共 480 万韩元以内的补贴金；对于这些转移者发生的搬家费用给予 5 吨或者以内 100% 的实报实销以及 5 吨至 7.5 吨部分搬家费用 50% 的实报实销；对于申请"自愿离职"者条件放宽年限从 20 年到 15 年，并给予他们正常的退休金之外还有一定的补贴；对于因工作转移而需要伴侣离职的，有配套的失业金政策，按年龄和参保时间不同可以领取失业金的期间有所差异，其失业金总额按照离职前平均工资的 50% 乘以相应的领取时间确定；对于失业的员工伴侣，劳动部下设有专门的就业协助部门发布招聘信息并提供相应工作咨询；对于搬迁员工的子女也提供大学学费的无息贷款。①

（三）促进产业均衡发展的税收政策

韩国通过调整税收优惠的方向和方式直接引导投资方向，但不同时期有所不同：一是转变优惠政策类型，在出口导向和重化工业时期优惠政策的对象是重点部门，20 世纪 80 年代对研发和教育等进行优惠；二是不断调整优惠对象和方式，如 60 年代实行出口税收优惠，1973 年则设立海外投资和出口风险准备金而减少出口税收优惠；三是不断调整重化工业优惠政策，1949 年对化肥、机械、石油化工和造船等重要部门给予免税，50—60 年代对重化工业优惠范围和程度有所降低，而 1974 年实行关键部门的特别税收待遇，80 年代开始强调功能型税收优惠，重点鼓励企业从事研究开发和促进中小企业发展等。②

---

① 金希娜、黄夏岚：《支持韩国首都功能搬迁的财税政策——对北京市首都工程疏解的启示》，《地方财政研究》2017 年第 5 期。

② 金向鑫：《促进我国区域经济协调发展的财税政策研究》，硕士学位论文，哈尔滨商业大学，2010 年。

第三节 促进区域协同发展财税政策的国际经验借鉴

前述的纽约、伦敦、巴黎、东京、首尔等都市群虽然在自然条件、历史、文化和社会等方面差别很大，政府在都市群发展过程中采取的政策也不尽相同，但是通过一系列财税政策的实施，都顺利地度过了转型期并实现了区域经济的协调发展。上述成功的政策经验无疑对我们规范和改革京津冀地区财税政策，利用财税手段辅助解决首都的大城市病，缩小河北与北京、天津之间的经济差距具有借鉴意义。具体包括以下几个方面。

一 设立有利于财税资金统筹协调的有职有权的首都经济群管理协调机构

在跨越行政边界进行都市群内区域规划、建设、管理和协调方面，发达国家也都作了很多有意义的研究与探索，并随之形成了各具特点的发展模式。美国纽约区域规划协会（Regional Plan Association of New York）作为一种非政府组织协调形式，并不改变行政区划，有助于协调各个部门之间的合作，合理运用财政资金，实施财税政策，保障区域经济的协调发展；英国伦敦通过设立一级行政区大伦敦市政府（Great London Authority）对伦敦市与伦敦市周边的 32 个自治市进行管辖，实现跨界治理；大巴黎地区则依靠设立包括大区议会、由大区产生的政府、大区行政机构以及大区议会咨询机构构成的大区政体机构来解决区域内发展冲突；而东京、首尔等都市群主要采取以核心城市为主导的一体化协调模式来实现区域内的协调发展。比较上述四类都市群的协调管理形式，结合京津冀实际情况，我们认为美国纽约区域规划协会这种不改变行政区划的非政府组织协调形式的可复制、可推广性更强。建议设立京津冀协同发展规划委员会或者跨行政区域的协调领导机构进行区域事务的协调，破解跨区域实施财税政策的难题，加速京津冀一体化协调发展的进程。

二　建立明确的财税法律，保障区域协调发展

法律是制度的准绳，区域财税政策的实施效果往往需要一个长时间段的积累才能显现出来，因此以法律形式确保区域财税政策的稳定持久是十分必要的。如最早进行区域调控的英国于1934年就颁布了针对欠发达区域开发的《特别区域法》，后又调整为《工业布局法》《工业法》等；日本地区开发的法律更加完备，既有全国性的大法如《国土综合开发法》作为地区发展的基本法，又有如《孤岛振兴法》《东北开发促进法》等一系列地方性的法律。通过制定明确的法律，明确对落后区域开发的政策选择、相应的财政政策和税收优惠等内容，可避免地方政府陷入管理无序、政策无效的局面。但是不足的地方在于发达国家制定的法律并不是直接针对财税政策的，而是整个区域政策，财税政策只是作为整个法律的一部分。建议在京津冀区域协调发展过程中，制定专门的区域财税法律法规，这样才能高效地通过财税手段协调京津冀的发展。

但是同时也应该注意，任何事物都不是一成不变的，过去正确的现在不一定正确，随着落后区域的不断开发，经济、社会、资源等的变化也可能导致过去政策的不再适用。因此，区域财税政策也不能一旦定下就死守不放，应当根据不同时期的经济水平灵活实施不同的政策。总之，落后区域的开发，应做到立法先行，并在法律的框架下，灵活实施财税政策。

三　有效实施对都市群"短板"地区的财税倾斜政策

美国、法国、日本、韩国等国家，都曾在面对区域发展不平衡时直接给予落后地区财政资金支持，从而促进落后地区的经济发展。如美国政府在纽约都市群发展的过程中，除了注重核心城市纽约的产业结构调整，同样也加大了对相对落后地区的财政支出力度，实施产业升级，发

展地区核心支柱产业。波士顿率先进行了产业升级，除了对高技术产业进一步调整，同时实行产业多元化发展，形成了以软件业、电子通信业、计算机制造业和生物技术为核心的支柱产业群；英国政府对落后地区的产业提供税收减免，采取投资补贴的政策，鼓励落后地区相关产业的发展，并通过在落后地区以"免税港"形式开办自由企业园区吸引高端产业前来发展，提供一系列的产业优惠政策，实现落后地区的产业结构调整，进而促进区域经济协调发展；法国政府通过建立工业现代化基金，对相对落后地区的企业发放优惠贷款，同时设立各种基金和奖金，对从巴黎外迁的企业和机构提供财政奖励；日本实施由地方交付税、国库支出金和地方让与税共同构成的财政转移支付制度，并建立了都区财政调整制度，协调区域之间财源。通过转移支付对落后地区实施较高的补贴，将税款的一部分返还接受外迁企业的地方政府，同时对偏远落后地区的城市发展提供特殊贷款政策；韩国为了疏导区域经济发展不平衡现象，通过对搬迁到核心城市首尔以外的其他地区的机构和产业都给予了一定的财政补贴和税收优惠，并通过增加财政支出对落后地区在住房、教育、医疗等公共服务领域进行了支持，实现了首尔都市群在产业、人口方面的重新布局。

这些措施都在很大程度上促进了都市群内落后地区经济的发展，为区域经济协调发展起到了推动作用。我国京津冀在协调发展过程中，河北是"短板"，要实现共同发展首先要解决好"短板"地区的发展。因此，要注重河北省经济发展条件差、政府财力不足的现实情况，借鉴国外发达国家的做法，通过中央财政直接加大对落后地区的财政补贴力度，建立产业基金，对特定产业提供特殊贷款等措施给予河北省政策红利，增加河北省经济发展的资金，促进京津冀协同发展。

四 大力引入财政投融资机制，促进产业协同发展

财政投融资是一种将财政资金和社会闲散资金集中起来，根据国家法律法规政策，针对产业发展过程中薄弱的项目提供特定的贷款的经济活动，有利于产业结构调整和缩小区域经济差距。美国利用财政投融资

手段鼓励民间资本向落后地区进行投资；法国和韩国在轨道交通建设过程中引入民间资本，形成政府与民间资本组合的模式，由私人企业负责地铁运营；日本通过设立一批政府主导的金融机构（包括10家公库和两家银行）为产业发展中的薄弱环节提供特定贷款。

财政投融资机制的建立，使政府能更加有效地引导产业结构调整和基础设施建设，也使政府对经济的干预提高了执行效率。我国京津冀地区在发展过程中，尤其是针对河北省产业结构和基础设施的建设，可以通过引入社会资本的方式缓解河北省财政资金的压力，从而发挥财政资金的杠杆作用，有效地实现区域协同发展。

五 不同地区可以实行差别化税收优惠政策

从各大都市群实施的促进区域经济协调发展的财税政策来看，税收优惠政策是各国较为普遍的做法，也是刺激投资者向落后地区进行投资的主要措施。如美国政府为了确保州政府之间税收竞争和税收分配合理有序，以及跨州企业纳税便利，实行了分权税制，即各州政府均有税收立法权，州与州之间根据具体情况签订税收协定，可以协调地区间利益，促进区域协同发展；法国为了促进新技术、科研的开发，通过建立风险投资共同基金，鼓励民间资本的投入，并给予投资者免征科研、投资所得税和增值税等税收优惠政策；日本税收优惠政策主要体现在加速折旧和税收减免上，为了促进企业新技术的开发，对企业给予特别试验研究费税额抵扣、中小企业技术基础强化税和促进基础研究开发税等税收优惠；韩国通过调整税收优惠的方向和方式直接引导投资方向，在不同时期和不同产业上灵活调整税收优惠政策，从而促进企业和产业的发展。

为了缩小我国京津冀地区经济发展差距，应在借鉴国外经验的基础上，一是对北京、天津、河北实施不同税收政策，从中央层面对北京的征税额度适当提升、减少河北相对不发达地区税收负担，为河北留存资金，以促进河北地区经济社会发展。二是通过加大对河北地区税收优惠的补偿作用，鼓励国内外资金投资河北，吸引产业、资金、技术等生产要素向河北地区转移，加快该地区发展步伐，缩小京津冀地区发展差距，实现区域协同发展。三是对能源和原材料工业、交通运输等基础产业和设施，以及高技术产业和其他一些急需鼓励的产业和项目，实行不同程度的优惠政策，以提高河北省的整体竞争实力，促进京津冀的协调发展。

六 加强城市公共服务均等化建设

城市公共服务对劳动力流向的意义，除了为获得更好的就业机会和工资，劳动力还会为了获得更好的公共服务而流动，而劳动力又是经济建设的关键因素，所以区域经济建设中提高落后地区的城市公共服务建设水平，有效引导劳动力向落后地区流动，从而刺激经济增长至关重要。韩国在建设世宗市之初就注重对住房、教育、医疗等公共服务的投入，希望能通过构建新城市的长期复合吸引力，以吸引当地发展必要的人力资源，减少因首尔都市群过于强大而导致地方精英人才流失的效应，实现区域平衡发展。

这对我国发展"京津冀一体化"战略也有参考意义。一个地区对流动人口巨大的吸引力除了包括发展机会和高水平工资之外，还包括住房资源、教育资源、医疗资源等公共服务。河北省有大量的优质人才，由于公共服务建设的落后无法将人才留在本地，这些人才都分散到北京和天津，同样也造成了北京和天津人口压力过大。京津冀区域的均衡发展，首要的制约因素就是三地公共服务不均衡。所以，为了留住精英人才以及吸引京津优秀人才到河北，就必须补短板，就需要财税政策支持落后地区的公共服务均等化建设。

七 促进生态环境协同发展的财税政策

在区域经济一体化建设的过程中，需要坚持以可持续发展观为理论指导，注重生态环境保护，在控制污染物的排放、城市环境的综合治理以及对大气、水、土壤等污染的治理方面共同行动、协同管理。美国区域规划协会自成立以来一直致力于在都市区范围内对自然环境和水域进行保护，由于州政府以及各地方政府治理大气污染的财政能力不同，联邦政府通过转移支付来保障地方财力、事权和支出责任的匹配。根据美国环保署的财政预决算报告，2013—2015 年，美国联邦政府对州政府和地方政府的大气污染防治财政转移支付分别是 2.24 亿美元、2.28 亿美元和 2.43 亿美元，联邦政府的大气环保投入资金约占其环保总投入的 10% 左右；① 英国政府自从 1956 年实施《清洁空气法案》开始，制定了一系列的税收政策措施整治日益严重的大气污染和水污染，通过惩罚性或鼓励性的税收政策影响企业和个体的生产消费行为，减少资源能源消耗，防治污染；日本在城市中心周边一定区域内设置大面积的绿化带，对核心城市进行合理规划，并采取类似措施，如建绿化带或者城市规划隔离带等，实现对城市中心区域的无序膨胀的遏制，打造生态都市群。

总结发达国家生态建设过程中的经验教训，我国京津冀在协同发展过程中，需要从更强力度的财税政策方面进行努力，最终打造可持续发展的生态都市群。通过加强政府间转移支付、增加财政补贴政策从而优化财政支出结构，提高污染治理资金的使用效率。在税收方面，同样可以学习发达国家的惩罚性或奖励性的税收政策，构建不同层次的绿色税收体系。还可以发挥财政资金的杠杆作用，通过金融市场政策创新，激励社会民营资本进入环保领域，调动资本市场投入环保产业的积极性。只有保证绿色的生态环境，才能给都市群的长久协调发展提供强有力的支持。

---

① 中国财政科学研究院课题组：《发达国家大气治理财税政策经验与启示》，《经济研究参考》2017 年第 33 期。

第五章　促进京津冀产业转移的财税政策

第一节　京津冀三地的产业格局特征分析

美国经济学家库茨涅兹对全球57个国家和地区产业结构进行实证分析，提出了三次产业比重与工业化阶段的变动规律：在工业化前期，第一产业所占比重较高；随着工业化进程的加快，第一产业比重持续下降，第二产业、第三产业比重不断上升，但第二产业取代第一产业成为优势产业；当第一产业比重下降到20%以下，第二产业比重高于第三产业比重时，进入工业化中期阶段；当第一产业比重降低到10%以下，进入工业化后期；当第二产业比重持续下降，第三产业比重超过第二产业比重时进入后工业化阶段。

一　京津冀三地产业结构特征

（一）北京的三次产业结构特征表明北京已经处于后工业化阶段

北京的三次产业结构如表5-1所示，第一产业由2000年的2.50%下降为2016年的0.51%，第二产业由2000年的32.70%下降为2016年的19.26%，第三产业则由2000年的64.80%上升为2016年的80.23%。按照库茨涅兹的研究结论，北京第一产业下降到了10%以下，且第三产业比重已经超过了第二产业比重，由此北京已经进入后工业化阶段，产业结构为典型的"三二一"格局，服务业十分发达。

表 5-1　　　　　　　　北京市三次产业结构　　　　　单位：亿元，%

年份	第一产业 产值	第一产业 比重	第二产业 产值	第二产业 比重	第三产业 产值	第三产业 比重
2000	79.30	2.50	1033.30	32.70	2049.10	64.80
2001	80.80	2.20	1142.40	30.80	2484.80	67.00
2002	82.40	1.90	1250.00	29.00	2982.60	69.10
2003	84.10	1.70	1487.20	29.70	3435.90	68.60
2004	87.40	1.40	1853.60	30.80	4092.20	67.80
2005	88.70	1.30	2026.50	29.10	4854.30	69.60
2006	88.80	1.10	2191.40	27.00	5837.60	71.90
2007	101.30	1.00	2509.40	25.50	7236.10	73.50
2008	112.80	1.00	2626.40	23.60	8375.80	75.40
2009	118.30	1.00	2855.50	23.50	9179.20	75.50
2010	124.40	0.90	3388.40	24.00	10600.80	75.10
2011	136.30	0.80	3752.50	23.10	12363.10	76.10
2012	150.20	0.83	4059.30	22.70	13669.90	76.50
2013	161.80	0.81	4352.30	22.30	14986.50	76.90
2014	158.99	0.75	4544.80	21.31	16627.04	77.95
2015	140.21	0.61	4542.64	19.74	18331.74	79.65
2016	129.79	0.51	4944.44	19.26	20594.93	80.23

资料来源：根据历年《北京统计年鉴》相关数据整理。

（二）天津的产业结构特征表明天津已由工业化后期阶段步入后工业化阶段

天津的三次产业结构如表 5-2 所示，第一产业由 2000 年的 4.30% 下降为 2016 年的 1.23%，第二产业由 2000 年的 50.8% 下降为 2016 年的 42.33%，第三产业则由 2000 年的 44.9% 上升为 2016 年的 56.44%，第三产业所占比重在 2014 年超过了第二产业。按照库茨涅兹理论，天津的产业结构处于"三二一"特征，已由工业化后期阶段步入后工业化阶段，和北京处于同一个发展阶段，但是比北京步入后工业化阶段晚了 20 多年[1]。

---

[1] 北京 1994 年第三产业超过了第二产业，已经进入后工业化阶段。

表 5 - 2　　　　　　　　天津市三次产业结构　　　　　单位：亿元，%

年份	第一产业 产值	第一产业 比重	第二产业 产值	第二产业 比重	第三产业 产值	第三产业 比重
2000	73.69	4.30	863.83	50.80	764.36	44.90
2001	78.73	4.10	959.06	50.00	881.30	45.90
2002	84.21	3.90	1069.08	49.70	997.47	46.40
2003	89.91	3.50	1337.31	51.90	1150.82	44.60
2004	105.28	3.40	1685.93	54.20	1319.76	42.40
2005	112.38	2.90	2135.07	54.60	1658.19	42.50
2006	103.35	2.30	2457.08	55.10	1902.31	42.60
2007	110.19	2.10	2892.53	55.10	2250.04	42.80
2008	122.58	1.80	3709.78	55.20	2886.65	43.00
2009	128.85	1.70	3987.84	53.00	3405.16	45.30
2010	145.58	1.60	4840.23	52.40	4238.65	46.00
2011	159.72	1.40	5928.32	52.40	5219.24	46.20
2012	171.60	1.30	6663.82	51.70	6058.46	47.00
2013	188.45	1.30	7276.68	50.60	6905.03	48.10
2014	199.90	1.27	7731.85	49.16	7795.18	49.57
2015	208.82	1.26	7704.22	46.58	8625.15	52.15
2016	220.22	1.23	7571.35	42.33	10093.82	56.44

资料来源：国家统计局网站。

（三）河北的产业结构特征表明河北处于工业化的中期阶段

河北的三次产业结构如表 5 - 3 所示，第一产业由 2000 年的 16.35% 下降为 2016 年的 10.89%，第二产业由 2000 年的 49.86% 下降到 2016 年的 47.57%，第三产业则由 2000 年的 33.79% 上升为 2016 年的 41.54%。按照库茨涅兹理论，河北省的第一产业比重下降到 20% 以下，但第二产业仍高于第三产业比重，呈现"二三一"的产业结构特征，处于工业化中期阶段。

表5-3　　　　　　　　　河北省三大产业结构　　　　　单位：亿元，%

年份	第一产业 产值	第一产业 比重	第二产业 产值	第二产业 比重	第三产业 产值	第三产业 比重
2000	824.55	16.35	2514.96	49.86	1704.45	33.79
2001	913.82	16.56	2696.63	48.88	1906.31	34.56
2002	956.84	15.90	2911.69	48.38	2149.75	35.72
2003	1064.05	15.37	3417.56	49.38	2439.68	35.25
2004	1333.57	15.73	4301.73	50.74	2842.33	33.53
2005	1400.00	13.98	5271.57	52.66	3340.54	33.46
2006	1461.81	12.75	6110.43	53.28	3895.36	33.97
2007	1804.72	13.26	7201.88	52.93	4600.72	33.81
2008	2034.59	12.71	8701.34	54.34	5276.04	32.95
2009	2207.34	12.81	8959.83	51.98	6068.31	35.21
2010	2562.81	12.57	10707.68	52.50	7123.77	34.93
2011	2905.73	11.85	13126.86	53.54	8483.17	34.61
2012	3186.66	11.99	14003.57	52.69	9384.78	35.32
2013	3500.42	12.40	14762.10	52.10	10038.89	35.50
2014	3447.46	11.72	15012.85	51.03	10960.84	37.25
2015	3439.45	11.54	14386.87	48.27	11979.79	40.19
2016	3492.81	10.89	15256.93	47.57	13320.71	41.54

资料来源：国家统计局网站。

二　京津冀三次产业内部结构比较分析

（一）第一产业的比较分析

1. 京津冀三省市第一产业产值变动情况

从农业在三省市经济发展中的地位来看（如表5-4所示），河北省农业发展优势明显，比重到2016年略有下降，产值是2000年的4.24倍。而北京和天津土地资源紧张，产值变化不大，比例一直处于下降趋势，到2016年仅占0.51%和1.23%，两市的发展重点已转向第三产业和第二产业，对第一产业的发展借助于河北省的传统资源优势进行协作发展。

表 5-4　　2000—2016 年京津冀第一产业产值及所占比重　　单位：亿元，%

年份	北京 产值	北京 比重	天津 产值	天津 比重	河北 产值	河北 比重
2000	79.30	2.50	73.69	4.30	824.55	16.35
2001	80.80	2.20	78.73	4.10	913.82	16.56
2002	82.40	1.90	84.21	3.90	956.84	15.90
2003	84.10	1.70	89.91	3.50	1064.05	15.37
2004	87.40	1.40	105.28	3.40	1333.57	15.73
2005	88.70	1.30	112.38	2.90	1400.00	13.98
2006	88.80	1.10	103.35	2.30	1461.81	12.75
2007	101.30	1.00	110.19	2.10	1804.72	13.26
2008	112.80	1.00	122.58	1.80	2034.59	12.71
2009	118.30	1.00	128.85	1.70	2207.34	12.81
2010	124.40	0.90	145.58	1.60	2562.81	12.57
2011	136.30	0.80	159.72	1.40	2905.73	11.85
2012	150.20	0.80	171.60	1.30	3186.66	11.99
2013	161.80	0.80	188.45	1.30	3500.42	12.40
2014	158.99	0.75	199.90	1.27	3447.46	11.72
2015	140.21	0.61	208.82	1.26	3439.45	11.54
2016	129.79	0.51	220.22	1.23	3492.81	10.89

资料来源：国家统计局网站。

2. 京津冀第一产业内部结构的比较分析

从京津冀三地区农林牧渔业产值及其所占比重分析（见表 5-5），河北的第一产业发展具有明显的规模优势，农林牧渔业产值及其比重远远高于京津。北京在林业方面产值及比重高于天津，天津临海，则在农业、牧业、渔业方面高于北京。

表 5-5　2016 年地区农林牧渔业产值及其占京津冀区域产值比重

单位：亿元，%

	农林牧渔业		农业		林业		牧业		渔业	
	产值	比重	产值	比重	产值	比重	产值	比重	产值	比重
北京	338.06	4.89	145.20	3.77	52.21	27.1	122.69	5.57	9.23	2.99
天津	494.44	7.52	244.30	6.60	8.35	5.90	140.86	6.77	88.97	29.66
河北	6083.86	87.60	3459.40	89.60	132.31	67.00	1939.22	87.66	210.95	67.35

注：因四舍五入，合计数可能不等于100。
资料来源：国家统计局网站。

以上分析表明，在京、津两市，由于资源开发空间有限，劳动力成本较高，劳动密集型的第一产业逐渐缩减。从成本收益的角度衡量，京津的第一产业处于通过农业产业化经营提高农业科技含量，以及发达地区将相当数量的农业生产向周边区域转移的阶段。河北第一产业发展优势明显，在京津冀第一产业中占比 87.60%，尤其是在农业专业化等方面与京津具有较强的互补性。因此，京津冀区域在第一产业的合作方面可将河北作为生产基地，进行各种模式的产业合作，如农业生态园区的合作共建模式、农副产品生产基地的飞地模式建设等。

（二）第二产业的比较分析

1. 京津冀三地第二产业产值变动比较

整体来看，第二产业仍是京津冀区域发展的重点。从第二产业在三省市经济发展中的地位来看（如表 5-6 所示），天津第二产业比重在 2008 年出现转折，开始趋于下降，但总量一直在增加，比重仍在 40% 以上，仍是天津的支柱产业。河北第二产业增长速度明显，2000—2016 年产值增长迅速，比重一直处于上升趋势，一直到 2015 年才开始出现下降趋势，占比低于 50%，是河北的主要经济增长来源。而北京第二产业发展比重一直处于下降趋势，发展重点已转向第三产业，第二产业尤其是传统工业目前已处于溢出状态，需要与津冀进行产业对接与协作。

表 5-6 2000—2016 年京津冀第二产业产值及所占比重

单位：亿元，%

年份	北京 产值	北京 比重	天津 产值	天津 比重	河北 产值	河北 比重
2000	1033.30	32.70	863.83	50.80	2514.96	49.86
2001	1142.40	30.80	959.06	50.00	2696.63	48.88
2002	1250.00	29.00	1069.08	49.70	2911.69	48.38
2003	1487.20	29.70	1337.31	51.90	3417.56	49.38
2004	1853.60	30.80	1685.93	54.20	4301.73	50.74
2005	2026.50	29.10	2135.07	54.60	5271.57	52.66
2006	2191.40	27.00	2457.08	55.10	6110.43	53.28
2007	2509.40	25.50	2892.53	55.10	7201.88	52.93
2008	2626.40	23.60	3709.78	55.20	8701.34	54.34
2009	2855.50	23.50	3987.84	53.00	8959.83	51.98
2010	3388.40	24.00	4840.23	52.40	10707.68	52.50
2011	3752.50	23.10	5928.32	52.40	13126.86	53.54
2012	4059.30	22.70	6663.82	51.70	14003.57	52.69
2013	4352.30	22.30	7276.68	50.60	14762.10	52.10
2014	4544.80	21.31	7731.85	49.16	15012.85	51.03
2015	4542.64	19.74	7704.22	46.58	14386.87	48.27
2016	4944.44	19.26	7571.35	42.33	15256.93	47.57

资料来源：国家统计局网站。

2. 第二产业结构内部比较分析①

（1）京津冀第二产业大类分析。京津冀第二产业结构内部按照大类可以分为传统的资源型工业和高技术制造业。其中，传统的资源型工业可以分为两大类：一类为采掘业，包括煤炭开采和洗选业、石油和天然气开采业、黑色金属矿采选业、有色金属矿采选业、非金属矿采选业；一类为传统制造业，包括石油加工、炼焦及核燃料加工业、化学原

---

① 为了京津冀对比口径统一，这里所指的第二产业只包括采掘业和制造业，没有包含电力、热力、燃气及水生产和供应业、建筑业。

料及化学制品制造业、非金属矿物制品业、有色金属冶炼和压延加工业、黑色金属冶炼和压延加工业、金属制品业。① 高技术产业（制造业）指国民经济行业中 R&D 投入强度②相对较高的制造业行业，一般包括医药制造业，航空航天器及设备制造业，电子及通信设备制造业，计算机及办公设备制造业，医疗仪器设备及仪器仪表制造业，信息化学品制造业 6 大类③。

表 5-7 是京津冀第二产业两大类产业的情况，其中北京的传统资源型工业主营业务收入为 2132.00 亿元，占规模以上工业企业产值的比重为 10.98%；高技术制造业主营业务收入 4308.50 亿元，占规模以上工业企业产值的比重为 22.20%，说明北京已经摆脱了传统高耗能产业的发展模式。河北的传统资源型工业主营业务收入为 23594.80 亿元，占规模以上工业企业产值的比重为 49.90%；高技术制造业的主营业务收入为 1858.90 亿元，占规模以上工业企业产值的比重为 3.90%，说明河北省目前还是依赖传统高耗能产业发展模式，向高技术产业发展模式转变的任务艰巨。天津的传统资源型工业主营业务收入为 10004.90 亿元，占规模以上工业企业产值的比重为 38.61%；高技术制造业的主营业务收入为 3762.60 亿元，占规模以上工业企业产值的比重为 14.50%，高技术制造业所占比重低于北京，但远高于河北。

表 5-7　2016 年京津冀传统资源型工业和高技术制造业构成

单位：亿元，%

类别	北京 主营业务收入	北京 比重	天津 主营业务收入	天津 比重	河北 主营业务收入	河北 比重
传统资源型工业	2132.00	10.98	10004.90	38.61	23594.80	49.90
高技术制造业	4308.50	22.20	3762.60	14.50	1858.90	3.90

资料来源：根据《北京统计年鉴 2017》《天津统计年鉴 2017》《中国高技术工业统计年鉴 2017》有关数据计算得出。

---

① 行业划分执行 2011 年国民经济行业分类标准 GB/T 4754-2011。
② R&D 投入强度 = R&D 经费支出/主营业务收入。
③ 根据《高技术产业（制造业）分类（2013）》。

(2) 京津冀三地传统资源型工业情况分析。河北 2016 年传统资源型工业主营业务收入达到 23594.80 亿元,占比达 49.90%,其中黑色金属冶炼和压延加工业比重最高,为 22.46%;其次为金属制品业,占比为 6.44%;占第三位的是化学原料及化学制品制造业,占比为 5.39%。北京市 2016 年传统资源型工业主营业务收入达到 2132 亿元,占比达 10.98%,其中石油加工、炼焦及核燃料加工业占比最高,达到 2.82%。天津市 2016 年传统资源型工业主营业务收入达到 10004.90 亿元,占比达到 38.61%,其中黑色金属冶炼和压延加工业比重最高,为 13.9%;其次为金属制品业,占比为 5.57%;占第三位的是化学原料及化学制品制造业,为 5.48%。再看三地传统资源型行业的内部结构,由图 5-1 可以看出,河北的传统资源型工业占比最高,北京的传统资源型工业占比最低,天津市的传统资源型工业占比也较高,但是低于河北。

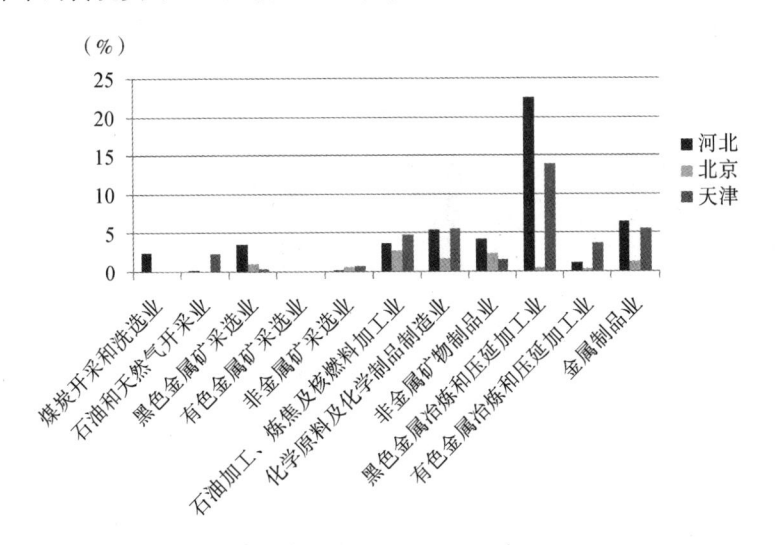

图 5-1 京津冀规模以上资源型工业主营业务收入占比

由图 5-1 我们发现,河北和天津在传统资源型工业中,产业结构惊人的相似。河北排名前五位的行业依次为黑色金属冶炼和压延加工业,金属制品业,化学原料及化学制品制造业,非金属矿物制品业,石油加工、炼焦及核燃料加工业;天津市排名前五位的行业依次为黑色金属冶炼和压延加工业,金属制品业,化学原料及化学制品制造业,石油加工、炼焦及核燃料加工业，有色金属冶炼和压延加工业。可见，在前五位排名中，排名前三位的行业完全相同。

（3）京津冀三地高技术制造业情况分析。通过对高技术制造业内部结构的分析（图 5-2），我们可以发现北京的电子及通信设备制造业、医药制造业排名前两位，其主营业务收入分别为2063.7亿元和809亿元，占高技术制造业的比重分别为47.9%和18.8%；河北高技术制造业中排名前两位的是医药制造业、电子及通信设备制造业，其主营业务收入分别为945.8亿元和621.8亿元，占高技术制造业的比重分别为50.9%和33.4%；天津的高技术制造业中排名前两位的是电子及通信设备制造业、航空航天器及设备制造业，其主营业务收入分别为1744.42亿元和904.01亿元，占高技术制造业的比重分别为46.4%和24%。

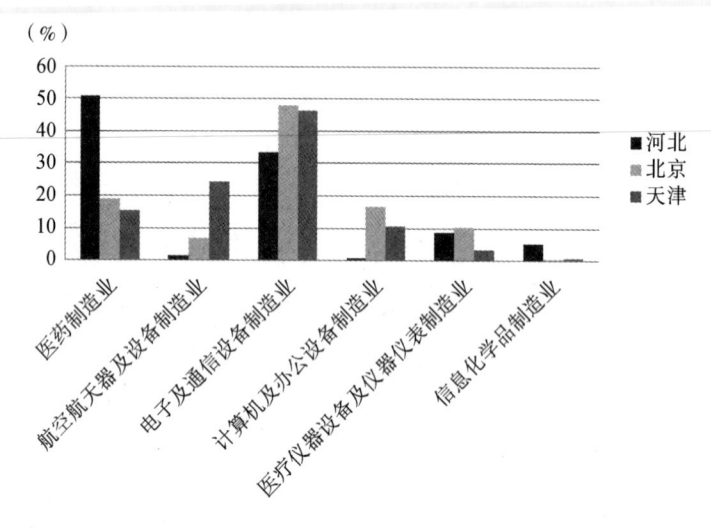

图 5-2 京津冀高技术制造业内部结构比重

（三）第三产业的比较分析

1. 京津冀第三产业产值变动趋势分析

2000—2016 年，京津冀第三产业产值均呈增长态势（见表 5-8）。北京第三产业产值由 2000 年的 2049.10 亿元增加到 2016 年的 20594.93 亿元，是 2000 年的 10.05 倍；天津第三产业产值由 2000 年的 764.36 亿元增加到 2016 年的 10093.82 亿元，是 2000 年的 13.20 倍；河北第三产业产值由 2000 年的 1704.45 亿元增加到 2016 年的 13320.71 亿元，是 2000 年的 7.82 倍。

表 5-8　　　　2000—2016 年京津冀第三产业产值及所占比重

单位：亿元，%

年份	北京 产值	北京 比重	天津 产值	天津 比重	河北省 产值	河北省 比重
2000	2049.10	64.80	764.36	44.90	1704.45	33.79
2001	2484.80	67.00	881.30	45.90	1906.31	34.56
2002	2982.60	69.10	997.47	46.40	2149.75	35.72
2003	3435.90	68.60	1150.82	44.60	2439.68	35.25
2004	4092.20	67.80	1319.76	42.40	2842.33	33.53
2005	4854.30	69.60	1658.19	42.50	3340.54	33.46
2006	5837.60	71.90	1902.31	42.60	3895.36	33.97
2007	7236.10	73.50	2250.04	42.80	4600.72	33.81
2008	8375.80	75.40	2886.65	43.00	5276.04	32.95
2009	9179.20	75.50	3405.16	45.30	6068.31	35.21
2010	10600.80	75.10	4238.65	46.00	7123.77	34.93
2011	12363.10	76.10	5219.24	46.20	8483.17	34.61
2012	13669.90	76.50	6058.46	47.00	9384.78	35.32
2013	14986.50	76.90	6905.03	48.10	10038.89	35.50
2014	16627.04	77.95	7795.18	49.57	10960.84	37.25
2015	18331.74	79.65	8625.15	52.15	11979.79	40.19
2016	20594.93	80.23	10093.82	56.44	13320.71	41.54

资料来源：国家统计局网站。

从第三产业所占比重来看，2000 年以来，北京第三产业所占比重呈上升趋势，由 2000 年的 64.80% 上升到 2016 年的 80.23%，只在 2004 年稍有下降，但随后所占比重一直处于上升态势，这直接反映出在《北京城市总体规划（2004 年—2020 年）》指导下，北京部分工业企业向周边地区转移初见成效，也进一步反映出北京第三产业已处于较高发展阶段。天津第三产业所占比重自 2002 年以来一直处于下降阶段，由 2002 年的 46.40% 下降为 2006 年的 42.60%，之后逐渐升高，2016 年上升为 56.44%，反映出天津第三产业增速逐渐超过第二产业，于 2014 年完全超过第二产业。河北第三产业自 2000 年以来，基本上在 33% 左右，到 2013 年为 35.50%，2016 年逐步上升为 41.54%，反映出河北省第三产业发展在较低梯度上保持着基本稳定的态势。随着京津冀协同发展步伐的加快，京津第三产业尤其是北京一些服务业的外迁，会为河北省第三产业的发展提供契机，河北省第三产业的增速会加快。

2. 京津冀第三产业主要行业内部结构的比较分析

第三产业主要包括交通运输、仓储和邮政业，信息传输、软件和信息技术服务业，批发和零售业，住宿和餐饮业，金融业，房地产业，租赁和商务服务业，科学研究和技术服务业，水利、环境和公共设施管理业，居民服务、修理和其他服务业，教育，卫生和社会工作，文化、体育和娱乐业，公共管理、社会保障和社会组织。图 5-3 为京津冀第三产业中 14 个行业各自所占的比重。

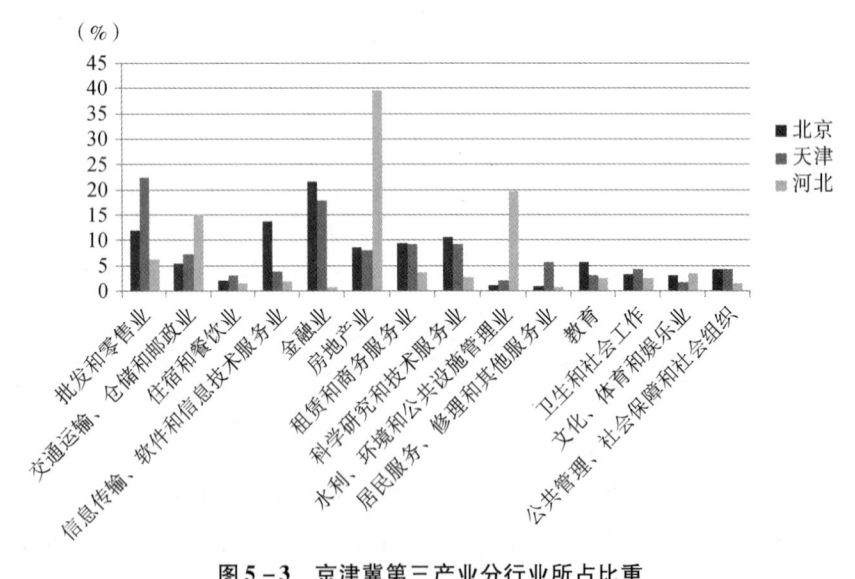

图 5-3 京津冀第三产业分行业所占比重

再看京津冀三地第三产业内部结构的情况。图 5-4 是北京第三产业主要行业内部结构情况。我们可以看出居前五位的依次为金融业，信息传输、软件和信息技术服务业，批发和零售业，科学研究和技术服务业，租赁和商务服务业，分别占到第三产业的 21.5%、13.6%、11.9%、10.5% 和 9.2%。从排在前五名的行业来看，北京第三产业已在转型，向信息传输、软件和信息技术服务业，科学研究和技术服务业扩展，虽然传统服务业如批发和零售业产值仍较高，但增长率下降很快，属于需要慢慢疏散的产业；金融业、教育等快速增长；一些基础服务业，如卫生和社会工作，水利、环境和公共设施管理业等在快速增长，北京市的基础功能在不断增强。

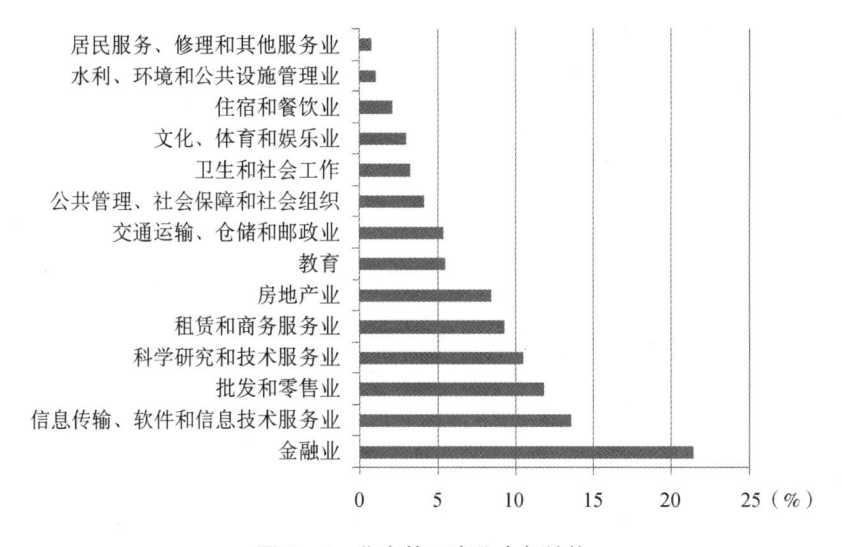

图 5-4　北京第三产业内部结构

图 5-5 为天津第三产业内部结构情况，我们可以看出排名前五位的行业分别是批发和零售业，金融业，租赁和商务服务业，科学研究和技术服务业，房地产业，分别占第三产业增加值的比重为 22.3%、17.7%、9.07%、9.02% 和 7.96%。可见，天津的第三产业相较于北京而言，批发和零售业等传统产业占比较高，而高端服务业占比较低，有进一步优化的空间。

图 5-6 为河北第三产业内部结构情况，我们可以看出排名前五

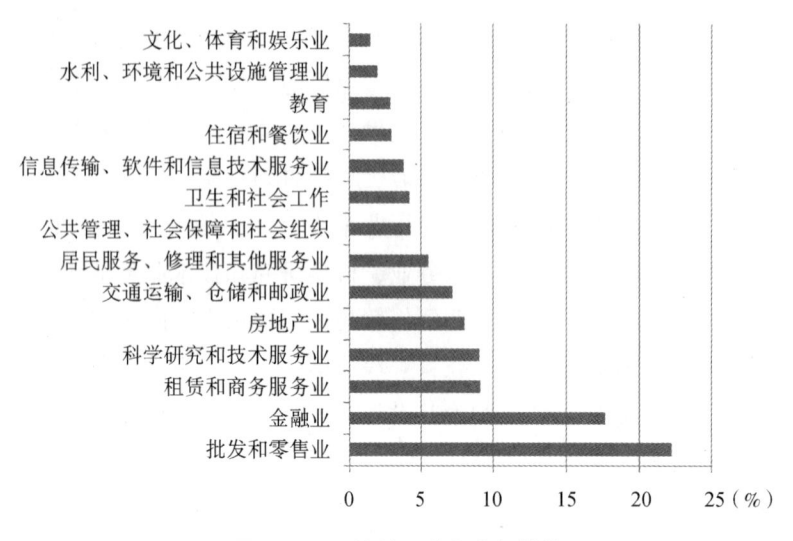

图 5-5　天津第三产业内部结构

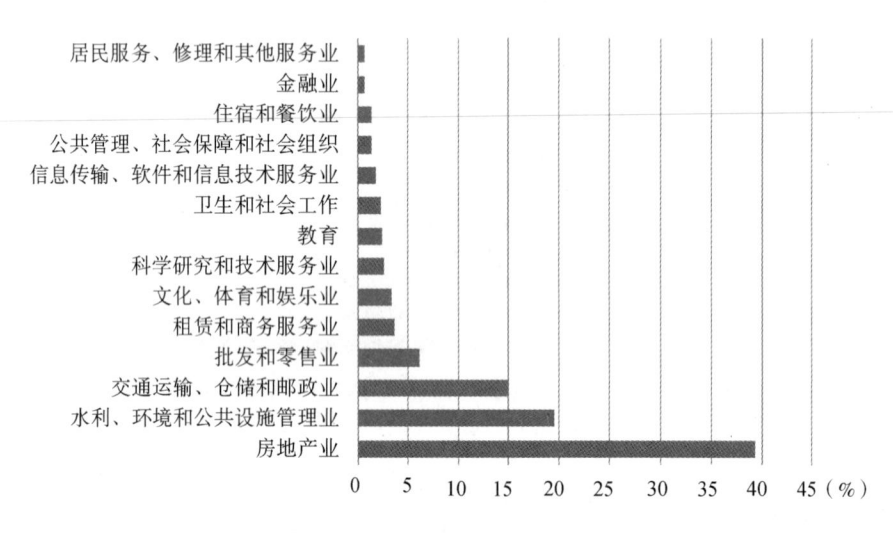

图 5-6　河北第三产业内部结构

位的行业分别是房地产业，水利、环境和公共设施管理业，交通运输、仓储和邮政业，批发和零售业，租赁和商务服务业，分别占第三产业增加值的比重为 39.45%、19.52%、15.01%、6.14% 和 3.61%。可以看出，河北的产业结构极不合理，其中房地产业占比太高，具有不可持续性；交通运输、仓储和邮政业等商贸物流业占比也较高，这倒是符合河北在京津冀合作中的定位，但是信息传输、软件和信息技术服务业，科学研究和技术服务业等高端服务业需要大力发展。

可见，京津两市在第三产业内部结构上，具有较强的同构性，第三产业分工局面有待进一步形成。河北第三产业与京津相比较为落后，处于产业链的低端，第三产业发展需要京津的带动。由此看来，京津都达到了后工业化阶段，而河北省仍处于工业化的中期阶段，以第二产业为主，第三产业还处于发展中阶段，需要进一步的产业升级与优化。京津冀三地可以通过协同发展，来共同进步。

三 结论：京津冀产业转移条件已具备

从对京津冀区域产业发展分析可以看出，京津两地已经处于后工业化阶段，而河北省依然处于工业化中期阶段。京津两地虽然处于同一个发展阶段，但北京的第三产业要比天津发达，北京的第三产业比重较高，已经达到世界先进水平，天津的第三产业占比尚未达到世界平均水平，还有发展的潜力，要发展高端产业，进行产业升级。河北仍然以第二产业为主，还需加快速度进行产业结构的转型升级，同时有极大的空间发展第三产业。

产业梯度转移是区域经济形成与演化的基本动态过程。地理位置相邻的若干个产业梯度不同的地区，在产业由高梯度地区向低梯度地区转移这样一种产业集聚与扩散的动态过程中形成了"共赢"的区域性协作体，并使得区域的整体竞争力得到有效提升。综上所述，京津冀由于各自所处的发展阶段、条件、要素禀赋特点，已形成了垂直化的产业分工格局。北京、天津依托优势科研平台，实现了以高技术产业为主的产业结构，处于垂直产业分工的高端环节。河北主要以资源深加工产业为主，处于产业价值链的末端。其中，北京在京津冀产业分工中居于核心地位。北京是我国的政治、经济、教育、科技、文化、金融中心，聚集了大量的生产要素，是企业总部和研发机构聚集的核心区域，在京津冀协同发展进程中发挥着"领头羊"作用。而天津和河北产业分工有错位有交叉，尤其是在第二产业中的黑色金属冶炼和压延加工业、化学原料及化学制品制造业和金属制品业等行业存在产业结构雷同和同质化竞争问题；在港口航运等交通运输方面也存在一定竞争。

《规划纲要》已经出台，在京津冀协同发展全面推进的过程中，极化效应和扩散效应都将进一步加大，尤其三地产业协作是其中的核心内容，梯度转移规律将对其产业合作产生决定性作用。随着天津滨海新区、曹妃甸工业区、"京廊津唐"高科技产业带的逐步开发建设，京津中心城市的辐射作用将进一步加强，河北的传统工业、传统农业、传统服务业所占比重较大，亟须改造升级。借由京津冀协同发展的东风，北京将非首都功能转移出去，突出核心定位；天津加强与河北的合作，承接北京的部分高端产业，进一步进行产业集聚；河北进行产业承接、功能承接，为产业升级改造提供良好契机，促进产业结构与空间布局的优化。

第二节　京津冀产业转移现状与存在问题

京津冀协同发展上升为国家战略之后，京津冀协同发展步伐不断加快，产业转移和合作是先行的三个重点领域之一，京津冀三地在各地政府的积极引导下，正在逐渐有序地进行。京津冀三地的产业发展处于不同阶段，如何实现三地的产业协作、对接、有效分工是产业协同发展的重点内容。

一　京津冀产业合作框架、协议由点到面全面展开

2014年2月26日是京津冀产业合作框架的转折点，习近平总书记主持座谈会，提出京津冀协同发展是一个重大国家战略。在此之前，京津冀产业合作也一直在进行，但主要是基于地方政府之间的探索性的合作，缺乏顶层设计，这其中以京津冀三地互相签订合作框架协议最具代表性。

首先是河北省与北京市签署的合作协议。2010年7月，河北与北

京签署合作框架协议,协议提出京冀两地要在九个方面进一步深化合作,在工业领域,具体选择了新能源、电子信息、生物医药、钢铁、汽车、装备制造、节能环保七大合作产业,还就建立两地合作协调机制进行了约定。

其次,北京与天津签署的合作协议。2013年3月,北京与天津签署《北京市天津市关于加强经济与社会发展合作协议》,协议指出双方要按照互惠互利、有利发展的原则制定优惠政策,发挥京津科技研发、产业、土地等互补优势,开展全方位的产业转移和对接合作。

再次,天津与河北省签署合作协议。2013年5月,天津与河北签署《天津市河北省深化经济与社会发展合作框架协议》,协议要求双方加强产业规划衔接,协调产业合理布局,支持天津企业在河北环津地区建立天津产业转移园区,创新合作模式,实现利益共享,引导有实力的企业为双方优势重点产业配套,实现共赢发展。

至此,京津冀三地分别签署了合作协议,并在产业合作与转移方面进行了规划。

2014年2月26日,习近平总书记听取京津冀协同发展工作汇报,提出京津冀协同发展是一个重大国家战略,并提出推进京津冀协同发展的"四个立足和七点着力点",即"立足各自比较优势、立足现代产业分工要求、立足区域优势互补原则、立足合作共赢理念","着力加强顶层设计、着力加大对协同发展的推动、着力加快推进产业对接协作、着力调整优化城市布局和空间结构、着力扩大环境容量生态空间、着力构建现代化交通网络系统、着力加快推进市场一体化进程"。这次会议后,京津冀协同发展达到了一个新高度,京津冀协同发展正式上升为国家战略。同年3月初,李克强总理的《政府工作报告》将"加强环渤海即京津冀地区经济协作"列为2014年的重点工作。此后,国家各相关部委、京津冀三地政府、各民主团体高度重视,站在建设京津冀城市群的高度,突破"一亩三分地"的思维,积极推进各个领域的区域合作,多层次、宽领域的合作关系初步建立(见表5-9)。

表 5-9　　　　　　　2014 年以来京津冀产业转移与合作进程

时间	单位	事项
2014 年 2 月 26 日	中共中央总书记习近平	主持座谈会，提出要立足各自比较优势、立足现代产业分工要求、立足区域优势互补原则、立足合作共赢理念，着力加快推进产业对接协作
2014 年 3 月 5 日	京津冀三地科协	联合召开专题工作会，共同开展京津冀科技协同创新战略研究工作
2014 年 4 月 2 日	国家旅游局、京津冀三地旅游部门	京津冀旅游协同发展第一次会议在京召开
2014 年 4 月	工信部	北京市经信委、天津市经信委和河北省工信厅就京津冀产业协同发展进行了专题座谈
2014 年 4 月	京津冀三地科技部门	联合签署《北京市科委、天津市科委、河北省科技厅共同推动京津冀国际科技合作框架协议》
2014 年 5 月 18 日	京津冀三地工商联	签署《关于推动京津冀三地非公有制经济协同发展的框架协议》，为京津冀民营企业搭建产业对接、信息服务和商会交流三大平台
2014 年 5 月 20 日	京津冀三地金融部门	签署金融合作协议，计划在北京大兴、河北省廊坊和天津武清三地交界地区联合设立小范围的金融创新试验区
2014 年 5 月 22 日	京津冀三地粮食局、粮食企业	召开京津冀粮食产销合作推进会，三方签订粮食购销合同，三地粮食局签署了深化粮食产销区合作协议
2014 年 6 月 7—8 日	工信部	召开座谈会，要求三地工信部门加强协调配合，研究制定京津冀地区产业转移指导目录，搭建产业对接平台，引导产业合理布局和有序转移
2014 年 7 月 23 日	京津冀三地经信委	召开京津冀产业转移会议，三地汇报产业转移项目和实施情况
2014 年 8 月 2 日	国务院	成立京津冀协同发展领导小组
2014 年 8 月 4—5 日	京津冀三地旅游部门	京津冀旅游协同发展第二次工作会议在天津蓟县召开，确定了京津冀旅游协同发展工作协调机制，通过了协调机制议事规则，制定了京津冀旅游协同发展方案，在 2014 年、2015 年及 2017 年进行具体落地项目对接
2014 年 9 月 4 日	京津冀协同发展领导小组	京津冀协同发展领导小组第三次会议召开，讨论京津冀区域功能定位，审议京津冀交通一体化、生态环境保护、产业协同发展三个重点领域率先突破工作方案和支持京津冀协同发展重大改革政策措施，研究部署下一阶段工作

续表

时间	单位	事项
2014年12月12日	京津冀三地旅游部门	京津冀旅游协同发展第三次工作会议在崇礼县召开，签署《北京—张家口奥运旅游协同发展对接备忘录》，期望借京张联合申办2022年冬奥会的机遇，并通过北京的带动，实现在资源开发、景区建设、旅游设施、宣传营销等方面的全面提升。双方借势申奥，开展规划、宣传、设施、市场、培训五个方面的对接
2015年1月	京津冀三地"两会"	均把"京津冀协同发展"写入《政府工作报告》，产业将是率先突破的领域之一
2015年2月10日	中共中央总书记习近平	主持召开中央财经领导小组会议，审议研究《京津冀协同发展规划纲要》，指出疏解北京非首都功能、推进京津冀协同发展，是一个巨大的系统工程
2015年3月27日	京石两地政府有关部门	会议就京石两地商贸产业疏解深入对接，达成了高度统一，北京北展地区建设指挥部与石家庄长安区政府在会上签署了《产业疏解战略合作协议》，石家庄乐城·国际贸易城与北京西城区负责产业疏解的北展地区社会经济发展协会签署了《战略合作协议》
2015年4月30日	中共中央政治局	审议通过《京津冀协同发展规划纲要》，强调要坚持协同发展、重点突破、深化改革、有序推进。要严控增量、疏解存量、疏堵结合调控北京市人口规模。要在京津冀交通一体化、生态环境保护、产业升级转移等重点领域率先取得突破。要大力促进创新驱动发展，增强资源能源保障能力，统筹社会事业发展，扩大对内对外开放。要加快破除体制机制障碍，推动要素市场一体化，构建京津冀协同发展的体制机制，加快公共服务一体化改革。要抓紧开展试点示范，打造若干先行先试平台
2015年7月	工信部及三地政府	京津冀产业转移系列对接活动正式启动，至10月下旬，河北省将通过个别招商对接和集中对接活动两种形式，积极对接服务京津，承接产业转移和科技成果转化，努力促成一批产业合作项目落地
2015年8月17日	承德市政府与中关村科技园区	承德市政府与中关村科技园区管理委员会签订合作协议，双方将共同推进节能环保领域的深度合作
2015年10月16日	京津冀三地政府金融部门	"2015金融促进京津冀协同发展峰会"在廊坊召开，提出将加大京津冀三地金融改革力度，并建议推出系列新举措

续表

时间	单位	事项
2015年10月	京冀有关部门	北京市将与河北省共同将曹妃甸打造成首都战略功能区和协同发展示范区，功能定位为打造京津冀协同发展先行先试试验区、先进制造业和创新成果转化基地、环渤海经济圈发展的重要增长极，以实现示范区与北京的同城化发展为远期目标
2015年10月	2015中国（北京）电子商务大会	大兴区与河北廊坊市签署了《电子商务产业全面战略合作协议》，两地率先在电子商务产业实现了融合发展，共建京津冀电子商务协同发展示范区
2015年11月	京津冀三地贸促部门	将陆续开展"京津冀国际投洽会"
2016年1月	京津冀钢铁联盟	京津冀钢铁联盟协同创新研究院在迁安举行签约仪式，其功能定位是服务钢铁行业，加快产业转型
2016年4月	河北省工信厅和北京市经信委	召开张北云计算产业基地网络建设现场调度会，就张北至北京网络高效直达通道建设情况进行了讨论
2016年8月	中关村国家自主创新示范区领导小组	实施《中关村国家自主创新示范区京津冀协同创新共同体建设行动计划（2016—2018年）》，该行动计划有利于促进跨京津冀科技创新园区链的形成
2016年9月	北京与天津市人民政府、中关村管委会与滨海新区人民政府	签署《加快建设天津滨海—中关村科技园合作协议》，建设高端创新要素聚集、产业特色鲜明、可持续发展的国际一流科技研发和成果转化园区
2016年10月	北京市朝阳区和唐山市丰润区人民政府	签订合作框架协议，在资源共享、产业转移等方面开展多角度、多方位合作；北京朝阳绿色经济协会与唐山市丰润区人民政府签订战略合作协议，双方共同在唐山市丰润区建设"IGEA唐山（丰润）绿色制造产业园"
2016年11月	京津冀三地政府	在河北省廊坊市签署《京津冀休闲农业协同发展框架协议》，三地将在统筹规划休闲农业建设、统一京津冀休闲农业标准体系等方面开展合作
2016年12月	京津冀三地政府	京津冀大数据综合试验区建设正式启动，旨在将京津冀区域打造成为国家大数据产业创新中心、应用先行区、改革综合试验区和全球大数据产业创新高地
2017年1月	京津冀三地体育局	联合印发《京津冀体育产业协同发展规划》，构建京津冀体育产业资源交易平台及京津冀体育场地网络信息服务平台，共同推进体育产业的发展

资料来源：根据公开信息及《北京市推进京津冀协同发展战略大事记》整理。

二 京津冀三地产业分工已基本显现，部分产业转移取得实质性进展

从京津冀三地的产业结构来看，北京已处于"三二一"的阶段，第三产业占绝对优势地位，2016年占80.23%，处于后工业化阶段，发展趋势是疏解一般性产业特别是高耗能产业、重化工业，区域性物流基地（多集中于传统服务业）、专业市场等部分第三产业，在此基础上，优化第三产业结构，着力发展高端制造业与现代服务业，未来的产业重点是总部经济、高技术产业、金融管理等高端化产业。天津2016年第三产业占56.44%，超过了第二产业占比，刚刚步入后工业化阶段，河北仍处于"二三一"的发展阶段，属于工业化中期阶段。但天津的第二产业比河北发展基础雄厚，技术先进，战略重点在于高端装备制造业、电子信息等先进制造业，未来的产业重点是航空航天、生物医药、节能环保等战略性新兴产业和金融、航空物流、服务外包等现代服务业，打造全国先进制造研发基地和生产性服务业集聚区。而河北的第一产业占比仍高于国家平均水平，第二产业集中于钢铁制造、石油化工、装备制造、医药化工、建材工业等重化工业，未来一方面要积极承接首都产业功能转移，另一方面要推动传统的优势产业比如钢铁制造、石油化工等产业转型升级，未来的重点是大力发展先进制造业、现代服务业和战略性新兴产业。因此京津冀产业分工已基本形成，但京津、津冀仍有优势产业的雷同，如制造业的产业同构，产业分工层次还不够明确，这将是京津冀地区未来产业调整的目标。

目前，北京产业向河北省转移多集中于传统服务业和工业企业，跨行政区产业链正逐步形成，最具代表性的产业转移是北京首钢向唐山的迁移，还有机械工业、医药制造等企业陆续向河北省各市转移，产业配套、产业对接及产业链分工日趋完善，合作项目和质量有大幅度提升。如北京首钢向唐山的迁移，机械工业企业、医药制造等企业向河北省各市的转移，北京高科技产业将转移到廊坊科技园、天津滨海新区、天津武清科技园、保定涿州科技园等（见表5-10）。北京的传统服务业向

河北的转移也取得了实质性进展，较具代表性的是北京动物园服装批发市场和大红门服装批发市场的搬迁，据统计，截至 2018 年 2 月上旬，已有 10150 户北京商户入驻河北。[①]

表 5 - 10 　　2014 年以来京津冀部分企业、产业转移与承接

时间	项目	产业外移地	承接地
2014 年 4 月	北京动物园服装批发市场搬迁启动	北京	廊坊永清县台湾工业新城
2014 年 4 月	十八里店建材城签约	北京朝阳区	保定易县
2014 年 5 月	凌云建材化工有限公司原料药碳酸氢钠项目	北京	邯郸武安市
2014 年 5 月	大红门服装批发市场部分商户签约	北京	保定白沟
2014 年 6 月	动物园、大红门服装批发市场部分商户签约	北京	天津西青区
2014 年	北汽集团旗下北京汽车制造厂有限公司整体搬迁	北京顺义区	河北黄骅市
2014 年	钢铁类产业	北京	唐山曹妃甸区（曹妃甸与首钢总公司共建北京产业园）
2015 年 2 月	北京大基康明医疗设备有限公司签约	北京亦庄经济开发区	廊坊永清开发区
2015 年 2 月	北京惠买在线网络科技有限公司签约	北京亦庄经济开发区	廊坊永清开发区
2015 年 2 月	坤鼎集团签约	北京亦庄经济开发区	廊坊永清开发区
2015 年 2 月	北京聚信产融投资基金管理有限公司签约	北京亦庄经济开发区	廊坊永清开发区
2015 年 2 月	宝健日用品有限公司签约	北京亦庄经济开发区	廊坊永清开发区
2015 年	北京新发地农产品批发市场部分商户搬迁	北京	保定高碑店市

---

① 中共北京市委党史研究室编：《北京市推进京津冀协同发展战略大事记（2014.2—2018.2）》，中共党史出版社 2018 年版。

续表

时间	项目	产业外移地	承接地
2015年4月	北京现代第四工厂项目	北京	沧州市
2015年10月	家具生产企业搬迁签约	北京	沧州青县
2015年10月	科技型产业等	北京	白洋淀科技城开工建设
2016年9月	丰台区商贸物流产业集群转移	北京丰台区	河北固安

资料来源：根据公开信息及《北京市推进京津冀协同发展战略大事记（2014.2—2018.2）》整理。

三 京津冀产业转移与承接中存在的突出问题

（一）京津冀区域协调发展机制还不够完善

区域协调发展依赖两种基本机制，即政府和市场。从理论上讲，市场应该发挥主导作用，政府发挥政策调节作用。从微观层面看，企业的跨地区发展为地区间产业的协同发展奠定了基础，而市场化的发达程度，影响着企业跨地区发展的方式，也决定了区域产业整合的发展方向。京津冀地区由于市场体系发育不完善，在区域产业协调发展的过程中，无法像珠三角、长三角地区依赖市场调节机制实现区域之间的要素流动和资源共享，进而实现产业之间的分工合作与优势互补。在市场机制不能完全发挥作用的前提下，区域内部的协调就需要依赖政府的政策调节。然而，在京津冀区域内存在着三个平行的省级行政单位，区域内协调机制的实现需要有实施具体事宜的组织载体，有效的组织是制度发挥作用的关键。

协调机制的实现不仅需要专门的协调机构的管理，而且需要一系列制度的约束。但是，由于行政区划的割据，在现有分税制体制下，地区经济内在地具有追求自成体系的综合经济体的趋势。而京津冀三方政府在地区经济发展中具有很强的主导作用，对地区经济的产业选择和产业结构具有很大的影响，三方政府都从各自利益出发，追求行政区划内的经济绩效，在城市规模、城镇布局、职能定位、产业分工、基础设施建设等方面缺乏必要的协调，因而造成了不同程度的互不相容、重复建设和恶性竞争等问题，影响了京津冀地区的协调发展。各区域自成一体的产业体系使整个区域内缺少经济互补的动力，也缺少政府通过协商机制实现区域产业合作的动力。同时，在区域内部，由于经济体制和行政体制的排他性，缺少协作的聚合力，行政分割及体制本身缺乏机制创新张力，直接抑制了京津的辐射能力，导致区域内经济发展整体效益较差。这就是在京津冀协同发展正式上升为国家战略以前，京津冀三地政府的合作一直没有取得大的成效的原因。自2014年京津冀协同发展成为国家战略之后，三地在区域协调方面取得了很大进展，但由于地方政府合作的协调成本太高，京津冀区域协调发展新机制还有待完善。

（二）京津冀尚未形成高效的产业链条，加大了河北省产业承接的困境

在一般观念中认为产业梯度差异是产业转移的前提条件，但是我们必须强调"合理"，合理的产业梯度是产业转移的基础和必要条件，产业转移的实质就是国家或地区之间基于产业梯度的产业接力过程。但是如果产业梯度的差异悬殊、产业发展环境落差太大，就很可能会影响或抑制产业的转移。从经济和技术发展程度来看，京津冀在技术上存在梯度差距，并进而形成了产业的梯度差距。目前，北京进入后工业化时代，而河北正处于工业化中期阶段，发展的落差使河北在承接产业转移方面处于弱势地位。京津的技术水平、产业结构水平都高于河北，并且都面临着产业结构的进一步升级，都需要向外转移一些不再具有比较优势的产业。

但是，河北和京津在产业合作方面尚未形成高效的产业链条。一方面，北京往河北搬迁的主要是一些传统制造业，如食品加工、印刷包装、木材加工和服装加工业等，而这些产业也不是河北要大力发展的方向。另一方面，在装备制造、电子信息、生物制药等有可能建立较长产业链的行业内，河北和京津之间也没有建立起有效对接机制。《河北省国民经济和社会发展第十三个五年规划纲要》的设想是在产业链空间布局和企业内部产业链延伸方面，总部、研发基地设在北京，生产基地设在天津和河北。但现实困境是，北京急需转化的科研成果无法有效实

现，京冀的产业链和创新链融合对接机制尚未建立。因为河北虽然加工制造业基础较好，也急需技术成果转化来推动传统产业转型升级；但是，北京的研究成果多为前沿、高端的，而河北的制造业发展层次较低，难以满足北京成果转化的条件，区域内产业链残缺造成的产业传递落差大，甚至形成了产业"悬崖"，加之重工业的进入成本、转移成本和附加值都很高，造成京冀在产业转移方面步伐缓慢，急需良性的"外移与对接"。

（三）产业结构趋同严重，缺乏深层次的协作

京津冀区域内，历史的原因[①]导致合作观念的缺乏、行政地位的对峙以及由此形成的区域壁垒和特殊的财政、金融、投资体制等方面的制度障碍，在争取各自利益的过程中，出现了明显的产业（主导产业）趋同现象。尤其是工业产业结构更为严重，占工业产值半数的行业在京津、津冀之间雷同较多，并且这种产业趋同又表现为层次的雷同，包括生产技术层次雷同、对原料需求和消费层次雷同，这就使各地不具备差异化竞争的可能。这种同种同质的产品只会导致资源和市场的双向掠夺性竞争，不利于区域整体竞争能力的增强。

从表5-11可以看出，京津冀主导产业均以传统资源密集型的能源和重化工业为主。三个地区中津冀两市排在第一位的都是黑色金属冶炼和压延加工业，石油加工、炼焦及核燃料加工业，化学原料及化学制品制造业等重合；京津主导产业中汽车制造业，计算机、通信和其他电子设备制造业，通用设备制造业，石油加工、炼焦及核燃料加工业等重合；京冀之间汽车制造业，电力、热力生产和供应业，电气机械和器材制造业等重合。由此，造成三地之间互相竞争、互相制约的局面。

由于过去对首都经济定位、传统的行政区域管理体制和制度上的缺陷，导致了产业结构雷同、分工不明等竞争大于合作的现象。作为全国的政治和文化中心，北京虽然已经形成了以第三产业为主体的产业格局，但新兴第三产业的主导地位还未完全确立，尚未形成一批新的高利

---

① 笔者在"京津冀协同发展的历史演进与财税政策现状"一章中做了分析。

表 5–11　　　　　　　2016 年京津冀各主要工业行业比较　　　　　单位：%

地区	北京	天津	河北
占工业产值比重	87.28	67.36	62.57
主要行业	汽车制造业（26.38）	黑色金属冶炼和压延工业（15.66）	黑色金属冶炼和压延加工业（22.1）
	电力、热力生产和供应业（22.70）	汽车制造业（9.17）	金属制品业（6.82）
	计算机、通信和其他电子设备制造业（11.17）	计算机、通信和其他电子设备制造业（7.39）	化学原料及化学制品制造业（5.58）
	医药制造业（4.5）	食品制造业（5.78）	汽车制造业（5.48）
	电气机械和器材制造业（3.75）	化学原料及化学制品制造业（5.21）	电力、热力生产和供应业（4.88）
	专用设备制造业（2.83）	金属制品业（5.17）	农副食品加工业（4.86）
	石油加工、炼焦及核燃料加工业（2.73）	铁路、船舶、航空航天和其他运输设备制造业（4.92）	电气机械和器材制造业（4.80）
	通用设备制造业（2.71）	电气机械和器材制造业（4.79）	非金属矿物制品业（4.32）
	非金属矿物制品业（2.39）	通用设备制造业（4.67）	石油加工、炼焦及核燃料加工业（3.71）
	铁路、船舶、航空航天和其他运输设备制造业（2.16）	石油加工、炼焦及核燃料加工业（4.59）	
	农副食品加工业（2.16）		

资料来源：2017 年的《北京统计年鉴》《天津统计年鉴》《河北经济年鉴》。

润收入、高附加值、能够替代传统产业的新兴产业，地方财政和就业对第二产业的依赖性还比较强，因而与津、冀的产业差异性还没有完全形成。天津同河北的差异更多地体现在经济总量上，产业结构雷同现象比较突出，难以形成层次分明的产业集聚。这一状况直接导致了资源难以在该地区合理流动，限制了产业集聚效应的产生。

从现有产业承接情况来看，河北所承接的北京产业多数还停留在低层次水平。在第一产业内部，北京与河北之间的合作有了一定的进展，但也主要围绕北京城市居民的菜篮子、米袋子而动。农产品的低价格以及由此产生的第一产业合作的低收益使河北省获利甚微。北京的第三产业与河北的合作多集中在物流、旅游等产业，一些现代服务业由于梯度差较大，向外扩散的动因不足，所以仍停留在传统产业层面，能够对河北省产生影响的大部分为第二产业。目前北京的第二产业倾向于发展科技含量和附加值较高的产业，向外转移的主要是技术含量低、附加值低、耗能高的产业，而高技术产业由于河北产业基础不够好，承接的较少，产业集聚缓慢，不能带动当地产业发展。

可见，产业同构现象的存在导致创新合作存在难度。长期以来，京津冀三地的产业定位不够清晰，缺乏统筹协调，尚未形成合理的产业分工，创新链、产业链和服务链对接融合不够充分，没有建立起高效的产业和技术梯度转移对接路径，结构性问题和矛盾较为突出。地区间、园区间产业同质化现象较为突出，区域内技术承接能力不强，京津冀一体化进程明显落后于珠三角、长三角区域，并未形成有效互补。与此同时，京津冀周边城市能力落差较大，产业异构明显，但未能依托企业建立紧密的产业链联系，而是形成各自为政、相对独立的产业分工体系。

（四）自主创新能力差，要素导入面临制度性障碍

发达国家产业发展的经验表明，完善的产权、技术交易市场，高效便捷的金融服务，知识产权保护制度和政策扶持，是培育和发展科技研发产业极为重要的外部条件。国外经验还表明，一个地区产业升级的快慢，很大程度上取决于先进生产要素能否顺利导入，以及这种要素的导入速度和规模。

从京津冀产业发展进程来看，对制度要求较低的制造业和房地产业成为经济增长的主要动力，而对制度资本要求较高的金融服务业和与知识产权密切相关的高端服务业则发展缓慢。京津冀地区由大专院校、科研院所以及各种科研机构为主体构成的科技力量和基础十分雄厚，但现

有的科技体制滞后于市场经济发展的要求。区域科研成果产业化、技术交易市场化、风险投资的进入和退出等体制均不完善甚至缺失，使区域自主科研创新能力的形成举步维艰。从长远看，京津冀区域产业结构的升级优化，必须以具有自主知识产权的核心技术为支撑，形成可以不断推动产业提高水平和效益的技术创新能力，才能保持区域经济的可持续增长。

而河北作为承接产业转移的主体，在先进生产要素导入上始终面临诸多制度障碍。主要表现为：一是高层次人才资源匮乏。众所周知，人才是所有生产要素中能动性最强的，没有人才，高科技根本谈不上。而河北一直以来是全国人才洼地，京津地区由于拥有丰厚的教育资源，对河北形成了人才的"虹吸效应"。以每万人口中大专以上教育程度人口比重为例，2017年河北每万人中仅999人拥有大专及以上学历，只有全国平均水平的71.98%、天津的34.62%、北京的20.98%。二是科研创新能力不足。《中国区域创新能力监测报告 2016—2017》和《中国区域科技创新评价报告 2016—2017》显示，全国综合科技创新水平指数得分为67.57，比上年提高了1.08分。北京、上海、天津、广东、江苏和浙江的得分高于全国平均水平，处于第一梯队。湖北、重庆、陕西、山东、四川、福建、辽宁、黑龙江、安徽、湖南、山西、甘肃、吉林和江西得分在67.57分和50分之间，处于第二梯队。其他地区得分在50分以下。[①] 可见，河北的创新能力排名居于全国20名以后，与处于第一梯队的京津差距明显。

鉴于此，优化京津冀产业结构，应当从优化产业发展的外部环境开始，打造优良的营商环境，各级政府部门应当加快体制改革步伐，打通要素流动的瓶颈梗阻，使分布在科技、教育、文化等不同部门、不同所有制组织中的要素资源能够合理流动，按生产要求进行配置，发挥其应有效率。

---

① 数据来自科技部网站。

第三节 京津冀产业转移中财税政策存在的问题

一 京津冀产业转移中财政政策存在的问题

（一）财政支持京津冀产业转移的政策缺乏系统性

随着京津冀协同发展上升为国家战略，京津冀的地方政府非常关注，出台了很多支持政策。但是，有的政府部门在制定政策时缺乏深入调研、科学论证，在项目组织上缺乏统筹安排和有效整合，没有抓住重点，造成项目多、项目散，导致资金分配上"撒芝麻盐"，每个项目都给一点，形不成合力，难以集中财力办大事。还有些专项资金分散于各个部门，各管一块，造成财政支持京津冀产业发展的政策缺乏系统性，难以形成有效合力。

（二）财政支持京津冀产业转移与合作的手段比较单一

财政作为政府行政管理的工具，是政府政治、经济和社会政策的集中体现，是政府治理的重要手段，在具体执行中，应根据不同的政策目的灵活选取不同的工具、不同的组合方式，以体现政府的偏好。但是，目前支持京津冀产业转移的各类财政资金和政策手段，主要以直接财政投入和补助为主，机制不灵活，没有区分公共层次，不考虑和市场主体合作，尚未构建各类投融资平台和市场化委托管理模式，没有充分发挥财政资金撬动社会资源的"杠杆"作用。

（三）京津冀产业投资资金的杠杆作用发挥不够

京津冀产业协同发展投资基金于2017年成立，这是我国第一只区域协同发展基金，由国家发改委、财政部、工信部牵头，联合京津冀以及国投、工行等投资主体共同出资设立，首期规模100亿元，实际完成15.972亿元出资，共投资3个项目（见表5-12），投资总额为4.5亿元。

表 5-12　　　　京津冀产业协同发展投资基金投资项目情况　　　　单位：亿元

项目名称	投资金额	项目注册地	成立时间
北京天智航医疗科技股份有限公司	2	北京市	2017年12月
鑫精合激光科技发展（北京）有限公司	0.5	北京市	2018年1月
鼎力联合（北京）科技有限公司	2	北京市	2018年1月

可以看出，一是京津冀产业投资基金规模相对较小；二是尚未找到好的投资项目，致使京津冀产业投资资金发挥杠杆作用不够，无法有效撬动、引导社会资金参与。

二　京津冀产业转移中税收政策存在的问题

（一）税收优惠政策由地区优惠向产业优惠转移不到位

虽然税收优惠政策由区域优惠向产业优惠的转变已实施多年，但目前还在执行的区域性税收优惠政策数量仍然较多，加剧了地区发展差异。在现有格局下，京津已经拥有了很多政策优惠，如京津有着以国家级新区为代表的区域发展政策、以自贸区发展为代表的对外开放政策、以民营银行为代表的金融改革政策、以中关村国家自主创新示范区为代表的科技创新政策，唯独河北是政策"洼地"。虽然河北也有以秦皇岛、石家庄等为代表的多个国家级经济技术开发区，但这些经济技术开发区享受到的税收优惠政策不论力度还是广度都明显不如北京、天津同类型的区域，使其发展规模、发展速度以及对经济的辐射作用等方面与京津都有很大差距。比如，《关于在天津东疆保税港区试行融资租赁货物出口退税政策的通知》规定，天津东疆保税港区于2012年7月1日起执行对融资租赁出口货物和对融资租赁海洋工程结构物试行出口退税的政策。而曹妃甸综合保税区却没有相应的税收优惠政策。相对于河北，北京、天津原本经济实力就领先，再加上税收优惠政策的扶持，极易形成"税收政策洼地"，客观上加剧了区域经济发展的不平衡。

(二)"税收和税源"相背离导致税收利益协调政策缺失,影响区域产业合理布局

京津冀区域协同发展的推进,实质上也是三地利益协调的过程。虽然从地域上看作为一个整体,具有十分显著的区位优势,但由于分属三个不同的行政区域,行政区划壁垒加大了建立协调机制的难度,而税收利益直接关系到三地的财政收入,三地考虑更多的是本地经济,为了争夺地方经济利益,各自为政、无序竞争。由于税收利益协调机制缺少国家层面的顶层设计,造成三地的发展利益难以协调,无法实现京津冀协同发展。

分税制改革以来,中央和地方之间的财权划分基本理顺,然而随着经济活动的不断复杂化,地方政府之间的税源划分成为一个突出问题,出现了税收在不同地区的不当转移,造成了地区之间税收缴纳和税源不一致的情况,即税收与税源相背离,极大地影响了区域经济协调发展。我国现行税法按属地原则确定纳税地点,国家税务总局又以许多单行文件方式规定一些集团公司可以在总机构所在地合并缴纳某一种税(多数为企业所得税,也有营业税、增值税等),在这种管理体制下,总机构所在地得到了分支机构所在地的转移性税收收入。按照《跨省市总分机构企业所得税分配及预算管理办法》规定,总分机构统一计算的当期应纳税额的地方分享部分中,25%由总机构所在地分享、50%由分支机构所在地分享、25%按一定比例在各地区间进行分配。

从京津冀三地来看,总分机构问题显得尤为突出。北京以其独有的优势,拥有全国数量最多的企业总部,这就造成了设在天津、河北两地的分支机构的经营成果汇总至北京纳税,使得北京"侵蚀"了天津、河北两地税款。随着京津冀协同发展,产业重新布局带来产业区域内转移,就要求北京的一部分企业转移到天津和河北,但企业在转移过程中,往往是分支机构转移,而总机构依然留在了北京。作为承接产业转移的天津、河北,不但没有增加其税收收入,还要承担可能带来的环境污染等代价,这就影响了其承接产业转移的积极性。

(三)京津冀税收政策的产业导向不明确

京津冀三地协同发展,客观上要求其产业发展层次和阶段实现互补，税收政策应充分发挥其对区域产业发展的调节作用。然而，现有的税收政策对各地的产业导向不够明确，不能很好地围绕京津冀未来产业发展的角色定位，不利于实现京津冀区域优势互补的错位发展。

现有的税收政策对优化产业布局收效甚微。根据最新发展规划，北京作为中国的首都，定位为全国的政治、文化中心，国际交流中心和创新中心，重点发展第三产业和高技术产业。天津作为北方的国际物流中心和重要的经济中心，拥有全国最大的高技术产业开发区——滨海新区，重点发展现代制造业、现代物流业和金融服务业。河北作为京津发展的广阔"腹地"，重点打造全国商贸物流基地，是京津资源的供给者，是其发展的依托。从三地的定位来看，现有的税收政策缺乏统筹考虑，无论力度上还是广度上，对区域内部的产业导向都明显不足。对各地重点发展的产业缺乏清晰的导向，并且缺乏对产业转移的税收优惠政策，不利于产业的优化布局，造成了区域内部的无序竞争，比如滨海新区和唐山的曹妃甸港同质化竞争严重，两地发展模式基本相同，都是依托港口，发展大进大出的产业。对已经明确定位的产业布局也缺少税收政策支持，比如在《国家发展改革委关于印发〈天津北方国际航运中心核心功能区建设方案〉的通知》中，已明确要在天津实施启运港退税，但相关税收政策却一直未能出台。比照上海洋山港在 2012 年起试点启运港退税政策《关于在上海试行启运港退税政策的通知》后带来的良好效果和对区域经济、产业的带动作用，此项政策在天津东疆港区的缺位确实对京津冀地区的产业发展有一定影响[1]。

（四）京津冀在税收征管上还不够便利，加大了跨区经营企业的成本

1. 跨省迁移企业税收征管程序比较复杂

在京津冀协同发展进程中，做好企业跨区迁移与承接工作是促进京津冀产业顺利转移的重要一环。目前，由于税收征管信息尚未实现省与省之间共享，纳税人发生跨省转移时需要办理注销税务登记，并将纳税评估、税务稽查等纳税清算作为前置环节，纳税清算时间较长，且在少数地区存在为留住税源拖延办理清算的情况。此外，对纳税清算过程中

---

[1] 参见杨志强主编《税收服务京津冀协同发展研究与探索》，中国税务出版社 2015 年版。

企业以前年度亏损是否能够在迁入地得到弥补等政策缺乏明确规定，各地税务机关处理也不一致，增加了企业跨区转移的税收成本，不利于企业的自由流动。

2. 对跨区域迁移的具有高技术企业及节能环保企业资质的纳税人缺乏相互认证资质机制

高技术企业、节能环保企业等能够享有税收政策优惠，而资质认证是企业享受税收优惠政策的重要依据。随着京津冀产业布局优化，必然产生相关资质企业发生区域转移的情况。根据目前资质认证的管理办法，资质认证均由企业所在地的资质认定管理机构进行确认。由于京津冀缺少资质认定的互认机制，企业要继续享受税收优惠，还需要重新进行认定，增加了企业成本，不利于企业流动，阻碍了京津冀地区内的产业布局优化。

三 京津冀产业转移中的利益分享和协作共赢机制尚未形成

地区协同发展的过程是一个伴随着利益流动和分配的过程。京津冀产业转移中成功的关键是能否建立地区间利益共享和协作共赢机制，其中地区之间的财政利益和税收利益分配又至关重要。京津冀产业转移必然牵扯到企业在各地之间的转移，其迁移会导致财政和税收利益在迁入地和迁出地之间转换。

我国税收制度中规定的企业纳税人纳税地点主要包括纳税人住所所在地、营业机构所在地和交易发生地，对部分涉及总分机构的企业实行汇总纳税。结合地区协同发展过程中的企业迁移行为，绝大部分纳税人纳税地点会随着纳税人住所所在地、营业机构所在地、交易发生地的变化而变化，从而导致税收利益从企业迁出地向企业迁入地转移。同时，企业迁移往往伴随着企业员工，特别是高级管理人员、高级技术人员的迁移，进而导致部分个人所得税税收收入从企业迁出地向企业迁入地转移。因此，企业迁移导致的财政收支变化要求税收分享。

同时，在地区协同发展过程中，地区内各地间共建园区是发挥各自优势、促进产业转移的重要方式。按照当前税收制度,共建园区所在地作为企业注册地或营业机构所在地,是园区企业的纳税地点,但参与共建的企业迁出地输出了资金、管理经验并引导企业转移,同样提供了生产要素,理应获得税收利益,对地区共建项目实行税收分享十分必要。

在京津冀产业转移的实践中,涉及财政和税收分享的项目很多,目前还处于"一事一议"阶段,是一个互相谈判、互相妥协的过程,也有一些成功的案例为共享机制的构建提供了经验,如首钢搬迁、中关村海淀园秦皇岛分园的税收分享政策。2015年6月财政部和国家税务总局联合发布的《京津冀协同发展产业转移对接企业税收收入分享办法》,可以说是税收共享机制构建的一个尝试。

在不突破现行法律法规的情况下,京冀两地如何创新体制机制,按照合作共建、收益共享的原则,制定统一的临空经济区发展战略和产业政策,建立统一的跨省域规划实施协同机制和利益分享机制都是值得探讨的长期命题,也是京津冀发展是否顺畅的关键所在。

第四节 促进京津冀产业转移的财税政策

一 促进京津冀产业转移的财政政策和财政手段

(一) 创新财政支持方式,充分发挥财政政策对京津冀产业转移的导向作用

1. 对涉及京津冀协同发展的重大产业项目,设立京津冀产业协同发展基金,探索专项资金整合使用

目前京津冀三地都各自设置了产业协同发展基金,但是尚存在规模小、找不到好的投资项目的问题。京津冀产业协同发展投资基金本意是通过财政资金带动社会资本投入,遵循市场化、专业化、国际化的原则,服务区域产业发展布局和战略转型,是资本服务实体经济、促进产业转型升级的新模式。京津冀产业协同发展投资基金起点高,有着明显的中央和地方两级政府共同推动和社会出资人多元化参与的特

点，各方都给予厚望。除各级财政出资外，可以吸收大的企业集团进入基金，比如吸收首钢京唐钢铁、河北钢铁、冀中能源等大企业、大集团入股。基金主要用于共建园区建设和促进区内优势产业发展，支持包括北京疏解非首都功能项目在内的重点项目和企业加快落地和持续发展。

一般而言，对于容易吸引社会资本投资的行业和领域，基金可以以较小的比例投资或暂不进入；而对于符合战略布局但吸引社会资金较难的行业和领域，基金将积极投入，增大出资比例。在京津冀协同发展投资基金的引导下，三地应在打造北京科技创新中心和天津先进制造研发基地的基础上，大力推进河北承接京津科技成果转化，充分发挥基金对社会资本的引导作用，为共同推进京津冀产业转移做出贡献。

2. 对承接京津转移或投资的产业项目，采用股权投资等竞争性分配方式，探索财政资金有偿使用

对承接京津或京津直接投资的符合河北产业政策、发展潜力大、税收贡献度高的项目，采用股权投资、定向融资担保、融资风险基金等方式支持其发展。目前，河北省已设立产业引导股权投资基金，应尽快明确其管理办法和运营机制，以企业股权投资的方式，重点支持具有发展潜力的中小型承接项目。

(二) 加大对京津冀产业转移外部环境方面的财政支持力度

河北作为京津冀产业转移的重点区域，要吸引京津产业向河北转移，还应该在产业的外部环境方面下功夫。在产业外部环境方面，财政要助推落户企业的金融、技术、人才和政务服务，增强河北承接产业的"软实力"。一是助推金融服务。支持建立对落户中小企业的贷款风险和信用担保风险补偿机制，引导金融、担保机构对市场前景好、处于创办初期的科技型企业和小额贷款公司给予信贷支持，适度放宽中小企业呆账核销条件。二是助推技术服务。引导民间资金组建起点高、研发实力强、产学研相结合的公共技术平台（软件测评、数据中心、设备检测等），推进这些平台向全社会特别是科技型中小企业开放使用。同时利用科技成果转化等专项资金，建立对技术引进和产业化的事后补助制度。三是助推人才服务。鼓励有条件地区设立人才发展基金，建设沿渤

海人才特区，吸引中关村、清华大学等京津智力资源（院所）在河北设立科技成果转化示范区，财政对示范区的重大项目立项和科技经费申请给予支持。四是助推政务服务。在全省建设统一规范、便捷高效的"一站式"政务服务平台，对投资项目实行全程代办，提高行政效率和服务水平。

（三）创新财政政策支持高技术产业的发展

1. 不断创新财政补贴、奖补等政策

要发挥好财政资金的杠杆作用，调整和优化财政科技资源配置方式，综合运用无偿资助、事后补助、贷款贴息、风险补偿等多种投入方式，以吸引更多企业资本、金融资本投向科技创新，扩大投资乘数效应。一是对从事战略性新兴产业开发的高成长性企业，探索采取企业研发经费投入后补助和奖励补助等方式，引导企业加大科技投入。二是加大科技金融财政高投入，引导金融机构加大科技信贷投入。建立科技创业及股权转化投资基金，采取风险补偿、融资担保、阶段参股和跟进投资等市场化运作方式，放大财政投资效应。

2. 综合运用科技保险、创新券等市场化工具引导创新资金

科技保险是支持科技创新的一种金融工具，是我国《国家中长期科学与技术发展规划纲要（2006—2020年）》出台以来实施的新探索。高技术企业在初创期面临诸多的不确定风险，为鼓励高技术企业的发展，政府一般采用直接财政补贴来鼓励企业创新。而科技保险采用的则是"财政补贴＋商业保险"的运作方式，财政部门为企业提供科技保险保费补贴专项资金，采用的是事后补助方式把高技术企业的风险市场化。

创新券是由政府向科技型中小企业和创新创业团队无偿发放的权益凭证，主要用于鼓励科技型中小企业和创新创业团队购买知识机构的创新服务，并可抵押贷款。创新券改变了过去政府直接投入中小企业的方式，把中小企业、研发机构、财政部门统一化了，改变了过去中小企业有创新需求，但没有研发经费和研发机构，科研机构有创新能力但较难实现成果的市场化，财政部门有经费，但不知道如何提高花钱效率的困境。创新券把这些主体串联起来，找到了公共财政资金支持中小企业创

新的最佳途径。

二 促进京津冀产业转移的税收政策

(一) 制定好有利于引导区域内产业转移和承接的税收优惠政策

1. 实行鼓励外迁企业的税收优惠政策

根据京津冀协同发展规划，建议对于需要外迁的单位和企业给予一定的优惠政策，鼓励其产业转移，可以采取的税收优惠政策如下：(1) 对拆迁补偿收入给予免征增值税、企业所得税；争取对产业转移搬迁单位、企业转让土地、销售房屋等不动产、处置机器设备或其他动产取得的土地转让等资产处置收入免征增值税、企业所得税等；(2) 在计算个人所得税时，对于搬迁单位职工取得的安家费、交通补助费等免征个人所得税；纳税人按迁出地标准缴纳的五险一金准予税前扣除；(3) 对于搬迁企业按迁出地标准缴纳的五险一金准予在企业所得税前列支。

2. 实行承接产业转移的税收优惠政策

具体而言，一是对从京津迁入河北的符合国家产业政策的企业，企业所得税享受"三免三减半"的税收优惠政策，其按迁出地标准为职工交纳的"五险一金"高于河北的部分准予在税前列支。二是对从京津迁入河北的符合国家产业政策的企业，其高级管理人员和专业技术人员取得的生活补贴，免征个人所得税；五年内工资薪金收入中的住房补贴、伙食补贴、搬迁费、探亲费、子女教育费可在个人所得税税前扣除；其按照北京、天津标准缴纳的五险一金个人实际负担的部分可在个人所得税税前扣除。三是对从京津迁入河北的符合国家产业政策的企业，免征其厂区建设、土地使用权出让合同、土地使用权转让合同、购买租赁生产办公用房、购置安装设备的印花税，购买生产办公用房自用的免征契税，对建设期内减按所属土地等级适用税额标准的50%计征城镇土地使用税。

(二) 采取助推高技术产业发展的税收政策

建议将对北京高技术产业在企业所得税和个人所得税等方面的税

收优惠政策扩大到整个京津冀地区。首先，企业所得税方面，在中关村各项优惠政策的基础上，进一步对高技术企业取得用于技术改造的财政补贴免征企业所得税；对风险投资公司、科技担保公司从投资或担保的高技术企业取得的收益给予所得税减免。其次，个人所得税方面主要是减、免、抵。可以考虑给予个人对创业投资企业和中小高技术企业的投资收益抵扣一定的个人所得税的优惠；对科技人员以技术入股取得的股权分红收益、股票期权收益及转让技术成果的转让所得，科技发明获得的特许权使用费及科技奖励等减免一定的个人所得税。

（三）利用税收政策助推区域内产业合理布局

京津冀三地在产业布局、产业结构调整等方面问题突出，应充分利用税收政策空间，最大限度发挥其导向激励作用，突出区域内不同省（市）的特色功能，充分体现各地方政府目标明确的社会经济管理意图。

1. 加大税收政策对先进制造业的引导作用

首先，增加所得税税前扣除，对符合县级以上政府扶持的企业购买的先进设备，可通过采取缩短折旧年限或加速折旧等政策，加大对制造业发展的扶持力度。对省、市级企业开发新技术、新产品、新工艺发生的研究开发费用，形成无形资产的，摊销年限从不低于10年缩短至不低于5年。其次，减免相关产业的个人所得税，例如可以考虑给予自发研制的对减排等环保方面有突出贡献的技术人员和企业奖励减免部分个人所得税。

2. 运用税收政策加速实现区域内产业整体转型升级

京津冀协同发展中河北由于传统资源型产业基础偏重，转型升级任务艰巨。加之环境压力的不断升级，河北的"工业转型升级和环境治理"作为河北"四大攻坚战"之一，压力明显。河北一方面面临确保完成国家下达化解产能过剩、治理大气污染的硬任务，另一方面又要加快经济转型升级，防止经济出现换挡失速。因此要把生态文明建设和经济建设协调发展紧密结合，把河北的转型升级与京津冀协同发展紧密结合起来，在服务京津、对接京津中坚定不移地走绿色发展之路。可以采用税收激励政策加快产业转型升级：一是对调整产业结构、压缩过剩产能的企业，按企业压缩产能的比例抵扣企业应纳所得税额。二是对淘汰落后产能而新建企业或新上项目以及转型升级的重大项目，享受固定资产加速折旧政策。三是对转型升级企业，自转型升级取得第一笔收入起，享受企业所得税"三免三减半"税收优惠。

（四）实行分类管理的税收政策，促进区域协同发展的效率与公平[①]

为了避免各地税收恶性竞争，国家明令禁止各地出台税收优惠政策。因为无论是不合理的区域性税收优惠政策，还是地方政府对税收政策执行不当造成的差异，客观上都会形成"税收洼地"效应，影响三地协调发展。因此，京津冀三地要树立全局发展的意识，对区域内的税收优惠政策进行梳理，明确税收优惠的政策目标，不能盲目地乱开优惠政策的口子，逐步取消各种不合理的税收优惠，平衡各地的税负。按照财税政策支持环节的重点性、整体性以及有效性要求，较为全面系统地设计京津冀区域的财税激励政策措施。

1. 清理地方政府自主订立的税收优惠政策

从京津冀协同发展的角度出发，清理废止三地出于地方利益保护出台的税收优惠政策。我国税收的立法权基本上都集中于中央，省以下税务部门基本没有税收政策立法权。国务院一再强调"除税法规定的减免税项目外，各级政府及各部门都不能开减免税收的口子"，这使得地方政府越权制定税收规章的现象大大减少。建议下一阶段应进一步清理和规范区域中仍然留存的此类政策，逐步消除由此产生的对区域经济协调发展和宏观经济稳定的不良影响。另外，还应当废止变相更改税收优惠的税收政策。这部分主要是税收立法权中的解释权政出多门所致。所以，应统一规范税收法律的解释权，以减少矛盾的产生，进而废止例如变相更改税收优惠范围、期限等的税收优惠政策。

2. 优化规范不利于协同发展的税收优惠政策

为减少区域内横向税收不良竞争，京津冀地区应加快由区域税收

[①] 该部分借鉴杨志强主编《税收服务京津冀协同发展研究与探索》，中国税务出版社2015年版，第105页。

优惠政策向产业税收优惠政策转变。对已经出台的不利于三地协同的区域性税收优惠政策，执行到期的应彻底终止不再延续；对未到期限的要明确政策终止的过渡期；对符合三地协同发展需要的优惠政策，要进一步加强执行力度，确保政策落到实处，发挥好此类政策的效用；对带有试点性质且具有推广价值的，应尽快转化为普惠制，在全国范围内实施。在对区域税收优惠政策清理规范过程中，建议保留助推京津冀三地发展的优惠政策，并统一京津冀区域税收政策，将国家现有的支持京津两地发展的区域税收政策延伸到河北省，营造公平的税收环境。

3. 提升税收优惠政策的精准性和有效性

京津冀地区的协调发展具有战略意义，应提升税收优惠政策的精准性和有效性，助推区域经济协调快速发展。京津冀作为先行先试区，建议根据其发展需要实施更加优惠的税收政策，如对现行已经享受企业所得税优惠的高技术企业，对其中某些需要重点发展的创新创意行业，建议参照软件行业进一步给予流转税优惠，通过增值税超3%部分即征即退的方式进行精准扶持，帮助企业由"中国制造"发展为"中国创造"；对于区域内的符合未来发展趋势和规划的产业集聚地，如天津滨海新区，比照《财政部　海关总署　国家税务总局关于横琴　平潭开发有关增值税和消费税政策的通知》（财税〔2014〕51号）的政策，实行全面的出口退税政策，提升产业竞争力。

三　探索建立促进三地产业转移的财税利益共享机制

（一）探索三地财政部门之间的合作共建机制

财政是政府引导资源配置的重要手段。推进京津冀产业转移与协同发展，各项规划、政策、举措的最终落实都需要充分发挥财政的协调、引导、保障职能。财政部门是政府的综合经济管理部门，推进京津冀协同发展，需要建立三地财政部门间的交流与合作机制，以此推动建立涵盖财税、金融、规划、国土、环保等事务的京津冀综合协调机制。

（二）探索三地税务部门之间的合作共建机制

1. 探索建立京津冀三地间产业转移税收分享机制

在制定税收分享政策时可把握以下几个原则：一是利益分享应作为一个过渡性政策，即确定期限，一般应为3—5年，作为过渡期对迁出方既得利益的补助，保障财政平衡，不能变成永久政策。二是应坚持抓大放小，减少管理成本，提高管理效率，即明确在一定纳税规模以上的整体搬迁企业或项目，一般性小项目就按现行税收征管政策处理，不再分享。三是坚持利益和责任相对等的原则，迁入方一般承担了生产要素供应、环境、社会管理等责任，政府支出责任较多，因此税收分享应以流转税和企业所得税为主，其他地方小税和专项收入、行政事业性收费应不参与分享，作为迁入方政府提供公共服务的资金来源。

在经济布局优化和产业结构调整中，涉及整体搬迁企业和跨地区经营企业两类企业，应针对不同企业建立不同的税收利益分享机制。整体搬迁企业的增值税和企业所得税地方所得部分，可由企业原籍地政府参与项目的税收分享，具体分配比例由转移方和承接方两地政府按因素法协商确定，企业城建税、教育费附加和文化事业建设费，可以全部留归企业所在地。跨地区经营企业由于总分支机构的存在，会产生税收与税源背离问题。根据《跨省市总分机构企业所得税分配及预算管理办法》《跨地区经营汇总纳税企业所得税征收管理办法》的规定，总分机构统一计算的当期应纳税额的地方分享部分，25%由总机构所在地分享、50%由分支机构所在地分享、25%按一定比例在各地区间进行分配。其中，50%由各分支机构所在地分享的分摊依据是各省（市）分支机构的经营收入、职工工资和资产总额，其权重依次为0.35、0.35、0.3。为避免"一刀切"问题，应该调整分支机构分享税收收入的依据因素，除经营收入、职工工资、资产总额外，增加销售额、费用支出、利润总额等。同时，考虑到经营收入这一因素的重要性，应赋予其更大的权重。此外，应建立区域间政府税收协调机制，就征税对象、纳税环节、纳税地点、税收分享比例、信息沟通等方面进行协商，达成制度上的安排。当前，考虑设立针对京津冀经济圈的特别税收政策，逐步缓解乃至消除区域间的税收与税源背离问题,促进区域经济协调发展。

2. 实现共建园区税收分享机制的制度化

随着京津冀共建园区的范围和规模越来越大,应尽快形成制度化的税收分享机制。共建园区税收分享比例的确定,可以按照共建地要素投入的比例进行税收分享。共建园区的要素投入包括土地、配套基础设施建设、管理人才和入驻企业等,园区所在地主要负责投入土地、配套基础设施建设等要素;共建地主要负责提供园区管理人才,并引导其所属企业向新建园区转移。考虑到共建园区内的企业一般能享受财政专项奖励等优惠措施,这部分财政支出应当在税收分享时予以扣除。在上述原则的指导下,可以规定,每年从京津冀共建园区产生的增值税、企业所得税中提取10%作为共建园区发展基金;共建园区产生的增值税、企业所得税地方留成部分,按照三地政府对园区投资比例进行分成,而对于房产税、城镇土地使用税、契税、土地增值税、印花税等地方税种,可以全部留归园区所在地政府。

第六章 促进京津冀基本公共服务均等化的财税政策

第一节 区域协同发展与公共服务供给的联动关系

一 公共服务的一般属性和界定

公共服务（Public Service）亦称为公共产品（Public Goods），是相对于私人产品（Private Goods）而言的，一般是指政府为了满足社会公共需要而为公众提供的物品和服务。

一方面，根据公共服务与私人产品的各自特性，可将公共服务划分为具有非排他性和非竞争性的"纯公共产品"，如"社区和平和安全、国防、法律、空气污染控制、防火、路灯、天气预报和大众电视，等等"（萨缪尔森，1954）；具有限制性非排他性或限制性非竞争性的"准公共产品"，如公共桥梁、公共游泳池及公共电影院、公共渔场、牧场等。另一方面，根据受众对象的地域范围，还可以将公共服务划分为地方性、区域性和国家性三类。

但在现实生活中，非竞争或者非排他都具有一定的先决条件，且随着排他技术的日益创新，非竞争或者非排他已经成为一个相对概念；再者，由于公共服务还具有典型的外溢性特征，在人口流动愈加频繁的今天，根据受众对象的地域范围进行公共服务的划分，也难以完全满足公众的需求。由此，联合国根据政府职能将公共服务划分为普通公共服务、公共安全、社会服务、经济服务、未按大类划分的支出等几大类。我国也将政府公共服务大致分为维持性公共服务、经济性公共服务和社会性公共服务三大类，实现公共服务与政府职能的有效对接，以保证公共服务内容的动态性调整，提升公众对于公共服务以及政府管理的满意程度。

二 区域协同发展的一般要求

"Synergy"一词来源于古希腊语"Synergos"，但协同在中国的汉语语系之中也古而有之，通常表达为谐调、统一、协助、配合之意。而德国著名物理学家 Hermann Haken 于 1969 年提出协同学（Synergetics）一词，从物理学的角度探究了协同系统从无序到有序的演化规律，并于 20 世纪 70 年代创立了协同学，即以协同作为基本范畴，研究开放系统由内部子系统的协同作用形成有序结构机理和规律的一门综合性交叉学科（Haken，1977）。协同则被誉为两个或两个以上资源或个体间协作程度最高、最和谐的一种进程和状态（刘光容，2008）。就区域协同而言，因区域内各辖区在发展的进程之中，其资源禀赋、经济能力、管理能力等发展因素先天或后天的差异性成为较为普遍的客观事实。为了维持区域发展的可持续性，缩小差距、追求均衡成为区域发展的主流思想，尤其是随着发展中国家及经济落后地区缩小发展差距诉求的愈加迫切，区域发展理论成为区域理论中最受关注的领域，故区域协同是运用协同学的理论内核来研究和解决区域发展过程中的不均衡问题，是基于区域协调发展的更高级区域发展模式。

此外，区域发展理论以区域经济发展理论为核心，属于区域经济学与发展经济学的交叉学科，其不仅关注区域经济的增长，而且关注区域的发展战略。伴随区域经济发展理论研究的不断深入，形成了均衡发展理论、非均衡发展理论以及非均衡协调发展理论等一系列区域经济发展理论，为经济欠发达国家和地区制定相应的区域发展战略奠定了坚实的理论基础。而区域协同作为当前区域发展的执行准则和行动趋势，其终极目标与所有的区域发展理论相一致，由此，区域协同发展的理论基础仅是区域发展理论适应现实背景的进一步调整和完善。虽然区域发展的不均衡可以分为区域间的发展不均衡和区域内的发展不均衡两类情况，但本书主要以区域内的发展作为主要研究对象，区域协同也是针对区域内各辖区间的协同，所以区域内各辖区间的协同发展主旨是解决各辖区间的不均衡发展状态，以此提高整个区域的发展速度和延长整个区域的健康发展周期。因此，区域协同的近期目标为：逐步缩小辖区间发展差距的非均衡发展；而区域协同的远期目标为：辖区间均衡的区域"一体化"发展。

三 区域协同发展与公共服务供给的相互作用

区域发展不仅需要关注区域内各辖区的独立发展能力，更需要强调区域整体性的发展机遇和发展方向，而基于区域内各辖区间社会经济的发展差距，区域协同发展的目标是在缩小辖区间差距的基础上实现区域的整体良性发展。因在实现理想目标的实践历程与市场经济机制的正常运行之中，经济发展是区域协同发展的核心动力源泉，而社会发展是保障经济发展的必要环境。同时，肩负经济效率与社会公平责任的政府在颁布与实施各种宏观政策时，既要实现促进经济快速、长效发展的效率目标，又要实现各辖区能够均衡发展的公平目标，单纯顾及效率或是公平均不可取。而通过各辖区间政府在财政与税收方面的沟通与协作，既可以顾及财政政策、财政收支活动对产业政策、产业结构等区域经济协同的支持和引导作用程度，又可以关注财税活动对各辖区公共服务、跨辖区公共服务的提供范围和水平，从而促进区域社会协同环境的构建和维护，这将有助于发挥各辖区财政对于区域协同发展的全方位支持作用，实现区域的经济协同和社会协同的共同发展，提高区域整体发展能力。

在区域协同发展的背景下，区域社会发展的"一体化"和经济发展的"一体化"相互影响，缺一不可，致使在缩小区域内各辖区间差距的过程之中，也必然包含经济发展的均衡以及社会发展的均衡，而社会发展的均衡首先需要保障区域内各辖区间公共服务的均等化。

（一）一般公共服务的均衡提供

虽然区域经济"一体化"是区域协同发展的一部分，但经济"一体化"的制度框架并不一定会带来区域整体的协同发展（段铸等，

2014)。马斯格雷夫（R. A. Musgrave）早在1939年发表的《公共经济的自愿交换理论》中，就将税收与政府公共服务供给视为一种"自愿交换"行为。即公众以牺牲私有财产（税收和非税）为经济代价，将公共权力让渡给政府，委托政府配置资源，提供公共服务，满足公共需求。此种说法也一度成为政府具有为公众提供公共服务的先天职责的论据。换个角度分析，该种"自愿交换"行为是建立在"委托—代理"的基础之上，即公众缴纳规定的税收和费用，政府满足公众的需求，给予公共服务的提供。此类公众与政府的交换是基于公众认定政府不仅可以为自己提供足够数量和质量公共服务，而且提供公共服务所消耗的平均成本应低于个人对服务购买的成本的判断。由此，政府具有为公众提供公共服务的义务和责任，同样公众也具有依照法律法规缴纳税费的义务和责任；政府具有主动支配政府财政收入的权力，公众也具有监督和判定政府财政支出资金高效与否的权利。

而我国社会公共服务体系自新中国成立初期的刚刚建立到体系的日臻完善经历了一个较为漫长而复杂的演进过程。(1) 新中国成立初期，在《中国人民政治协商会议共同纲领》(1949年) 的指导下，我国城乡分别建立了"企业办社会"式的单位提供与集体经济提供的"二元"公共服务供给模式，如职工的"铁饭碗"和农村的"五保户"。受当时经济发展程度和平均主义分配思想的影响，该时期的公共服务范围较窄、水平较低，具有平均化的特点，各辖区间的公共服务水平差异较小。(2) 改革开放初期，我国正在经历从社会主义计划经济向社会主义市场经济的转型，在"效率优先，兼顾公平"思想的影响下，不仅公共服务供给的决策权、融资权逐步由中央政府向各级地方政府下放，其公共服务供给的方式也逐渐向市场和社会领域放开，如基础教育的地方负责、分级管理制度以及民政部"社会福利社会办"的倡导。相较于新中国成立初期，该时期的公共服务受到更多的重视，其提供的项目也逐步丰富起来，但城乡之间仍然存在"二元"化分离模式，且各辖区间的供给水平因地方政府财力的差异而逐渐拉大了差距。(3) 分税制体制改革后，以规范各级政府间的收入分配关系为核心内容的分税制财政体制改革使得企业与社会职能进一步分离，政府与社会逐渐成为公共服务的主要承担者,如城镇企业职工养老保险制度、农村最低生活保障制度、新型农村合作医疗制度等保障制度的建立,均明确体现出政府的支出和保底责任。该时期政府在公共服务提供方面更加体现了其公共服务职能,并逐步展开对改变城乡二元经济结构、缩小城乡公共服务提供差距的探索与尝试,但城乡之间、地区之间的公共服务提供仍有较大差距。(4)科学发展观与和谐社会的建设时期,公共服务成为政府的基本职能之一,实现公共服务均等化既成为公共财政制度的重要内容,也成为服务型政府建设的重要价值追求。该时期公共服务体系的建设更加全面和完善,涉及社保、教育、卫生、文化生活、环境保护、节能减排等多个领域,如将农村居民、城镇居民全部纳入社会基本养老保险体系,建成了世界上包含人数最多的养老保障体系,不仅实现了社会基本养老保险的"制度全覆盖",还实现了农村与城市基本养老保险制度的统一。

社会公共服务提供制度的逐渐统一,打破了实现公共服务均衡化的制度瓶颈,为公共服务提供均等化的有效实现创造了良好的环境。但鉴于公共服务(公共物品)一般具有"非排他""非竞争"以及效益外溢等特点,且提供公共服务又是政府的基本职责所在,故地方政府对于公共服务的提供往往具有属地性,即本辖区政府为本辖区居民提供社会公共服务。而在区域协同发展的进程之中,基于区域内各辖区间在历史条件、自然条件、经济条件、社会条件、政府政策等方面的差异,各辖区间极易存在不同的社会发展水平、不同的公共服务水平,给缩小和消除辖区间差距并实现区域"一体化"的区域协同发展带来障碍。因此,应通过区域内各辖区间在税收政策、财政支出以及转移支付等方面的地方财政合作,以社会公共服务均等化提供为起点,推动区域内各辖区间优质社会公共资源的流动和共享,降低各辖区公共服务提供服务成本以及拓展辖区公共服务受益范围,在实现区域内各辖区公共服务数量与质量"双"提升的基础上,逐步缩小区域内各辖区的社会公共服务水平差距,实现区域内的公共服务均等化,进而逐步缩小区域内各辖区的社会发展水平差距,促进区域社会协同发展的实现。

(二)跨区公共服务的提供

跨区公共服务一般是指超越特定行政区划的公共服务,如跨区基础设施、跨区生态环境、跨区卫生防疫等，也具有一般公共服务的"非排他""非竞争"特性。政府具有提供公共服务的责任，但基于我国当前福利与户籍相匹配的制度设计，地方政府在辖区间的博弈中虽对辖区内社会福利水平问题有所考虑，仍更多的以地方经济增长为政府决策导向，尤其是对于跨区公共服务，如果区域内的辖区政府从共同提供的公共工程、公共服务中所获得的预期收益大于预期成本，其辖区间展开的合作会具有自发性；但如果公共工程与公共服务的预期收益较为有限，或者合作的协商成本较高，其展开合作会缺乏动力，难以对受益界限模糊的跨区公共服务提供表现出积极性，并取而代之表现出"搭便车"的行为取向，易造成跨区公共工程与公共服务提供的不足。而随着社会公共服务体系的逐步完善与新型城镇化发展理念的日渐深入，公众对于各种公共服务的数量需求与质量需求都呈现出"刚性"的增长，跨区公共服务提供问题更加突出。

又因跨区公共服务的受益范围虽较辖区内的公共服务受益范围模糊，但其仍具有一定的地域性，以满足区域内公众需求为主，故跨区公共服务提供问题难以长期通过中央资金支持给予解决，仍旧需要以地方政府为主要承担和提供主体。鉴于区域内各辖区政府对于跨区公共服务提供难以表现出自发性的积极，通过区域内各辖区间的财政合作，以跨区公共服务成本分担为核心，合理确定各辖区需要担负的责任和义务，可以有效解决区域内跨区公共服务的提供问题，弥补区域发展中的社会公共管理缺位，进而拉近区域内各辖区间的经济和社会关系，既有助于实现区域内的经济效率及维护区域内的社会公平，又有利于推进区域社会协同发展。

此外，随着我国农业与非农业户籍制度的取消、人口流动束缚的逐渐打破，流动人口的"本地化"以及农业人口的"市民化"，虽然有助于劳动力生产要素流动的"自由化"，并愈加趋于符合市场的"自由化"运行机制，但基于区域内辖区之间仍然存在的较大社会发展差距，人员的流动性会进一步发挥"用脚投票"的作用。且分税制后我国财政分权体制对于地方财力的规范与限制，面对公共服务数量的不断扩张与质量的不断升级需求，以地方政府承担为主的地方公共财政支出压力陡增。由此，在区域协同发展的背景下和在不违背市场正常运作机制的基础之上，通过各辖区间的通力合作与科学布局，借助各辖区间有限的税收合作、财政支出合作、横向转移支付制度、补偿机制等财政合作政策和手段，在产业发展与基本公共服务提供两方面发挥对各辖区的人口流动引导作用，从而可以实现"流动人口"与"人口流动"的真正趋稳，有效缩小区域内各辖区间在经济与社会发展上的差距，为区域经济协同创造稳定的社会协同环境，实现区域稳定发展的美好愿景。

第二节　京津冀协同发展背景下公共服务供给水平的总体考察

为了扮演好服务与崛起的"两个角色"，河北以迅速融入京津冀协同发展大局为出发点，及时通过了《中共河北省委、河北省人民政府关于贯彻落实〈京津冀协同发展规划纲要〉的实施意见》，明确提出"改善城乡公共服务体系"和"健全城乡发展一体化体制机制"的建设目标。而城乡的一体化建设绝非单纯的河北内部的一体化，而是在京津冀"一盘棋"的未来发展趋势下，京津冀地区整体城乡公共服务体系完善和健全的过程，以及凭借京津冀地区基本公共服务协同发展加速缩小三地差距，在不远的将来有效实现基本公共服务的均等化。虽然在京津冀协同发展进程中，京津冀之间具有统一的政治体制环境、相似的人文生态环境以及相近的地理区位条件，但基于当前京津冀地区各项公共服务都存在较大差距，消除差距并非一蹴而就。对产业转移和非首都功能疏解影响较大的公共服务供给差距的缩小成为当前亟须协同的内容。无论是产业的转移还是非首都功能的疏解，都涉及人员的流动，而与其生活密切相关的公共教育、公共文化、公共医疗卫生、社会保障、基础生活环境等基本公共服务供给的水平，则往往成为人才选择生活和工作地域的关键因素。

一　公共文化教育服务供给水平

文化与教育均属于公共服务的范畴，尤其是公共图书馆的运营以及免费基础教育，作为典型的民生需求，不仅需求弹性较小，且其非排他、非竞争以及外部效应的公共服务属性致使"逐利"性较强的市场在此方面的提供基本无效，政府具有无法推卸的提供责任和义务。因此，通过人均文化教育支出以及图书馆馆藏量、小学的生师比，可以从辖区政府的供给水平[①]以及供给质量双方面考察各个辖区的公共文化教育服务供给水平情况。图6-1是京津冀各个辖区2007年与2015年的公共文化教育服务供给水平情况，从图中可以看出，2007年北京的人均文化教育支出显著高于天津和河北的11市，虽然小学的生师比并未显现出财政高投入的结果优势，但当年的图书馆馆藏量却以较大优势居于京津冀区域第一；2015年的人均文化教育支出除天津有较大幅度的提升外，基本延续了2007年的走势，但整体的人均文化教育支出在绝对规模上均有较大的增加，另外，图书馆馆藏量的走势也基本上与2007年的一致。由此可以判断出，京津冀区域内各个辖区的公共文化教育服务供给水平均有较为明显的提高，但天津与河北的11市无论是地方财政的投入水平还是服务效果水平，均与北京存在较大差距，与京津冀社会协同发展的目标相去甚远。

二　公共医疗卫生服务供给水平

因医疗和卫生与公众的身体健康密切关联，所以公共医疗和公共卫生长期以来一直是政府关注和重点支持的领域。通过人均医疗卫生支出、万人医生数以及万人床位数，可以看出辖区的公共医疗卫生服务供

---

① 基础教育和公共文化其资金支持主要来源于财政的投入，此处运用人均文化教育支出可以体现出财政在教育和文化方面的财政支持力度，人均化之后平抑了城市规模大小，缩小了支出的数量级差距，更能体现该辖区的实际财政投入情况。为了消除价格对于财政支出的影响，所有人均财政支出均以2007年为基期做了GDP平减。

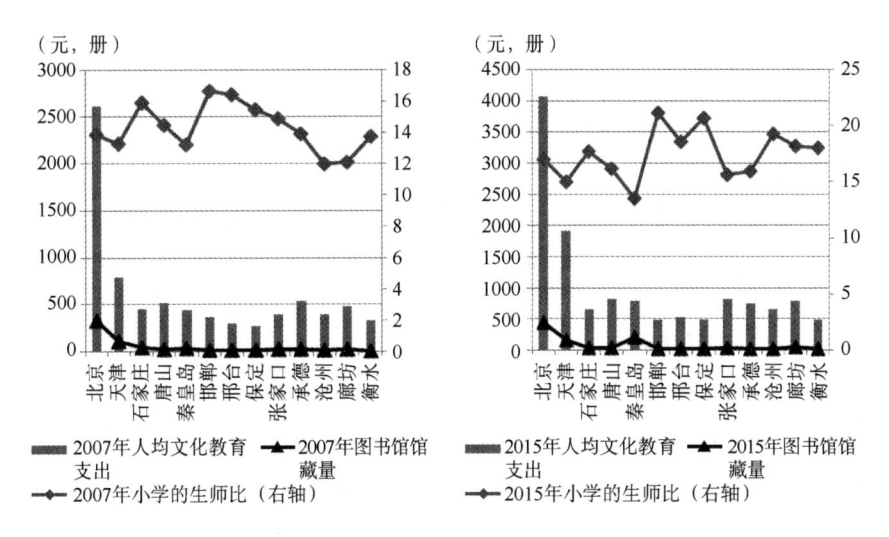

图 6-1　京津冀 2007 年、2015 年各个辖区的公共文化教育服务供给水平

注：图书馆馆藏量为每百人的拥有量。

资料来源：历年《中国区域统计年鉴》和《中国城市统计年鉴》。

给水平。图 6-2 为京津冀各个辖区的公共医疗卫生服务供给水平情况，从图中可以看出，2007 年无论是人均医疗卫生支出还是万人医生数、万人床位数，北京、天津与河北省 11 市均存在较大差距，其中，北京的人均医疗卫生支出为 980.44 元，而河北省内最高的唐山为 164.61 元，最低的邢台为 68.82 元，仅为北京的 1/14；2015 年京津冀各个辖区除了天津以外，其人均医疗卫生支出、万人医生数以及万人床位数均有明显的上涨，北京的人均医疗卫生支出为 1445.46 元，虽然河北省 11 市与北京仍存在较大差距，但差距正在逐步缩小，如河北省内人均医疗卫生支出最少的是邢台市，其与北京的差距已经缩小至不到 1/6。由此表明，在公共医疗卫生服务供给水平方面，京津冀各个辖区的差距缩小进程较快，有助于实现京津冀协同发展的目标。

三　社会保障服务供给水平

社会保障服务供给水平的高低以及社会保险之间的接续问题是流动人口较为关心的公共服务项目之一，尤其是在京津冀区域协同的初级阶

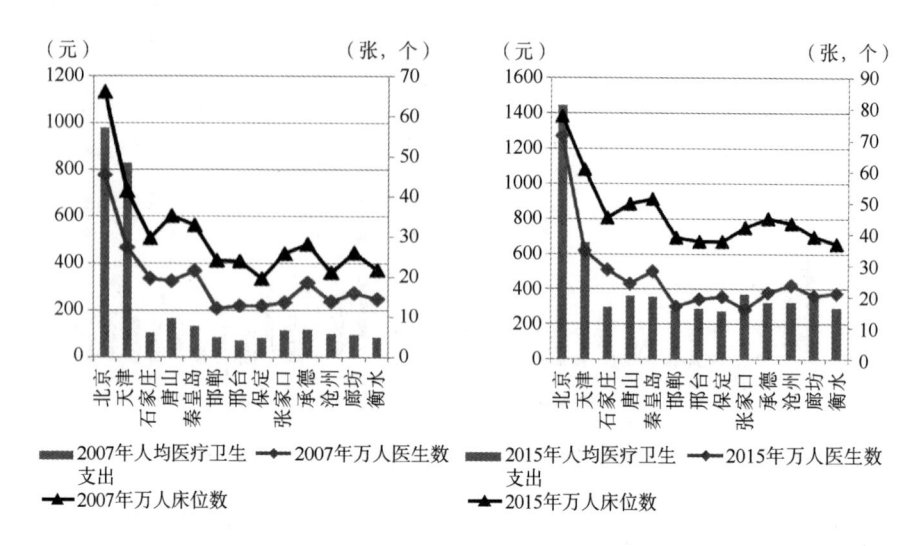

图 6-2　京津冀 2007 年、2015 年各个辖区的公共医疗卫生服务供给水平

资料来源：历年《中国区域统计年鉴》和《中国城市统计年鉴》。

段所涉及的因产业转移、非首都功能疏解而引发的人口转移和流动，辖区间社会保障服务供给水平的差异程度将会对迁移有影响。图 6-3 通过人均社会保障支出、万人医保参保人数以及万人养老参保人数三项指标显示了京津冀各个辖区的社会保障服务供给水平情况。如图 6-3 所示，2007 年北京的三项指标均远远高于天津以及河北省 11 市，表明京津冀区域内除北京外的 12 个城市的社会保障服务水平与北京差距较大；而到了 2015 年，虽然从绝对规模上看三项指标都有了较为显著的提高，但与北京的差距仍旧非常明显。由此可以判断，京津冀区域内社会保障服务供给水平差距依然较大，需要通过各个辖区间的政策沟通和财力合作，共同促进社会保障服务水平差距的尽快缩小。

四　基础生活环境服务供给水平

随着公众生活水平的逐渐提高，其对于生活环境、生活基础设施的要求也越来越高，基础生活环境服务水平的高低已经成为影响公众在生活、工作的城市选择方面极为重视的条件之一。图 6-4 通过人均环境

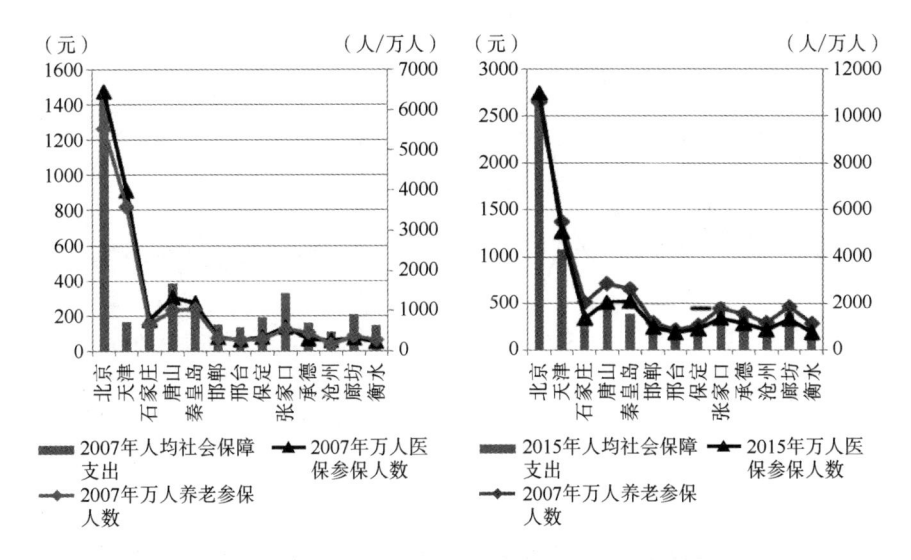

图 6-3 京津冀 2007 年、2015 年各个辖区的社会保障服务供给水平

资料来源：历年《中国区域统计年鉴》和《中国城市统计年鉴》。

保护支出、污水处理率以及绿化覆盖率三个指标反映了京津冀各个辖区的基础生活服务供给水平程度。如图 6-4 所示，2007 年天津的人均环境保护支出额度最大，北京次之，而从污水处理率以及绿化覆盖率上看，京津冀区域内各个辖区的基础生活环境服务供给水平大体相当；到了 2015 年，京津冀各个辖区在此领域的财政投入除了天津外均有明显提高，尤其是北京，在加大环境保护投入的基础上，京津冀整体区域的环境保护服务供给水平提升较快，其中有 10 个城市的污水处理率都超过了 90%。由此可以看出，京津冀区域内各个辖区在基础生活环境服务供给水平方面差距不大，与京津冀区域协同发展的目标一致。

五 公共服务供给水平的差异性比较——以公共医疗卫生为例

因公共医疗卫生服务具有外溢性，又兼具公共服务和私人服务的特性，作为一项典型的公共服务，政府具有无法推卸的责任和义务，并扮演了愈加重要的角色。为了缩小城乡间以及辖区间当前仍然存在的医疗

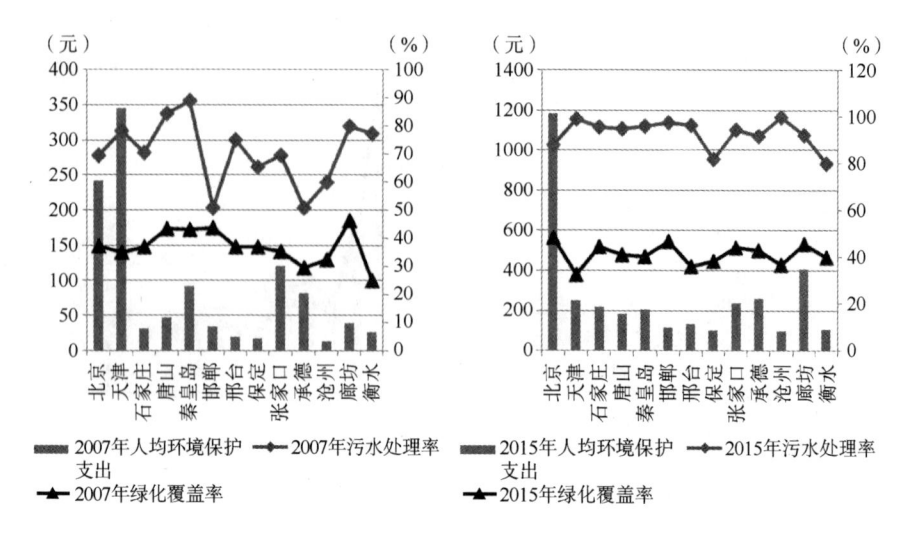

图 6-4 京津冀 2007 年、2015 年各个辖区的基础生活环境服务供给水平

资料来源：历年《中国区域统计年鉴》和《中国城市统计年鉴》。

卫生财政非均等化（冯海波、陈旭佳，2009）、服务非均等化差距，在政府宏观指导与市场机制的有效配合下（梁鸿、褚亮，2005），不仅需要政府保障医疗卫生资金投入规模的持续性，还需改善现有医疗卫生资金投入的高效性，提高医疗卫生资源的利用效率（孙健夫、要敬辉，2005）。故以公共医疗卫生为例，基于京津冀协同发展的背景，从均等化的视角，以点及面地探寻京津冀协同发展中公共医疗卫生服务供给水平的差异性①。

（一）指标体系设计及数据来源

AHP（层次分析法）是应用网络系统理论和多目标综合评价方法的一种层次权重决策分析方法，主要应用于决策、评价、分析和预测。京津冀公共医疗卫生服务均等化比较指标体系由基本公共卫生服务提供能力指标、基本医疗服务提供能力指标、基本医疗卫生财政投入能力指标3个一级指标，7个二级指标，13个三级指标构成，具体构建情况见表6-1。

---

① 此部分内容作者已发表在《京津冀医疗卫生服务均等化量化研究》，《中国卫生经济》2015年第10期。

表 6-1　京津冀公共医疗卫生服务均等化比较指标体系

一级指标	二级指标	三级指标
基本公共卫生服务提供能力指标	基层卫生机构供给指标	基层医疗卫生机构病床使用率（%）
		基层医疗卫生机构诊疗人次（万人次）
		社区卫生服务中心和乡镇卫生院数量（个）
		专业公共卫生机构数（个）
	农村公共卫生环境改善指标	农村饮用自来水人口占农村人口比重（%）
		卫生厕所的普及率（%）
基本医疗服务提供能力指标	医院卫生机构供给指标	医疗卫生机构入院人数（万人）
		医疗卫生机构床位数（每千人口）
	医疗卫生服务效果指标	各地区人口死亡率（1/10万）
		各地区人口的平均预期寿命（岁）
基本医疗卫生财政投入能力指标	总量财政能力指标	财政收入占GDP的比重（%）
	人均财政能力指标	人均财政收入（元）
	医疗卫生财政能力指标	医疗卫生支出占财政支出的比重（%）

资料来源：原始数据全部来自公开的统计资料，主要包括《中国卫生统计年鉴 2016 年》《中国财政年鉴 2016 年》《中国统计年鉴 2016 年》，根据设定的指标进行整理而得。

（二）指标权重的确定方法及步骤

在对京津冀公共医疗卫生服务均等化比较指标合成赋权时，采用专家打分法和层次分析法相结合，即对京津冀公共医疗卫生服务均等化比较指标体系的一级指标和二级指标的权重采用专家打分的主观赋值，运用层次分析法软件自动生成权重。运用AHP，可以按照下列四个步骤进行：

（1）建立递阶层次结构分析系统中各因素间的关系。

（2）构造两两比较的判断矩阵。

（3）对于某层次的各因素进行排序，并进行判断矩阵的一致性检验。

（4）进行层次总排序，得到各方案相对于目标的总排序。

在确定权重之后，模板将标准化的原始数据与相应权重拟合，得到相应的最终评价分值和分项评价分值，并自动排序，生成相应的公共医疗卫生服务均等化比较的测评结果。

(三) 京津冀公共医疗卫生服务均等化比较

计算得到表 6-2、表 6-3、表 6-4、表 6-5 的比较结果，基本结论如下：

表 6-2　　京津冀公共医疗卫生服务均等化综合能力比较

排序	地区	综合能力
1	北京	0.711
2	天津	0.457
3	河北	0.426

表 6-3　　京津冀基本公共卫生服务提供能力比较

排序	地区	基本公共卫生服务提供能力
1	北京	0.568
2	河北	0.533
3	天津	0.477

表 6-4　　京津冀基本医疗服务提供能力比较

排序	地区	基本医疗服务提供能力
1	北京	0.761
2	天津	0.473
3	河北	0.385

表 6-5　　京津冀基本医疗卫生财政投入能力比较

排序	地区	基本医疗卫生财政投入能力
1	北京	0.645
2	河北	0.330
3	天津	0.329

(1) 京津冀公共医疗卫生资源配置中北京处于绝对优势。由表 6-2、表 6-3、表 6-4、表 6-5 可以看出，无论是在京津冀公共医疗卫生服务均等化综合能力、基本公共卫生服务提供能力、基本医疗服务提供能

力,还是基本医疗卫生财政投入能力方面,北京都处于绝对的优势,远远高于河北、天津。以京津冀公共医疗卫生服务均等化综合能力这一指标为例,北京、天津、河北分别为 0.711、0.457、0.426,其中北京是天津的 1.56 倍,是河北的 1.67 倍;而天津和河北相差较小。

(2) 京津冀公共医疗卫生服务均等化综合能力和地区的 GDP 呈正相关关系。京冀、津冀相比,公共医疗卫生服务均等化综合能力和 GDP 呈正相关关系。如 2016 年的京冀的人均 GDP 分别为 118128 元和 42932 元,相对应的是,河北的公共医疗卫生服务均等化综合能力低于北京;2016 年的天津的人均 GDP 为 114503 元,高于河北的人均 GDP,相应的,河北的医疗卫生服务均等化综合能力也低于天津。而京津相比,公共医疗卫生服务均等化综合能力和 GDP 呈正相关关系,2016 年天津的人均 GDP 低于北京,相应的天津的公共医疗卫生服务均等化综合能力排名也落后于北京。

(3) 河北虽然地区经济、财政收入较天津落后,但在基本公共卫生服务提供能力和基本医疗卫生财政投入能力方面却高于天津。在三个一级指标中,河北省在京津冀基本公共卫生服务提供能力和京津冀基本医疗卫生财政投入能力指标中,分别为 0.533、0.330,虽低于北京但是略高于天津的 0.477、0.329。说明实施新医改以来,河北省财政加大了对基本公共卫生服务的投入力度,由基本医疗卫生支出占财政支出比重也可以说明这一点,2016 年北京、天津、河北基本医疗卫生支出占财政支出的比重分别为 6.9%、5.0%、8.6%,三大区域中河北省所占比重最高。这一做法是值得肯定的,也为京津冀协同发展医疗卫生服务均等化打下了坚实的基础。

(4) 无论是 GDP 还是财政收入方面天津都处于京津冀地区的中间区域,但是其对于基本公共卫生服务的财政投入能力还有待提高。天津和河北相比,其人均财政收入和人均 GDP 均远远高于河北,以 2016 年为例,天津的人均财政收入和人均 GDP 分别为 17432 元和 114503 元,而河北省人均财政收入和人均 GDP 仅为 5858 元和 42932 元,远低于天津。但是,天津的基本公共卫生服务提供能力指标和医疗卫生财政投入能力指标却低于河北,虽然是略低一点儿,但说明在其客观投入能力较强的条件下,其投入意愿较低,今后需要加大对基本公共卫生服务的投入力度。

第三节 京津冀协同发展背景下公共服务供给效率的实证检验

一 实证方法的选择

熵值评价法来自信息论,是一种客观评价法,其是根据多项指标所提供的信息量,以及指标变量间的信息重叠性,在甄别系统的无序程度和指标变异程度的基础上,来测定各项指标所占权重和评价值的方法,被广泛应用于经济、社会等领域的研究与测评。熵值评价法的具体评价步骤为:

(1) 指标的确定。设定 m 个辖区 n 项评价指标,构成数据矩阵 $X = (x_{ij})_{m*n}$,其中 $i = \{1, 2, \cdots, m\}$, $j = \{1, 2, \cdots, n\}$, $x_{ij} \geq 0$;对于某项指标而言,x_{ij} 差距越大则该指标在评价中所起到的作用也就越大;如果差距越小,则在评价中所起到的作用也就越小(马慧强等,2011)。

(2) 数据的标准化处理。根据式(6-1)、式(6-2),对所选定的 n 项指标进行标准化处理,通过指标的无量纲化处理实现指标数据的可比性,并将各个数据归一化至 0—1。但在对各项指标做标准化处理时,需要根据指标的具体指向来选择标准化处理的方式,即对于具有正向影响作用的指标,应选择式(6-1)对数据进行标准化处理,而对于具有负向影响作用的指标,则需选择式(6-2)对数据进行标准化处理。其中,$\min\{x_j\}$ 表示第 j 项指标的最小值,而 $\max\{x_j\}$ 表示第 j 项指标的最大值,X_{ij} 表示标准化后的数据。

正向指标: $$X_{ij} = \frac{x_{ij} - \min\{x_j\}}{\max\{x_j\} - \min\{x_j\}} \quad (6-1)$$

负向指标: $$X_{ij} = \frac{\max\{x_j\} - x_{ij}}{\max\{x_j\} - \min\{x_j\}} \quad (6-2)$$

(3) 信息熵值的计算。根据式(6-3)计算第 j 项指标的信息熵值,其中,e_j 表示指标 j 的信息熵,$e_j \geq 0$,若 j 项指标中的 X_{ij} 均相等,则 $e_j = 1$,故 $0 \leq e_j \leq 1$。

$$e_j = -\frac{1}{\ln m} \times \sum_{i=1}^{m} \left(\frac{X_{ij}}{\sum_{i=1}^{m} X_{ij}} \times \ln \frac{X_{ij}}{\sum_{i=1}^{m} X_{ij}} \right) \quad (6-3)$$

(4) 权重值的计算。根据式 (6-4) 计算第 j 项指标的权重值,其中 $1-e_j$ 表示第 j 项指标的差异性系数,而 w_j 则表示第 j 项指标的权重值。

$$w_j = \frac{1-e_j}{\sum_{i=1}^{m}(1-e_j)} \quad (6-4)$$

(5) 综合评价值的计算。根据式 (6-5),结合上步所算出的各项指标的权重值以及标准化后各个辖区的数据值,算出 i 辖区的综合评价值,其中 U_i 表示第 i 辖区的综合评价值。

$$U_i = \sum_{n} w_j \times X_{ij} \quad (6-5)$$

二 评价指标的确定

根据京津冀地区公共服务的内涵,同时考虑社会协同评价指标体系的系统性、科学性、完整性以及统计资料的可获得性,遵循效果均等原则[1],构建以公共文化教育服务、公共医疗卫生服务、社会保障服务、基础生活环境服务四类指标为一级指标,以万人中小学数、万人医院数、万人工业废水排放量等指标为二级分类指标的评价指标体系,对京津冀区域内各个辖区间公共服务供给效率进行测度,以判断京津冀区域内各个辖区之间的协同发展情况。具体指标分配情况,如表 6-6 所示。

---

[1] 判断基本公共服务均等与否的方法有较为著名的萨瓦斯原则、支出均等原则、效果均等原则、投入均等原则以及需求满意度均等原则,鉴于社会协同更加注重基本公共服务感知上的均等,故选择效果均等原则。

表6-6 综合性公共服务供给效率指标

一级指标	二级指标
公共文化教育服务	人均公共文化教育财政支出（元）、万人中小学数（所）、万人中小学专任教师人数（人）、万人中小学在校学生数（人）、百万人图书馆藏书数（册）、百万人电影院数（个）
公共医疗卫生服务	人均公共医疗卫生支出、万人医院数（所）、万人床位数（张）、万人医生数（人）
社会保障服务	人均社会保障与就业支出、万人城镇职工基本养老保险参保人数（人）、万人城镇职工基本医疗保险参保人数（人）、万人失业保险参保人数（人）
基础生活环境服务	人均环境保护支出、万人工业废水排放量（万吨）、万人工业粉尘排放量（吨）、万人工业二氧化硫排放量（吨）、污水处理厂集中处理率（%）、建成区绿化覆盖率（%）

基于2007年我国公共预算科目改革的考虑，选取了京津冀13个城市2007年到2015年的相关公共服务数据进行分析。所有数据除特殊说明外，均来源于历年的《中国区域经济统计年鉴》《中国城市统计年鉴》《北京统计年鉴》《天津统计年鉴》和《河北经济年鉴》。此外，为了消除城市规模大小所带来的公共产品和服务数量上的差异性，所有数据均做了一定程度的人均化处理。

三 测算结果的分析

根据熵值法的步骤计算京津冀13个城市2007—2015年公共服务供给效率的得分，其综合得分和排名情况见表6-7。其中，排名越靠前则表明此城市的公共服务供给效率越高，其社会发展水平亦越高。

（一）社会服务水平徘徊提升

从表6-7可以看出，北京和天津的公共服务供给效率得分较高，长期分别位于京津冀地区的第一和第二名，远远高于河北省其他11个城市公共服务水平得分。从2007年到2015年这九个时间断面上看，京津冀地区综合评价最高的北京，2007年的综合评价得分为0.8492，虽在2010年有一定程度的下挫，但2015年的综合评价得分上升为0.8725，九年间仅提高了0.0233，增幅微乎其微；而综合评价得分一直最低的保定，2007年的综合评价得分为0.0910，其2015年的综合评价得分虽有

表6-7　　　　　　　京津冀综合性公共服务供给效率及排名

年份 项目 地区	2007 得分	排名	2008 得分	排名	2009 得分	排名	2010 得分	排名	2011 得分	排名
北京	0.8492	1	0.8593	1	0.8571	1	0.8343	1	0.8422	1
天津	0.4458	2	0.4669	2	0.4216	2	0.3766	2	0.3668	2
石家庄	0.1794	4	0.1792	5	0.1858	7	0.2543	4	0.1857	7
唐山	0.1787	6	0.1980	4	0.2039	5	0.1918	7	0.2052	5
秦皇岛	0.2530	3	0.2498	3	0.2724	3	0.2851	3	0.2756	3
邯郸	0.1407	11	0.1325	10	0.1552	9	0.1474	9	0.1645	10
邢台	0.1479	10	0.1365	9	0.1439	11	0.1374	11	0.1270	12
保定	0.0910	13	0.0816	13	0.0912	13	0.0899	13	0.1007	13
张家口	0.1633	7	0.1451	8	0.1666	8	0.1672	8	0.1840	8
承德	0.1600	8	0.1720	6	0.2056	4	0.1953	6	0.2121	4
沧州	0.1124	12	0.1141	12	0.1187	12	0.1237	12	0.1285	11
廊坊	0.1792	5	0.1577	7	0.1870	6	0.1956	5	0.1984	6
衡水	0.1556	9	0.1298	11	0.1484	10	0.1458	10	0.1670	9
河北平均	0.1601		0.1542		0.1708		0.1758		0.1772	
京津冀平均	0.2351		0.2325		0.2429		0.2419		0.2429	

年份 项目 地区	2012 得分	排名	2013 得分	排名	2014 得分	排名	2015 得分	排名	2007—2015 年平均 得分	排名
北京	0.8694	1	0.8773	1	0.8616	1	0.8725	1	0.8581	1
天津	0.4008	2	0.3743	2	0.4147	2	0.3626	2	0.4034	2
石家庄	0.1986	5	0.1848	6	0.1383	9	0.1400	9	0.1829	6
唐山	0.1945	7	0.2032	5	0.1809	6	0.1770	5	0.1926	4
秦皇岛	0.2696	3	0.2547	3	0.2916	3	0.2928	3	0.2716	3
邯郸	0.1972	6	0.1536	9	0.1294	10	0.1257	10	0.1496	10
邢台	0.1476	10	0.1139	12	0.1118	12	0.0962	13	0.1291	11
保定	0.1185	13	0.1155	11	0.0986	13	0.1005	12	0.0986	13
张家口	0.1466	11	0.1453	10	0.1605	8	0.1485	7	0.1586	8
承德	0.1828	8	0.1588	8	0.1843	5	0.1601	6	0.1812	7
沧州	0.1187	12	0.1139	13	0.1221	11	0.1441	8	0.1218	12
廊坊	0.2150	4	0.2149	4	0.1849	4	0.1866	4	0.1910	5
衡水	0.1760	9	0.1800	7	0.1785	7	0.1255	11	0.1563	9
河北平均	0.1786		0.1671		0.1619		0.1543		0.1667	
京津冀平均	0.2489		0.2377		0.2352		0.2255		0.2381	

所提升，也仅仅达到 0.1005，这九年间评分增长了 10.4%，增幅也不大。由此可以看出，京津冀各辖区的公共服务供给效率虽整体上呈现上涨的态势，但却是先下降后上升的徘徊提升趋势。因公共服务具有"刚性"特点，整体性上升的公共服务供给效率水平将有助于社会方面协同的促成，以提高整体区域公共服务水平为途径，实现各辖区间公共服务水平差距缩小的协同目标。

（二）社会服务水平差距明显

从表 6-7 还可以看出，秦皇岛、廊坊的得分在河北省内相对较高，而保定、沧州的得分在河北省内相对较低，与北京、天津的差距更是非常显著。其中，秦皇岛的服务供给水平位列京津冀地区的第三，居河北省之首，2007 年其得分为 0.2530，与位于第一的北京相差 0.5962，与位于第二的天津相差 0.1928，2015 年秦皇岛得分 0.2928，与北京相差 0.5797，相较于 2007 年其与北京的差距缩小微乎其微；而河北省得分最低的保定、沧州和邢台，2007 年的综合评价得分分别为 0.0910、0.1124 和 0.1479，与位列京津冀第一的北京分别相差 0.7582、0.7368、0.7013，与位列河北省第一的秦皇岛相差 0.1620、0.1406、0.1051，2015 年三个城市综合评价得分与北京相差 0.772、0.7284、0.7763，与秦皇岛相差 0.1923、0.1487、0.1966，由此可见，京津冀区域内河北省内的公共服务水平差距在逐步扩大，与京津的差距也在逐步扩大，京津的公共服务供给效率的提高速度高于河北省城市的平均增长速度，这将会加大京津冀社会协同的难度，拉长社会协同目标的实现时间。

（三）人均财政投入对社会发展水平影响较大

表 6-8 是京津冀区域内各个辖区综合社会发展水平指标所占权重情况，根据表中的具体数值可以看出，四类社会公共服务对于综合社会发展水平的影响依次为公共文化教育服务（36.05%）、社会保障服务（30.96%）、公共医疗卫生服务（20.8%）以及基础生活环境服务（12.19%）。且四类社会公共服务一级指标中，人均财政投入作为二级指标对各类的社会公共服务影响程度均较大，如人均公共文化教育支出对综合性公共服务供给效率的影响程度为 7.2%，但在文化教育服务的9 个指标中，其对于文化教育服务的影响程度为 19.85%；而人均社

保障支出对社会保障服务的影响程度为25.73%，人均公共医疗卫生支出对公共医疗卫生服务的影响程度为40.25%，人均环境保护支出对基础生活环境服务的影响程度更是高达43.53%[1]，四类公共服务的人均财政投入指标在20个京津冀综合性公共服务供给效率指标中共计影响程度达28.9%[2]。由此说明，无论是综合性公共服务供给效率还是分类别公共服务供给效率，人均财政投入都会起到极其重要的影响。

表6-8 综合性公共服务供给效率指标

一级指标	一级指标权重	二级指标	平均	2007	2008	2009	2010	2011	2012	2013	2014	2015
公共医疗卫生服务	0.2080	人均公共医疗卫生支出	0.084	0.092	0.093	0.078	0.095	0.073	0.084	0.079	0.073	0.086
		万人医院数	0.031	0.028	0.035	0.031	0.040	0.045	0.022	0.012	0.039	0.027
		万人床位数	0.041	0.040	0.063	0.046	0.042	0.037	0.034	0.035	0.025	0.045
		万人医生数	0.053	0.050	0.051	0.058	0.052	0.057	0.052	0.054	0.053	0.047
公共文化教育服务	0.3605	人均公共文化教育财政支出	0.072	0.070	0.069	0.068	0.078	0.067	0.063	0.073	0.077	0.079
		万人小学数	0.017	0.017	0.015	0.015	0.016	0.017	0.019	0.020	0.017	0.015
		万人中学数	0.027	0.023	0.030	0.027	0.031	0.043	0.019	0.026	0.021	0.019
		万人小学专任教师人数	0.024	0.029	0.020	0.026	0.025	0.021	0.022	0.025	0.026	0.021
		万人中学专任教师人数	0.025	0.020	0.020	0.018	0.018	0.024	0.032	0.030	0.034	0.028
		万人小学在校学生数	0.021	0.017	0.016	0.024	0.024	0.022	0.023	0.020	0.020	0.022
		万人中学在校学生数	0.022	0.021	0.020	0.018	0.023	0.026	0.033	0.042	0.012	0.010
		百万人电影院数	0.062	0.062	0.077	0.061	0.070	0.047	0.053	0.062	0.055	0.071
		百万人图书馆藏书数	0.092	0.085	0.090	0.091	0.101	0.102	0.099	0.075	0.093	0.089

[1] 19.85% = (0.072/0.3605)×100%，25.73 = (0.08/0.3096)×100%，40.25% = (0.084/0.208)×100%，43.53% = (0.053/0.1219)×100%。

[2] 28.9% = 7.2% + 8% + 8.4% + 5.3%。

续表

一级指标	一级指标权重	二级指标	二级指标权重									
			平均	2007	2008	2009	2010	2011	2012	2013	2014	2015
社会保障服务	0.3096	人均社会保障与就业支出	0.080	0.079	0.070	0.070	0.090	0.073	0.088	0.086	0.077	0.086
		万人城镇职工基本养老保险参保人数	0.069	0.074	0.084	0.080	0.061	0.065	0.065	0.064	0.066	0.059
		万人城镇职工基本医疗保险参保人数	0.074	0.085	0.084	0.079	0.058	0.053	0.067	0.088	0.066	0.081
		万人失业保险参保人数	0.088	0.080	0.086	0.087	0.064	0.089	0.098	0.097	0.096	0.093
基础生活环境服务	0.1219	人均环境保护支出	0.053	0.058	0.034	0.054	0.049	0.064	0.049	0.049	0.052	0.068
		万人工业废水排放量	0.014	0.010	0.008	0.012	0.014	0.021	0.014	0.012	0.017	0.014
		万人工业粉尘排放量	0.008	0.009	0.009	0.009	0.008	0.008	0.008	0.008	0.007	0.007
		万人工业二氧化硫排放量	0.010	0.010	0.012	0.011	0.011	0.010	0.010	0.010	0.010	0.009
		污水处理厂集中处理率	0.015	0.019	0.009	0.019	0.018	0.017	0.022	0.009	0.011	0.013
		建成区绿化覆盖率	0.022	0.024	0.010	0.016	0.012	0.019	0.024	0.025	0.052	0.013

四 协同发展的趋势判断

根据区域内各辖区间公共服务供给效率的基尼系数和泰尔指数的数值高低以及动态变化趋势，可以从公共服务的视角有效判断出京津冀区域的社会协同程度与协同速度。

（一）综合社会服务水平协同速度迟缓

图6-5是京津冀区域综合性公共服务供给效率的基尼系数与泰尔指数2007—2015年的波动情况，如图所示，基尼系数与泰尔指数的波

动形态大体一致，基本上都呈现出了先下降后上升的变化趋势。就基尼系数而言，京津冀区域公共服务供给效率 2007—2015 年的基尼系数维持在 0.3—0.37，尚未触到 0.4 的"警戒线"，表明区域的整体公共服务供给水平的差异程度仍处于可接受的合理范围之内；与此同时，自 2010 年后迅速上升的泰尔指数也在一定程度上说明，京津冀区域内辖区差异性的两极化程度近期正在逐步扩大。由此可以总结出，虽然京津冀区域综合性公共服务供给正向均等化、协同化发展，但其差异的收敛速度较为迟缓，且辖区间的两极化现象仍旧突出。

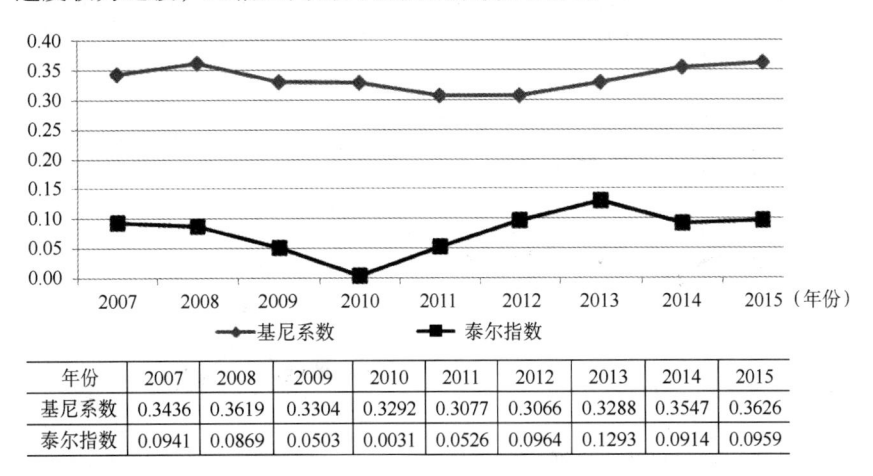

年份	2007	2008	2009	2010	2011	2012	2013	2014	2015
基尼系数	0.3436	0.3619	0.3304	0.3292	0.3077	0.3066	0.3288	0.3547	0.3626
泰尔指数	0.0941	0.0869	0.0503	0.0031	0.0526	0.0964	0.1293	0.0914	0.0959

图 6-5　京津冀区域综合性公共服务供给效率的基尼系数和泰尔指数

（二）分类公共服务供给效率的协同速度存在差异

图 6-6 中分别展示出了京津冀地区公共文化教育服务、公共医疗卫生服务、社会保障服务与基础生活环境服务四类社会公共服务供给效率的基尼系数和泰尔指数的波动变化趋势情况。

（1）公共文化教育服务。基尼系数在 2013 年以前均处于 0.25 以下，且呈现出较为稳健的逐年下降趋势，表明该阶段京津冀区域内各辖区的公共文化教育供给水平整体性趋于均衡，尤其是集中于中段、平均水平辖区间的差距越来越小，但 2014 年和 2015 年的基尼系数却又飙升至 0.28、0.31，说明京津冀区域的公共文化教育服务差距并未随着近两年京津冀协同的推进而有显著的收敛，反而差距进一步加大；但泰尔

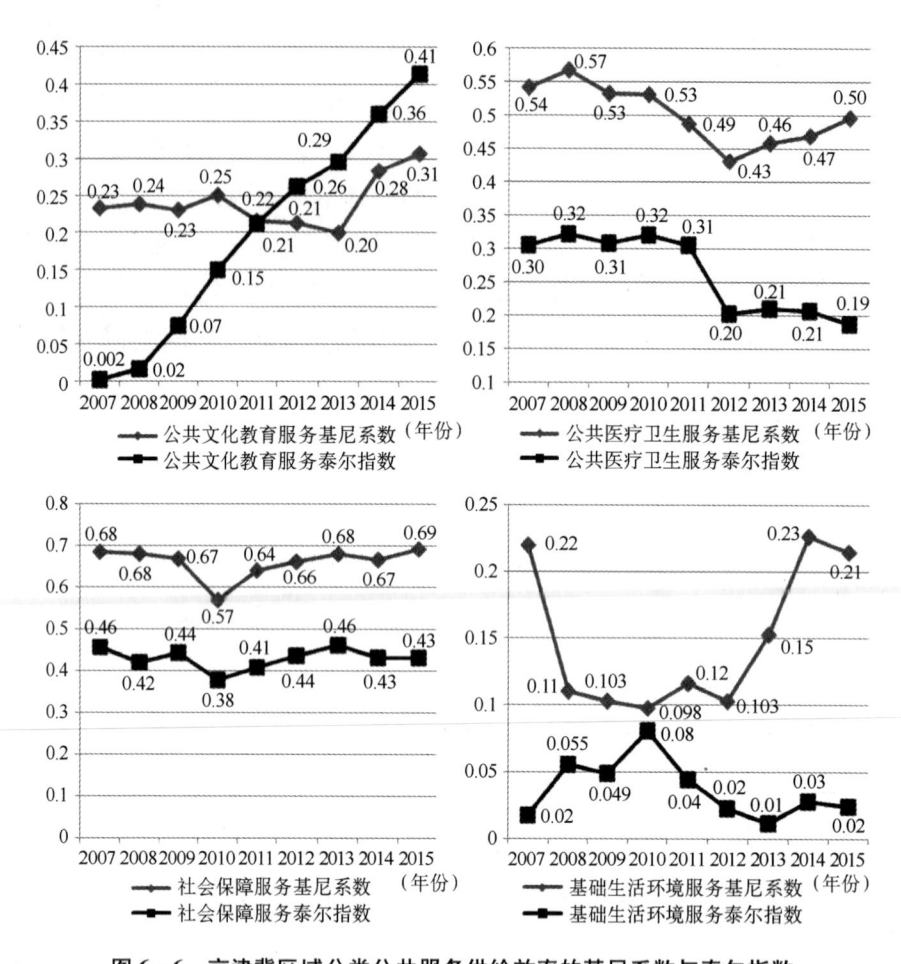

图 6-6 京津冀区域分类公共服务供给效率的基尼系数与泰尔指数

指数自 2008 年以来的陡峭上升,从京津冀区域内各辖区的两极化分布上表明,京津冀区域内公共文化教育服务水平最高辖区与水平最低辖区间的差距却是在迅速拉大。由此可以判断出,公共文化教育服务的协同虽有进展,但严重的两极分化现象会阻滞协同的速度。

(2)公共医疗卫生服务。就基尼系数而言,2007—2015 年的基尼系数均超过了 0.4 的"警戒线",表明京津冀区域内公共医疗卫生服务水平从供给的角度看,差异性较大且已经超出了相对合理的范畴;就泰尔指数而言,与基尼系数几乎完全一致的变化趋势,也较为鲜明地表示出京津冀区域的公共医疗卫生服务水平正在显著地缩小各辖区间的差距，虽然整体的均衡程度以及协同发展程度均较弱，但均衡以及协同的发展进程较快。

（3）社会保障服务。京津冀区域的社会保障服务水平的基尼系数高达 0.6 以上，表明区域的社会保障服务从供给的角度看具有严重的不均衡性，阻滞了京津冀社会协同的发展，虽然从 2007 年至 2015 年整体上具有下降的趋势，但下降幅度微乎其微，说明京津冀区域的社会保障服务协同进程缓慢。而从泰尔指数看，泰尔指数与基尼系数的变化趋势也趋于一致，进一步表现出京津冀区域各个辖区间社会保障服务水平差异性较大，且协同收敛速度缓慢。

（4）基础生活环境服务。2007—2015 年京津冀 13 个城市之间基础生活环境服务供给水平的基尼系数和泰尔指数均较低。以基尼系数为例，2007 年仅为 0.22，2010 年降至最低，达到 0.098，之后再震荡上行至 2015 年的 0.21，但仍旧远远小于 0.3 的均等化基本标准，表明京津冀区域的基础生活环境服务水平大体相当，基本处于均等化、协同化以及"一体化"程度。而从泰尔指数来看，虽然 2007—2010 年泰尔指数有所上涨，但随后 2010—2015 年又显著地回落，并进一步下降，表现出京津冀区域的基础生活环境服务水平从供给的角度看协同程度较好。

第四节 京津冀公共服务供给差异的资金需求测算

京津冀地区间公共服务差距较为显著，缩小公共服务供给水平和效率差距实现协同发展是京津冀协同发展的必然现实选择。虽然相同的公共服务资金投入不一定会带来相同的公共服务供给，但基于可操作的财政视角，采用人均公共服务支出法，并考虑京津冀各地区地理的空间因素，生成公共服务供给成本差异系数，从而测算出京津冀地区各城市达到相同公共服务支出时应获得的资金支持，可以将其视为实现京津冀地区公共服务协同发展的一个基础性环节。

一 京津冀地区公共服务支出标准的测定

$$s = pe/tp \quad (6-6)$$
$$pe = i + h + e + c \quad (6-7)$$

为了实现公共服务协同发展，需要首先确定公共服务的基准支出额，即需求标准数。如式（6-6）、式（6-7）所示，s代表公共服务的需求标准数额，pe为某地区的公共服务支出数额，tp为某地区的总人口数额，i为某地区的社会保障服务支出数额，h为公共医疗卫生服务支出数额，e为基础生活环境服务支出数额，c为公共文化教育服务支出数额。而一般情况下，全国的人均公共服务支出额会作为公共服务的需求标准数额。但就京津冀地区的公共服务协同发展而言，考虑到京津冀协同发展中对于公共服务的需求主要来自产业转移和非首都功能的疏解，无论是从转出人口的角度看，还是从承接地的角度看，为了保证人口转移的可行、顺利以及承接的延续性，公众对公共服务需求的刚性化表现，倒逼京津冀公共服务的协同将北京公共服务人均支出额作为公共服务协同发展的需求标准数额。由此，京津冀地区的基本公共服务人均需求额的测算值如表6-9所示：

表6-9　2007—2015年京津冀地区基本公共服务人均需求额

年份	c/万元	i/万元	h/万元	e/万元	pe/万元	s/元
2007	3166235	1792806	1189527	292700	6441268	5309
2008	3462472	1920445	1330746	325413	7039076	5415
2009	3666562	1950519	1387194	449891	7454166	5983
2010	3997116	2082413	1410103	459279	7948911	6320
2011	4238779	2477853	1574378	659910	8950919	7004
2012	4992056	2750810	1660050	736059	10138974	7814
2013	5031601	2823931	1662145	831695	10349372	7862
2014	5082341	2855524	1808033	1196941	10942839	8206
2015	5479653	3676018	1944435	1591465	12691571	9434

资料来源：相关年份《中国区域经济统计年鉴》《中国城市统计年鉴》。

二 公共服务成本差异系数测算

即使相同的资金投入，面对不同的自然条件、经济条件以及社会条件，也会直接或间接影响各地区公共服务供给成本，从而造成公共服务供给的差异性。由此，测算地区的基本公共服务成本差异系数具有一定的必要性。

由于京津冀地区地脉相连，其地形、气候、水土状况等自然条件较为相似，因此在测算成本差异系数时，主要选取经济条件指标和社会条件指标（表6-10），并运用熵值法进行成本差异系数的测算。

表6-10　经济条件指标和社会条件指标

一级指标	二级指标	指标解释
经济条件指标	市场化指数	反映地区的市场化相对程度
	商品物价指数	反映地区的价格变动程度
	人均GDP（元）	反映地区的综合经济实力
社会条件指标	人口密度（人/平方公里）	反映地区的规模效应程度
	城市用电情况（万千瓦时）	反映地区的基础设施情况

此外，为了防止区域间公共服务成本差异系数过大而脱离实际，在保持其相对关系的基础之上，按照中位数原则进行了调整，将其控制在1—1.5，具体的成本差异系数见表6-11。

表6-11　京津冀地区基本公共服务成本差异系数

年份 地区	2007	2008	2009	2010	2011	2012	2013	2014	2015
北京	1	1	1	1	1	1	1	1	1
天津	1.1852	1.1510	1.1568	1.1578	1.1415	1.1530	1.1382	1.1515	1.1533
石家庄	1.3975	1.4259	1.4228	1.4251	1.4151	1.4012	1.4000	1.3800	1.3700
唐山	1.3078	1.2694	1.3000	1.3090	1.3133	1.3105	1.3130	1.3336	1.3324
秦皇岛	1.4163	1.4281	1.4185	1.4384	1.4250	1.4324	1.4186	1.4543	1.4363

续表

年份\地区	2007	2008	2009	2010	2011	2012	2013	2014	2015
邯郸	1.4361	1.4561	1.4767	1.4812	1.4735	1.4426	1.4344	1.4591	1.4377
邢台	1.4779	1.4772	1.4929	1.5000	1.4956	1.4981	1.4978	1.4866	1.4823
保定	1.4650	1.4418	1.4847	1.4915	1.4886	1.4812	1.4778	1.4480	1.4565
张家口	1.4722	1.4972	1.4839	1.4925	1.4880	1.4361	1.4664	1.4879	1.5000
承德	1.5000	1.4992	1.4847	1.4978	1.5000	1.5000	1.5000	1.5000	1.4900
沧州	1.4532	1.4459	1.4350	1.4622	1.4576	1.4669	1.4441	1.4696	1.4408
廊坊	1.4500	1.4543	1.4324	1.4564	1.4436	1.4582	1.4399	1.4141	1.4039
衡水	1.4747	1.5000	1.5000	1.4958	1.4952	1.4892	1.4903	1.4908	1.4804

资料来源：相关年份《中国区域经济统计年鉴》《中国城市统计年鉴》《北京统计年鉴》《天津统计年鉴》《河北经济年鉴》数据计算得来。

三　公共服务供给的资金缺口测算

为了保障京津冀地区的13个市享有基本一致的公共服务，通过导入京津冀公共服务支出标准和成本差异系数，测算京津冀各地区实现公共服务协同发展的资金缺口。测算公式为：（公共服务人均需求额/公共服务成本差异系数－各地区实际人均公共服务支出额）×地区人口数量。其中的公共服务人均资金缺口测算值见表6-12。

表6-12　京津冀地区公共服务协同发展人均资金缺口　　　单位：元

年份\地区	2007	2008	2009	2010	2011	2012	2013	2014	2015
北京	0	0	0	0	0	0	0	0	0
天津	2343.53	2399.99	2935.95	3162.42	2763.97	3151.31	3080.26	5520.15	6985.76
石家庄	3072.58	2938.65	3260.88	3462.87	3830.53	4359.13	4315.31	10058.11	11507.38
唐山	2941.65	2893.80	3167.24	3411.77	3728.54	4341.89	4473.43	9334.91	10771.11
秦皇岛	2813.86	2578.23	2950.44	3073.14	3498.36	3629.54	3870.64	10304.17	11805.25
邯郸	3062.81	2980.18	3175.80	3355.61	3800.77	4380.09	4489.15	10977.40	12458.57
邢台	3069.96	2958.32	3202.75	3391.32	3781.79	4243.56	4344.83	11233.87	12802.46
保定	3064.03	3083.41	3286.95	3390.72	3842.49	4364.63	4345.28	10949.50	12573.49
张家口	2651.42	2538.01	2580.06	2906.74	3226.42	3929.44	3837.75	10541.30	12211.64

续表

年份 地区	2007	2008	2009	2010	2011	2012	2013	2014	2015
承德	2644.64	2362.24	2607.55	2890.57	3164.68	3558.89	3656.00	10761.72	12314.63
沧州	3035.51	2949.41	3320.31	3396.20	3831.93	4295.13	4410.31	11036.02	12290.40
廊坊	2839.21	2680.43	3070.11	3149.19	3525.88	3852.12	3877.93	10144.13	11269.52
衡水	3017.11	2904.84	3123.01	3369.03	3723.71	4232.89	4275.74	11177.34	12810.72

资料来源：根据上文的测算结果整理。

根据测算结果可以看出，各个城市若想实现与北京基本相同的公共服务提供，资金缺口规模巨大。也进一步验证了，北京的公共服务供给水平远高于京津冀地区的其他城市，京津冀地区间的公共服务均等化目标近期内难以实现。而以加速缩小差距为目的的京津冀地区公共服务协同发展将更适宜京津冀当前的需要。

此外，在资金缺口的测算过程中，还可以明晰地揭示出各地区在公共服务协同发展中资金缺口规模的大小除了受京津冀地区人均需求标准额以及公共服务成本差异系数的影响之外，还会受到本地区人口数量的影响。而在京津冀协同发展的进程之中，产业转移与功能疏解必将带来人口的流动和转移，因此也会带来该地区公共服务供给水平的变化，若想保持京津冀地区公共服务水平的协同持续性和良好的协同效果，在公共服务资金筹措过程中，不仅需要考虑人口的迁移方向，还需考虑人口的迁移数量。

第五节 京津冀公共服务供给的财税政策制约因素分析

一 京津冀间的特殊政府干预问题

京津冀的发展与珠三角、长三角不同，是在政府主导下以行政规划的方式发展而来的。因北京既是中国的首都，又是政治中心、文化中心、国际交流中心，汇聚了众多企业与机构的总部，无论从宏观角度还是从微观角度看，北京都带有浓郁的"决策色彩"，扮演着复杂的角色，承载着众多复杂的功能。因此，自古以来，北京在其长期的经济发展历程中，都获得了中央较多的政策惠顾和政策倾斜以及周边资源的全力支持，具有相对较为浓厚的行政控制色彩。例如"首都经济圈""大北京"概念的提出，或是河北"环首都经济圈"的想法，都明确以北京作为区域核心，而忽略了区域协同发展中津、冀地位的平等性，剥夺了促使京津冀三地共享发展的机遇。又因中国具有较为特殊的行政等级管理体制，行政等级的高低往往与资源配置的主动性和资源的优质程度都有直接的联系，即行政等级越高的地区，资源配置的自主性越高，资源吸附的能力越强；反之，行政等级越低的地区，资源配置的被动性越强，资源"逃逸"的可能性越大。

如京冀间的环境关系仍主要依靠行政调控和行政命令维系，而非市场调节和分配。因北京长期水资源缺乏，与张承地区同属于一个生态体系，曾经出现拒马河水权之争，且张承地区是北京的生态屏障和生态涵养区，为了保证水资源的质量以及需求量，2005—2009年北京财政每年安排2000万元用于水资源保护项目，自2006年起每年划拨2000万元作为生态补偿基金，但相较于给张承地区造成的经济发展损失仍是杯水车薪、九牛一毛。而天津作为历史悠久的直辖市之一，与北京相邻，并与北京长期进行着城市间的竞争，基本上享受到了和北京相同的政策待遇，例如"引滦入津""滨海新区"项目。

因此，拥有特殊城市定位和功能的京、津两市在京津冀地区的发展进程中历来备受瞩目，起着带动京津冀发展的作用，而环绕京津的河北则扮演着资源提供、物资保障、环境基础等京津"后花园""后勤部"的角色。而在政府引导的作用下，河北以牺牲自身利益和发展为代价表现了长期对京津的全方位支持，但因缺乏相应的补偿或成本分担机制，河北与京津的差距越来越大。

二 京津冀间的经济实力与财政能力差距问题

第一，经过长期的经济发展和政府间竞争，京津冀三地各自形成了不同的产业结构，北京的重头产业为第三产业，从2007年至2015年第三产业所创 GDP 平均占比高达 75.9%，第二产业平均占比为 23.2%，而第一产业平均占比仅为 0.9%；天津的第二产业和第三产业所创 GDP 平分秋色，平均占比分别为 52.6%、45.9%，第一产业也仅占 1.6%；而河北则以第二产业为主，其 GDP 平均占比达到 52.1%，其次是第三产业平均占比 35.6%，第一产业平均占比 12.3%。而第三产业占比的高低往往与该地区经济发达程度成正比，由此可以看出，三地相比较，北京的经济发达程度最高，已经步入"后工业化"[①] 阶段，河北的经济发达程度最低，仍处于工业化发展中期阶段。

第二，河北高投入、低产出、粗放式的产业结构和经济发展模式，使其与京津两超大城市的经济差距越来越大。虽然 2015 年京、津、冀三地 GDP 在京津冀区域所占比重分别为 33.18%、23.84%、42.97%，与 2007 年的 33.27%、17.96%、48.77% 大体相当；但就人均 GDP 而言，2007 年河北与京津冀整体平均水平相差 9133 元，2015 年河北与平均水平相差已近 22000 元，且仅是京、津人均 GDP 的 40% 左右，经济实力的差距进一步扩大。

第三，京津冀三地间地方财力差距也在扩大。2007 年河北人均财政收入仅为京、津的 12.40%、23.46%，不足京津冀区域人均财政收入平均水平的一半；2015 年河北人均地方财政收入仍仅为京、津的 16.40% 和 20.70%，人均地方财政支出差距明显，与京、津分别相差 18844 元和 13309 元；且 2015 年河北的财政收入仅为支出的 47.04%，其财政存在较大缺口。由此表明，河北无论是财政资金的筹集能力还是实际的财政实现能力均大大弱于京津两地，差距明显。此外，河北的全社会固定资产投资金额长期占京津冀总量的 50% 以上，表明河北整体经济对投资驱动的依赖性较强（见表 6-13）。

[①] 按照工业化发展速度，人类社会已分为前工业化、工业化和后工业化三个阶段。后工业化阶段的经济以高技术和服务经济为主，后工业社会是人类的未来。

表6-13　　　　　　京津冀的 GDP 水平及地方财力情况

	GDP			全社会固定资产投资			地方财政收入			地方财政支出		
	总量(亿元)	比重(%)	人均(元)	总量(亿元)	比重(%)	人均(元)	总量(亿元)	比重(%)	人均(元)	总量(亿元)	比重(%)	人均(元)
2007 年												
北京	9353.32	33.27	58204	3907.2	29.72	17997	1492.64	52.89	9140	1649.50	43.06	11051
天津	5050.4	17.96	46122	2353.1	17.90	15211	540.44	19.15	4847	674.33	17.60	12477
河北	13709.5	48.77	19877	6884.7	52.38	9272	789.12	27.96	1137	1506.65	39.33	19093
京津冀	28113.22	100	29010	13145	100	11797	2822.20	100	2912	3830.48	100	13573
2015 年												
北京	23014.59	33.18	106497	7496	15.37	34528	4723.86	47.05	21759	5737.7	39.29	26429
天津	16538.19	23.84	107960	11832	24.26	76484	2667.11	26.56	17241	3232.35	22.14	20894
河北	29806.11	42.97	40255	29448.3	60.37	39661	2649.18	26.39	3568	5632.19	38.57	7585
京津冀	69358.89	100	62244	48776.3	100	43773	10040.15	100	9010	14602.24	100	13104

资料来源：相关年份《中国统计年鉴》，部分数据经整理计算得出。

因此，河北低效的经济增长方式、不充裕的财政收入、有限的财政实现能力，致使其缺乏政府竞争优势，也使其基本公共服务等缺乏足够的资金来源，较弱的公共服务提供水平不利于人口及高端生产要素向京、津流动，助推京津冀的"两极分化"，增加了经济协同、社会协同、财政协同的成本。

三　以 GDP 为导向的绩效评价引致京津冀间过度财政竞争问题

长期以来，由于资源的有限性以及地方利益与区域利益、国家利益的非一致性，在以 GDP 为导向的政府绩效评价体系下，为了吸引更多的稀缺或优质经济资源，获取更加丰富的经济发展要素、抢占优势发展先机，各级地方政府间不仅存在税收竞争、财政支出竞争和标尺竞争行为，还为了各自利益的最大化，不惜大搞地方保护、加剧地方恶性竞争，设置众多政策性障碍。虽然竞争在一定程度上促进了地方经济的快速增长，却严重阻碍了商品、资源、资金、劳务等生产要素的自由流动和资源的整体优化配置，造成区域市场的分割，阻碍了区域统一市场乃至全国统一大市场的形成,进一步拉大了区域发展的差距,与区域共同发展的理念相违背。但与此同时,随着区域内地方政府间横向经济联系越来越紧密,相互之间的依存度也越来越高,跨行政区的公共物品和公共服务的供给不足问题日益突出,例如跨区流域治理、跨区基础设施的规划和建设、跨区突发性公共事件的应急处理、跨区资源开发与环境保护等。地方政府间的过度竞争进一步加剧了跨区公共事务治理的难度。

而京津冀三地长期以来在相互竞争中,仍旧保持单体城市自身发展的传统模式,形成了各自的产业结构和城市体系,尚未真正进入"区域一体化"。虽然随着税收制度的不断完善,地方政府运用税收优惠吸引优势资源的空间越发狭小,但京津冀三地政府仍千方百计通过增值税、企业所得税、城镇土地使用税等进行优惠力度和范围的适度微调,尽量体现政策差异,以吸引资源。此外,京津冀三地政府间还长期进行着产业竞争、基础设施配置竞争,造成京津冀区域内整体产业结构的混乱、基础建设的重复、资源配置的扭曲、生态环境的破坏。如 2010 年由河北流入北京的人口达 155.9 万人,流入天津的人口达 75.45 万人,大量人口向北京的过度聚集引发了严重的"大城市病"、京津冀区域大面积的雾霾天气,引致京津冀三地间的经济发展愈加不平衡。由于三地间持续的竞争,河北与京津之间的经济发展水平和居民生活水平差距不但没有明显的缩小,甚至还有逐渐扩大的趋势,不利于区域间基本公共服务均等化的实现。

四　京津冀三地间财税体制缺乏协同

区域经济的协同发展需要科学的财税体制作为基础性的制度保障,但在京津冀协同发展的进程中,虽然近几年在海关、警务航空、污染防治、交通建设和卫生协作等方面签署了众多的合作协议,但京津冀三地间财税体制协同机制尚未真正建立起来。

如我国现行税制要求企业在注册地汇总缴纳相关税收,而并非以税源地为标准缴税,这种税制设计的先天缺陷造成拥有总部机构较多的京、津易获得相对更丰厚的税收。为了平衡三地发展、疏解北京的

"大城市病",众多企业进行产业转移,而此种税制设计对于完全迁出的产业(如首钢迁出北京石景山)易造成转出地税源的"瞬间"损失,影响转出地迁出企业的积极性;对于仅部分外迁的企业由于总部仍在北京,给迁入地与迁出地之间造成税收分配难题。由于缺乏税收共享机制,当前往往采取"一事一议"的方式平衡地方利益冲突,协调成本相对较高,对京津冀协同发展的产业转移形成了制度阻碍。

而碎片化的税收优惠政策难以满足协同发展的需要。在中央提出"清理规范税收优惠政策"的背景下,由于缺乏政策的统一性,京津冀区域现有的税收优惠政策呈现碎片化状态,一定程度上扭曲了区域间的资源配置,妨碍了产业结构的优化,不利于京津冀的协同发展。如为促进高科技的快速发展,京、津的中关村产业园区、滨海新区都有特定税收优惠政策,而河北并没有类似的"税收洼地"。

第六节 促进京津冀公共服务均等化的财税政策

一 促进京津冀公共服务均等化供给的总体思路、基本原则、主要目标、重点任务

(一)总体思路

深入贯彻落实党的十九大精神,以习近平新时代中国特色社会主义思想为指导,坚持以人民为中心的发展思想,统筹推进"五位一体"总体布局和协调推进"四个全面"战略布局,根据国家"十三五"推进基本公共服务均等化规划和京津冀协同发展规划的要求,结合省情及京津冀基本公共服务现状,加大改革力度、创新体制机制、持续增强财政保障,着力补短板、强弱项、惠民生,分阶段提升河北省基本公共服务水平,努力提升人民群众获得感、公平感、安全感和幸福感,逐步实现京津冀基本公共服务均等化。

(二)基本原则

(1)主动补短板原则。积极落实国家"十三五"基本公共服务均

等化规划，以河北省财政为责任主体，坚持问题导向，梳理查找河北同京津之间的基本公共服务差距，通过体制机制和政策调整，加大财政投入保障力度，主动补齐河北基本公共服务短板，确保国家各项重大战略部署贯彻落实，不断缩小同京津的基本公共服务差距。

（2）积极引外力原则。既要充分发动全省财政系统的力量，又要充分发挥外部力量在推进基本公共服务均等化中的积极作用，广泛引导社会投入，积极争取京津横向帮扶，努力拓展中央部委投入渠道，形成财政主导、全员参与的基本公共服务均等化推动格局。

（3）着力保重点原则。将河北放在世界级城市群建设的核心腹地、"一带一路"建设的桥头堡、中国经济社会发展变革试验田的高度，重点谋划提升雄安新区基本公共服务水平，带动环京津、京津冀地区公共服务水平整体提升。落实京津冀协同发展要求，重点推进轨道上的京津冀建设，有序承接北京非首都功能，着力打造河北发展软环境和硬基础设施。加大财政保障力度，推动国家和省确定的重大部署、重大项目落地实施。

（4）循序渐进原则。基本公共服务均等化不能一蹴而就。必须在尊重市场经济规律的基础上，坚持世界眼光、高点定位、突出特色，制定科学的路线图和时间表，合理把握政府投入力度、时点和节奏，一茬接着一茬干，分层次、分领域、分地区逐步协同，提高基本公共服务水平，最终实现京津冀全域基本公共服务均等化，继而实现政府所有公共服务的均等化。

（三）主要目标

按照国家"十三五"规划推进基本公共服务均等化规划和京津冀协同发展规划要求，结合河北省特殊省情及京津冀发展实际，大力推进改革力度、积极创新体制机制、持续增强财政保障，分阶段提高河北省基本公共服务水平，最终实现京津冀基本公共服务均等化。

第一阶段，从现在到2020年，是全面建成小康社会决胜期，形成与全面建成小康社会相匹配的基本公共服务体系。按照"城乡一体、梯次推进、雄安引领、区域协同"的工作主线，率先打造基本公共服务雄安新区新高地、环京津地区次高地和外围地区扩散带，率先推进基本公共服务重点领域均等化,力争与京津公共服务整体水平差距明显缩小、省内基本公共服务均等化水平明显提高、京津冀公共服务共建共享机制初步形成,形成同全面建成小康社会相匹配的基本公共服务体系。

第二阶段,从 2020 年到 2035 年,在全面建成小康社会的基础上,基本实现社会主义现代化和基本公共服务均等化。按照"统一规范、提质增效、全域推进"的工作主线,进一步推动全省各项基本公共服务上水平上档次,基本实现京津冀全地域、全领域的基本公共服务均等化。

(四)重点任务

1. 构建城乡一体的基本公共服务体系

京津冀基本公共服务的区域差异,本质上是世界级大都市区和农村腹地之间的发展差距。要尊重城乡有别的现实省情和区域实际,逐步构建城乡一体的基本公共服务供给体制和机制,改进顶层设计和政策思路。综合测算全省城乡基本公共服务支出成本,按照城乡统一标准的要求,逐步缩小城乡之间的基本公共服务支出标准差异,逐步建立起标准统一、体系健全、城乡趋同的基本公共服务体系。

2. 建立梯次推进的基本公共服务推进机制

按照轻重缓急程度的不同,建立分领域梯次推进的基本公共服务推进机制。教育、医疗、社保、生态是人民群众最关心、最直接、最现实的利益攸关方面,也是京津冀公共服务差距最明显,且仍在持续扩大的领域,应作为基本公共服务重点示范项目予以改善,率先提升政策保障标准和实际保障水平。机关事业单位人员工资水平不仅是推进公共服务均等化的重要保障,直接影响公共服务提供效率和保障效果,本身也是基本公共服务的重要内容,应高度关注。通过确定优先保障顺序,确保各领域基本公共服务梯次推进,全面提升。

3. 开创雄安引领的区域服务均等化突破模式

雄安新区三县目前基本公共服务水平不及全省平均水平的一半,与京津差距更大。以雄安新区为公共服务综合改革示范区,从基本民生领域和机关事业单位人员工资两方面入手,率先提升基本公共服务水平,是抢抓协同机遇、办好国家大事的重要途径。要在教育、医疗、社会保障、基础设施、生态环保和机关事业单位人员工资等方面,分别提出雄安新区近期可提标的政策标准、当前可布局的公共服务项目，之后逐步向其他领域和其他地区拓展，提升基本公共服务的实际保障水平，带动周边及全省地域逐步实现与京津公共服务均等化，并为推进全国范围基本公共服务均等化提供经验借鉴。

4. 打造区域协同的省内基本公共服务发展新路

针对河北省设区市数量少规模小、多数市本级财政比较困难、县多县小且绝大多数县都实现省财政直管的现实，应该打破行政区划限制，走省内区域基本公共服务协同发展的新路。建立雄安新区、新区周边、环京津周边、省内其他区域四个级次的基本公共服务发展区域，按照雄安新区对标北京的首都功能核心区（东城、西城），新区周边10县对标北京的城市功能拓展区（朝阳、丰台），环京津区域对标北京的城市发展新区（通州、大兴），其他区域对标京津两市总体公共服务水平的标准，合理确定财政资金、政策和投向，确保不同区域协同推进、同步提升、分步达标。

二　促进京津冀公共服务均等化供给的财税政策

（一）倡导财政合作制度

1. 形成"区域财政"意识

基于京津冀相互依存的经济与社会关系，以及相通的人脉、文脉，笔者提出在京津冀区域内进行部分"区域财政"管理的理念。即考虑到京津冀现有的财力水平和户籍制度限制，打破京津冀三地原有的行政区划和地理界限，财政对京津冀区域内的基础设施和基本公共服务进行循序渐进的统一规划、统一配置、统一提供，实现本质意义上的交通一体化、通信一体化、基本公共服务一体化。

2. 注重财政合作法制化建设

2014年8月国务院成立京津冀协同发展领导小组，可将其视为推进财政合作的主要机构，应尽快界定、规范和公布其职责范围和权限内容，并详细确定财政合作决策的研究、颁布及实施程序，拟对京津冀区域内的财政合作和竞争行为进行严格的法律约束，以维持区域内政策的连续性，减少政策的随意性。

3. 打造财政合作透明运行模式

对于京津冀三地间的财政合作，应遵循"阳光财政"的运行准则，不仅应提前做好预算公开等管理工作，还应建立完善的立体化财政监督机制，接受中央、京津冀三地、相关部门及广大民众和专家学者的监督，保障区域内的财政合作高效服务于京津冀的协同发展，促进京津冀一体化的尽快实现。

（二）在合理划分事权和支出责任基础上适当提升中央对雄安新区公共服务的事权支出

合理划分政府间财政事权和支出责任是政府有效提供基本公共服务的前提和保障。国务院《关于推进中央与地方财政事权和支出责任划分改革的指导意见》提出，"在完善中央决策、地方执行的机制基础上，明确中央在财政事权确认和划分上的决定权，适度加强中央政府承担基本公共服务的职责和能力"。按照中央要求，建议在京津冀区域率先推动基础教育、基础医疗、跨区域交通设施等基本公共服务领域的财政事权和支出责任划分改革，逐步提升中央事权和支出责任；对高中教育、职业教育、医疗保险、失业保险及跨区域的公共安全、环境保护等事务明确为中央与地方共同事权，并实行事权清单管理。当前，应以党中央、国务院高度关注的雄安新区建设为改革示范区，建议中央适当提升在新区外向型综合交通建设、规划建设、生态保护等方面的事权与支出责任。

（三）争取中央加大对河北省特别是雄安新区的优惠政策支持力度

根据中央财税改革部署进程，紧密跟踪中央改革动态，积极反映河北省诉求，争取在税制改革及地方税体系构建过程中争取河北省最大利益。当前，应全面对照北京及其他特区的税收优惠政策，从中央和省级两个层面加大对雄安新区的政策支持。一方面，争取中央支持。一是区域税收优惠。在新区实行所有特区通用的企业所得税优惠政策，即符合条件的企业减按15%税率征收企业所得税，并将中关村国家自主创新示范区政策向雄安新区延伸，同时探索其他地区可复制可借鉴的优惠政策。二是产业税收优惠。对高技术等创新型企业实行税收减免和加计扣除政策（研发费用的加计扣除范围扩大，比例由 150% 提高到 300%）。三是税制改革试点。积极争取符合新区发展方向的改革试点，如房地产税试点、优势产业减免税试点、特殊监管区域试点，以及在新区试行注册企业税收属地化管理等。另一方面，加大省级支持，将雄安新区作为一级独立财政，赋予其与设区市相同的财政管理权限。

（四）争取中央资金支持，建立横向财政转移支付制度

转移支付长期以来都是平衡地区间财政差距的有效工具，就京津冀的发展而言，既可借助自上而下的纵向转移，提高财政能力；又可通过京津冀三地间的横向转移，缩小差距，从而通过财力的适度均衡推进京津冀地区公共服务供给的协同。

1. 争取中央加大对河北省的转移支付力度

建议中央统筹考虑京津冀协同发展过程中产业转移和非首都功能疏解带来的基本公共服务支出增加情况，加大对河北省的一般性转移支付力度。

作为国家重点战略项目之一，中央对于京津冀的政策与资金支持将会呈现长效性，合理、高效运用中央给予的纵向财政支持，是促进京津冀协同发展的必然选择。运用因素法测算因承接北京产业转移和非首都功能疏解造成的公共服务成本增加额，建议中央在基于均衡性等一般性转移支付资金时将其作为一项特殊因素予以考虑，即对于因人口转移而增加的公共服务成本，中央应根据人口转移的数量核定标准给予转入地时限性资金支持，以进一步加大对承接地的一般性转移支付力度。同时，在教育、医疗卫生、社会保障、文化、公共安全等领域给予专项转移支付上的倾斜，增强承接地的公共服务财政投入和保障能力，提高承接地的基本公共服务水平，缩小京津冀地区的基本公共服务水平差距，促进京津冀地区经济社会和谐发展。

2. 建立区域间横向转移支付制度

在完善河北省与天津市的滦河横向生态补偿机制的基础上，进一步研究产业转移、功能疏解等方面横向转移支付机制，如京津在一定期限内通过横向转移支付方式对河北省由于承接京津功能疏解增加的公共服务成本予以合理补偿，逐步建立京津冀区域协同治理模式下按市场规则运作的横向转移支付制度。京津冀地区的基本公共服务的共建与共享应依托于相关各个地区间的合作协议对跨区域的公共服务成本和收益进行分担和分配。即对于互惠互利的公共服务项目，在成本分担方面，共建共享双方或多方应按照投资额度与未来收益程度，依照相关行业标准协商确定，并通过签订相关协议，明晰成本分担的原则、方式以及金额；在收益分配方面，也通过协商、签订协议的方式给予确认。而对于单向流动的服务项目，应由流入地给予流出地相应的利益补偿，其具体的补偿标准，则根据有关行业的专业标准，由双方协商来核定。

（五）对疏解非首都功能而产生的公共服务成本增加建立合理的共担成本机制和补偿机制

对河北省保定、廊坊、秦皇岛等规划建设的集中承载地在基础设施建设、公共资源利用上给予倾斜支持。重点支持新机场临空经济区、白洋淀科技城、正定新区、冀南新区等河北省打造的园区平台，提高其作为承接首都非核心功能和产业转移分散疏解的重要载体自身建设能力。对人口在首都非核心功能疏解区域内自由流动而产生的教育、医疗、公共安全、交通、环保等基本公共服务增加的成本由转出地和转入地共同负担。

（六）完善财政管理机制，推进雄安新区率先提升公共服务水平

1. 合理划分雄安地区的财政事权和支出责任，形成责权一致的供给体系

一是关于跨区域重大基础设施项目。该类型的基本公共服务项目主要为跨区域的重大基础设施项目，由于外溢性高、受益面广、投资较大、技术和管理难度大，以及教育、医疗等基础设施建设，单纯依靠雄安和河北难以实现快速提升，建议中央统筹调配京津冀资源。二是关于区域内一般基础设施项目，以及基础教育、基础医疗等领域的管理和维护。这些基本公共服务项目与辖区内民生密切相关，点多、面广、线长，建议由新区自行调配并负责提供。同时，考虑到目前雄安新区按照省市管理体制划分财政事权和支出责任，雄安新区承担了义务教育、公共就业服务、基本养老和医疗保险等方面的支出责任，为减轻新区支出压力，建议中央加大对雄安新区的转移支付力度。三是关于其他尚未明

确的项目。该类型的基本公共服务项目应根据项目所属行业领域和类别，结合项目建设条件等因素综合确定事权和支出责任。通过以上几种方式，率先提高雄安地区的公共服务供给水平。

2. 建立多样化的公共服务项目融资渠道

进一步推广PPP模式，建立雄安新区项目储备库，为新区项目入库建立绿色通道，并将符合条件的新区项目优先纳入国家和省示范项目；申请中央政策支持，放宽雄安新区PPP项目支出不得超过一般公共预算支出10%的比例限制，使PPP模式在新区建设中发挥更大作用。进一步发挥政府引导基金作用，推进京津冀协同发展基金尽快运作，并整合资金设立雄安发展引导基金、雄安新区创新创业基金，支持新区公共事业和基础设施建设。进一步推广融资租赁、资产证券化等模式，完善存量资金与金融机构信贷定向投入挂钩机制，吸引社会资本投资新区基础设施和公共服务。

第七章 促进京津冀生态环境协调发展的财税政策

党的十九大报告指出，现阶段我国社会的主要矛盾已经转化为人民日益增长的美好生活需要和不平衡不充分的发展之间的矛盾；人民在民主、法治、公平、正义、安全、环境等方面的要求逐渐增长；并提出了加快生态文明体制改革，建设美丽中国的发展战略。2018年5月18日，习近平总书记在全国生态环境保护大会上提出我们要深刻认识到生态文明建设是关系中华民族永续发展的根本大计。中国经济已经进入稳定发展时期，环境污染严重和生态保护问题也接踵而至。治理环境污染，进行生态环境建设，不仅是全国人民的美好诉求，更是经济高质量可持续发展的必然要求，是关系国计民生的重点问题之一。京津冀协同发展作为国家的重大战略之一，备受瞩目。生态环境协调发展是京津冀协同发展的重要内容之一，习近平总书记也在多次考察雄安新区的建设时提到要坚持生态优先的原则。然而京津冀地区也是全国环境污染严重和生态建设问题突出的地区之一，尽管经过多年的治理，尤其是2014年以来三地协同合作，环境质量得到一定的改善，但要想达到人类宜居的国际环境质量标准，达到经济高质量绿色发展的要求，京津冀还有很长一段路要走。

财税政策是国家最为直接有效的宏观调控工具之一，在促进京津冀生态环境协同发展的过程中发挥着不可替代的作用。财政创造了生态环境建设必需的基础性制度条件，是政府推行各项环保施政方针最基本的物质保障。财政可以利用其政策工具和手段发挥资金引导作用，引导社会资金投向循环、低碳和绿色经济等生态环境建设领域；财政可以通过税收优惠、财政支出等政策为企业和消费者的绿色生产和消费行为的改变提供激励。适当的财税政策可以大力推进京津冀地区形成绿色生产方式和生活方式，促进生态系统的保护和修复，提高政府生态环境治理的能力。下文将对京津冀协同发展下的地区生态环境状况及财税现状进行分析，进而尝试提出合理有效的财税政策，促进京津冀生态环境的协调发展。

第一节　京津冀协同发展下地区生态环境分析

一　京津冀协同发展下生态环境方面所取得的成效

自 2014 年国家将京津冀协同发展上升为国家重大战略，一系列关于京津冀协同发展的政策和文件相继出台。在生态环境方面，中央制定了《京津冀协同发展生态环境保护规划》，京津冀三地相继出台了《关于全面加强生态环境保护　坚决打好北京市污染防治攻坚战的意见》《天津市"十三五"生态环境保护规划》《河北省建设京津冀生态环境支撑区规划（2016—2020 年）》等政策性文件。三地共同签署和实施了《京津冀大气污染防治强化措施（2016—2017 年）》《京津冀及周边地区 2017 年大气污染防治工作方案》等，重点治理大气污染；联合发布了第一个区域环保标准《建筑类涂料与胶粘剂挥发性有机化合物含量限值标准》，为三地的生态环境保护迈出了坚实的一步。京冀两地还共同编制了《河北省密云水库上游承德、张家口两市五县生态清洁小流域建设规划（2015—2017 年）》，津冀签订了《关于引滦入津上下游横向生态补偿的协议》，加强区域内合作，治理水污染和保护水源。此外，京津冀三地在协同发展的大战略下制定了各自的"十三五"生态环境规划。三地在各自功能定位下，高度重视生态环境保护，联防联动联治，协同合作，环境质量得到较大改善，有望实现《规划纲要》中中期目标对于生态环境的要求。

（一）空气质量明显改善

自 2013 年雾霾开始在我国大范围出现，空气质量一直备受关注，尤其是空气污染重灾区的河北、北京和天津等地。据国家统计局的资料显示，2011年京津冀地区空气中主要污染物[①]排放量为555.34万吨，其中北京为35.2万吨，天津为66.57万吨，河北地区为453.57万吨；2013年京津冀地区空气中主要污染物[②]排放量为517.91万吨，其中北京为31.26万吨，天津为61.6万吨，河北地区为425.05万吨；2013年北京PM2.5年均浓度为89微克/立方米，天津为96微克/立方米，河北地区环保重点城市石家庄为154微克/立方米[③]，空气污染较为严重。

在京津冀协同发展战略下，京津冀环保部门加强环境执法联动，重点整治"散乱污"企业、重点工业企业、煤烟型污染、面源污染等，严查各类大气环境违法行为。北京市制定了《北京市"十三五"时期大气污染防治规划》，并成立了京津冀第一个区域大气污染治理协调机构；天津与沧州、唐山分别签订大气污染联防联控合作协议，并对口支持两地的燃煤设施改造和散煤的治理。廊坊、保定与北京，唐山、沧州与天津形成"4+2"合作模式。河北省出台了《关于强力推进大气污染综合治理的意见》和《河北省"散乱污"企业深度整治行动方案》，全面落实18个专项实施方案。三地共同签署《京津冀及周边地区2017年大气污染防治工作方案》《京津冀及周边地区2017—2018年秋冬季大气污染综合治理攻坚行动方案》《京津冀及周边地区2018—2019年秋冬季大气污染综合治理攻坚行动方案》等，坚决打好"蓝天保卫战"。在三地的共同努力下，2017年京津冀地区空气中主要污染物排放量为291.02万吨，比2011年下降了47.6%。其中北京为18.5万吨，天津为26.31万吨，河北地区为246.21万吨。近5年来三地空气中主要污染物排放量基本是逐年下降（见图7-1）。2017年北京PM2.5年均浓度为58微克/立方米，空气质量达到及好于二级的天数（"好天儿"）比2013年多了59天；天津为62微克/立方米，"好天儿"比2013年增加64天[④]；河

[①] 《中国统计年鉴》中空气中主要排放的污染物指二氧化硫、氮氧化物和烟（粉）尘。
[②] 同上。
[③] 国家统计局，http://www.stats.gov.cn。
[④] 同上。

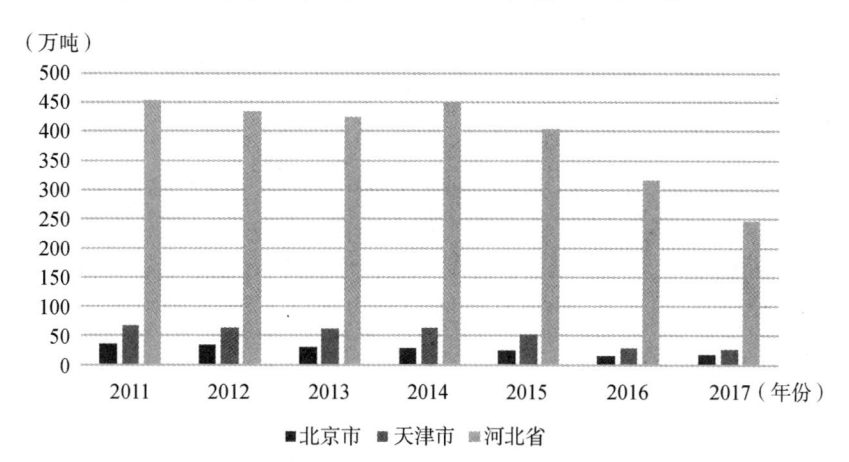

北为 65 微克/立方米,"好天儿"比 2013 年增加 79 天①。

(万吨)

图 7-1 京津冀地区空气中主要污染物排放量情况

资料来源:国家统计局。

《规划纲要》中划定的空气质量底线为到 2017 年,京津冀地区 PM2.5 年均浓度控制在 73 微克/立方米左右;到 2020 年,京津冀地区 PM2.5 年均浓度控制在 64 微克/立方米左右。上面的分析显示 2017 年京津冀地区 PM2.5 年均浓度已经低于 73 微克/立方米。由此可见,在京津冀协同发展的战略下,京津冀空气质量改善较为明显。

(二)水环境质量不断提高

水是生命之源,是人类生存和工业经济发展的基础。京津冀地区位于海河流域,京冀基本位于海河的中游地区,津位于下游地区,即海河的入海口处。与全国其他主要河流相比,海河年径流量较小,仅高于年径流量最小的辽河。京津冀地区全年降水量和供水总量不多,尤其是京津地区人口密集,工业相对较为发达,用水量大,人均用水量与全国水平相比较低。加上海河流域基本属于全国河流污染较为严重的区域,地下水开采较为严重,京津冀地区水资源状况堪忧。

2014 年以来,京津冀三地协同合作,联防联治,坚持绿水青山就是金山银山的环境理念,在跨区域水资源调配、水污染防治、跨流域综

---

① 河北生态环境厅公布的 2017 年《河北省生态环境状况公报》。

合治理等方面开展了大量工作。三地推进生态补偿、上下游共同治理和保护水环境。2017年，津冀签订《关于引滦入津上下游横向生态补偿的协议》，获得中央财政奖励资金3亿元/年，两地配套资金各1亿元。京冀联合编制《河北省密云水库上游承德、张家口两市五县生态清洁小流域建设规划（2015—2017年）》，双方共同筹措资金，治理水污染。2017年8月初至9月初，三地环境执法机构开展了为期一个月的水污染防治联合督导检查，严厉打击跨区域水环境违法行为，强化对交界区域水体污染的全面防控。2018年新修订的《中华人民共和国水污染防治法》开始实施，经过三地不懈努力，京津冀水资源状况有所改善。

北京市生态环境局统计资料显示，2018年12月北京市范围内17个重点湖泊水质除去龙潭湖、朝阳公园湖、莲花池和柳荫公园湖外，其他水质均已达到或优于Ⅲ级[①]；18个大中型水库除去官厅水库水质为Ⅳ级，其他水库水质已达到或优于Ⅲ级；根据监测结果，2018年第四季度市级集中式生活饮用水水源水质和自来水厂出厂水水质达标率均为100%，末梢水水质合格率为100%。

天津市生态环境局统计资料显示，2018年12月天津市20个国家地表水考核断面中，Ⅰ—Ⅲ类水质断面12个，占比60%，同比增加10个百分点；劣Ⅴ类水质断面3个，占比15%，同比减少20个百分点。2018年，在用地级以上城市集中式生活饮用水水源均优于或达到地表水Ⅲ类水质标准（见表7-1），符合生活饮用水水源水质要求。在综合治理下，天津市近5年来在用地级以上城市集中式生活饮用水水源水质和地表水水质有了较大改善。

2018年12月河北省监测的39个集中式生活饮用水水源水质达标率为97.4%，9个地表水水源水质均达到Ⅲ类标准，30个地下水水源中，除去张家口元宝山水源水质为Ⅳ类，其他29个地下水水源水质均达到

---

① 地表水水质类别功能划分：Ⅰ类，主要适用于源头水、国家自然保护区；Ⅱ类，主要适用于集中式生活饮用水地表水源地一级保护区等；Ⅲ类，主要适用于集中式生活饮用水地表水源地二级保护区、渔业水域及游泳区；Ⅳ类，主要适用于一般工业用水区及人体非直接接触的娱乐用水区；Ⅴ类，主要适用于农业用水区及一般景观要求水域。Ⅴ类以下分为Ⅴ1类、Ⅴ2类、Ⅴ3类和Ⅴ4类，为不同级别的污水。Ⅲ类及以上为国家规定的饮用水标准。

Ⅲ类标准，达标率为96.7%[①]。12月监测的17座重点湖库淀中，除去白洋淀其他湖库淀水质均已达标（见表7-2）。2018年近岸海域水质达标率为100%，且一类海水比例占84.6%，二类海水比例为15.4%，水质状况为优。

表7-1　　2018年度天津市在用地级以上城市集中式生活饮用水水源水质状况

序号	省份名称	城市名称	水源名称	监测点位	水源类型	达标情况	备注
1	天津市	天津市	引滦入津	于桥水库	地表水	达标	于桥水库6月13日—10月11日期间停止向下游供水，全部切换为南水北调水源供水
2	天津市	天津市	南水北调中线	宜兴埠泵站	地表水	达标	—
3	天津市	天津市	南水北调中线	曹庄子泵站	地表水	达标	—

资料来源：天津市生态环境局网站。

表7-2　　2018年12月河北省监测的17座重点湖库淀

水质级别	Ⅰ类	Ⅱ类	Ⅲ类	Ⅳ类	Ⅴ类
湖库淀	—	岗南水库、黄壁庄水库、临城水库、朱庄水库、王快水库、西大洋水库、安格庄水库、龙门水库、岳城水库、陡河水库和邱庄水库	东武仕水库、石河水库、洋河水库、大浪淀水库和衡水湖	—	白洋淀

资料来源：河北省生态环境厅网站。

上述表明，三地在京津冀协同发展战略的东风下，打破了行政区划壁垒，实现上下游溯源治污、源头护水，三地地表水质得到明显改善，达标率较高。《规划纲要》中划定了水环境质量底线，即到2020年，京津冀地区地级及以上城市集中式生活饮用水水源水质全部达到或优于Ⅲ

---

① 根据河北省生态环境厅网站的环境质量报告整理。

类，重要江河湖泊水功能区达标率达到73%。从京津冀近5年在水环境方面所做的努力和成绩来看，离这一目标的实现越来越近。

（三）资源消耗降低，资源节约循环利用上取得积极成效

近几年来京津冀能源消费总量伴随着经济的增长和全国基本保持同步，呈增长趋势，2013年以来增长速度低于全国能源消耗增长率水平（见图7-2）。其中京津冀2016年煤炭消费总量为30405.98万吨，2015年为31145.75万吨，同比下降2.38%，实现了负增长。从用水情况上看，2017年京津冀用水总量为248.6亿立方米，且从近几年用水量的变化趋势来看，总体呈下降趋势（见图7-3），能够达到《规划纲要》中京津冀地区用水总量2020年控制在296亿立方米的要求，守住了这一红线。通过水资源税费改革，以河北为试点，后来又逐步扩大推广到京津地区，地下水超采问题和不合理的用水需求也得到了抑制。

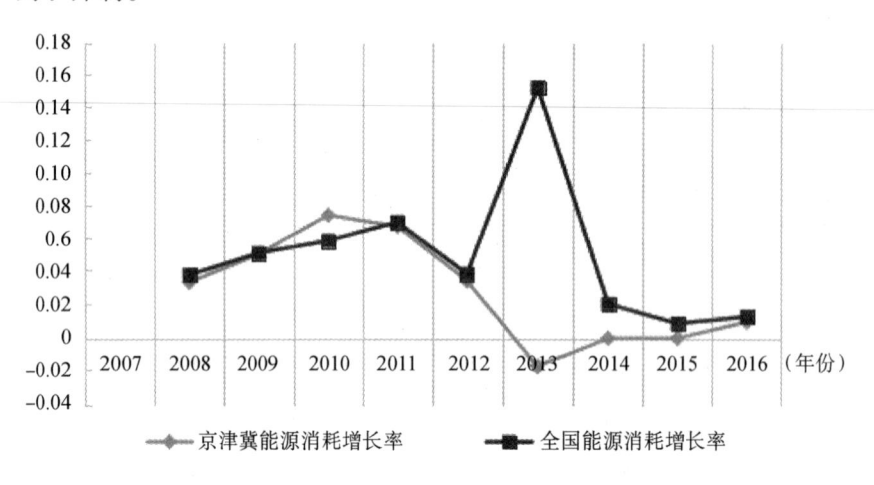

图7-2 全国与京津冀能源消耗增长率示意

工业和信息化部印发了《京津冀及周边地区工业资源综合利用产业协同发展行动计划（2015—2017年）》，京津冀地区建成了一批大宗工业固体废弃物综合利用基地，形成了废旧物品等回收利用集聚区，资源综合利用水平得到提高。国家统计局2015年到2017年的数据资料显示，京津冀三地的工业固体废弃物不仅产生量在逐渐下降，利用率也在

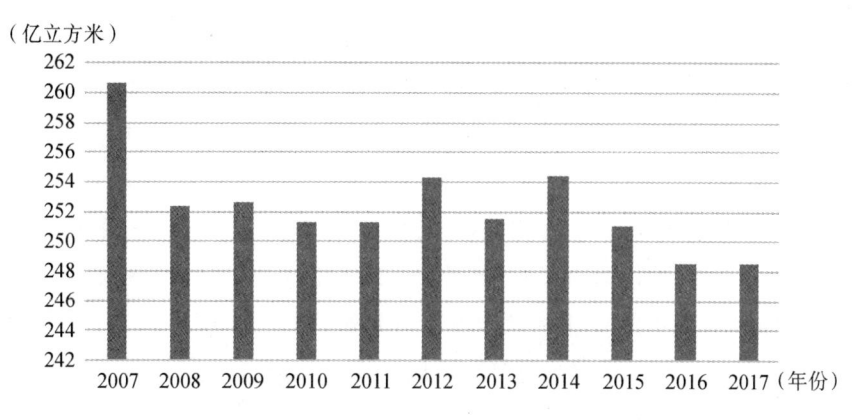

图 7-3　2007—2017 年京津冀用水总量

不断提高。2017 年京津冀地区一般工业固体废弃物利用率为 59.37%，比 2015 年提高了 0.86 个百分点，高出全国 54%[1]的利用率水平。京津冀不断加大节能环保支出，三地的单位工业增加值耗水量为 0.0013 立方米/元，较 2013 年下降了 15.9%[2]。2018 年以河北为地下水回补试点，利用南水北调中线工程和当地水库向滹沱河、滏阳河、南拒马河 3 条河流进行生态补水，累积补水 8.8 亿立方米。2019 年以京津冀为重点，综合采取水源置换、调整种植结构、水源涵养等措施，逐步遏制华北地区地下水严重超采的局面。

《规划纲要》划定了资源消耗上限，要求 2015—2020 年，京津冀地区能源消费总量增长速度显著低于全国平均增速，其中煤炭消费总量继续实现负增长。2020 年，地下水超采退减率达到 75% 以上。目前京津冀能源消费总量和煤炭消费总量的变化趋势基本符合这一目标。

（四）节能减排工作取得较大进展

近年来京津冀加快产业的调整和升级，提倡清洁生产；加强工业污染防治，推进重点环保项目；倡导循环经济等，提高了京津冀节能减排的效率。三地共同推进工业、建筑、交通、公共机构等重点领域节能工

---

[1] 中国产业调研网，http://www.cir.cn/。
[2] 中国社会科学院京津冀协同发展智库京津冀协同发展指数课题组主编：《京津冀协同发展指数报告（2017）》，中国社会科学出版社 2018 年版。

作，实施公共建筑电耗限额管理并逐年降低限额，对超出年核定总量的依法实施强制审计、处罚等措施。大力发展装配式建筑、超低能耗建筑。2016年京津冀万元GDP能耗为0.5752吨标准煤，比2013年下降了18.56%①。

其中2016年北京万元GDP能耗为0.2835吨标煤，同比下降4.79%，降幅超过当年预期目标；天津为0.4496吨标煤，比2013年下降了17.62%；河北单位GDP能耗0.936吨标准煤/万元（2015年不变价），同比下降5.05%，降幅超过当年预期目标。2016年京津冀万元GDP二氧化硫排放量为0.0012吨，比2013年下降了52.87%。京津冀废水中主要污染物排放量近年来显著降低，从2011年到2017年，废水中主要污染物排放量呈现下降趋势，2017年比2014年降低了13%。

（五）生态建设成效明显

在京津冀协同发展的国家战略下，三地加强生态建设，统筹山、水、林、田、土的整体修复。2015年，三地林业厅（局）签订了《京津冀协同发展林业有害生物防治框架协议》，并制定了《京津冀协同发展林业有害生物防治总体方案》。京津冀三地土肥站建立了创新联盟，在节约用水、减少农田土壤污染等方面取得了显著成效。11月，三地环保部门签署合作协议，建立了京津冀环境执法联动工作机制，确定了定期会商、联动执法、联合检查、重点案件联合督察、信息共享5项工作制度。京津冀环保部门签署《北京市天津市河北省环境执法联动工作机制合作协议》，三地联动，共同打击环境违法行为。生态建设取得较大进展。

按照《生态环境状况评价技术规范》（HJ192—2015）评价，2017年北京生态环境质量级别为"良"，生态环境状况指数（EI）为67.8，比上年提高4.6%②。天津2017年生态环境质量级别为"一般"，生态环境状况指数（EI）为50.66，比上年提高1.89%③。河北2017年生态环

---

① 中国社会科学院京津冀协同发展智库京津冀协同发展指数课题组主编：《京津冀协同发展指数报告（2017）》，中国社会科学出版社2018年版。
② 根据《2017年北京市环境状况公报》整理。
③ 根据2016年和2017年《天津市环境状况公报》整理。

境质量级别为"一般",生态环境状况指数(EI)为53.61,比上年提高2.04%[1]。

2017年,京津冀完成造林533834公顷,比2014年增加了163794公顷。京冀生态水源保护林工程稳步推进,至2017年,该工程已完成造林80万亩,栽植苗木约6400万株,初步形成护卫京冀水源的"绿色生态带"。京津保平原生态过渡带完成造林绿化81万亩,保廊沧与京津绿屏相连、绿廊相通一体化生态格局逐渐形成。天津新增造林面积2933公顷。河北2022年冬奥会绿化共完成造林26万亩,至此,河北冬奥会绿化已完成造林76.98万亩,占规划任务的88.48%。2017年京津冀绿地面积为21.61万公顷,比2014年增加了4.3万公顷。其中北京绿地面积为8.35万公顷,比2014年增长了22.08%;天津为4.43万公顷,比2014年增长了75.1%;河北绿地面积为8.83万公顷,比2014年增长了11.21%[2]。

二 京津冀地区生态环境方面仍然存在的问题

在中央政府政策、财政等全方位的支持下,在京津冀协同发展战略指导下,三地打破地域界限,精诚合作,共同保护和治理京津冀的生态环境,虽然取得了很大成效,但京津冀地区作为污染重灾区,生态环境比较脆弱,仍然存在很多问题,要想见到"蓝天、白云、青山和绿水",仍然任重而道远。

(一)空气污染仍然较为严重

多年来京津冀的联防联控联治虽然让三地的空气质量明显改善,但与生态环境部发布的环境空气质量标准(GB3095—2012)还有很大距离。环境空气质量标准(GB3095—2012)中划定的一类区[3]粒径小于等

---

[1] 根据2016年和2017年《河北省环境状况公报》整理。
[2] 国家统计局,http://www.stats.gov.cn。
[3] 环境空气质量标准(GB3095—2012)中将环境空气功能区分为两类:一类区为自然保护区、风景名胜区和其他需要特殊保护的区域;二类区为居住区、商业交通居民混合区、文化区和农村地区。

于2.5微米的颗粒物（PM2.5）年平均浓度适用的一级浓度限值为15微克/立方米，二类区适用的二级浓度限值为35微克/立方米。而2017年北京PM2.5年均浓度为58微克/立方米，天津为62微克/立方米，河北地区为65微克/立方米。即使2020年京津冀地区PM2.5年均浓度达到《规划纲要》划定的64微克/立方米左右，与环境空气质量标准仍然有较大的差距。

2017年京津冀空气中主要污染物排放总量为291.02万吨，比2011年的555.34万吨下降了47.6%。2017年和2011年相比，京、津、冀三地空气中主要污染物排放量分别下降了47.4%、60.4%和45.7%，但河北地区空气中主要污染物排放量下降比例慢于京津，且空气中主要污染物排放量明显占比过高，除张承地区和秦皇岛，河北地区大部分城市为雾霾污染重灾区。根据中国环境监测总站的排名情况来看，2017年12月全国10大重点空气污染城市中，河北占了3个。根据国家统计局统计的环保重点城市空气质量情况显示，2017年河北地区的石家庄、邯郸和保定的"好天儿"还不足全年的一半。

（二）水资源短缺和污染问题依然存在

京津冀地区水资源严重缺乏，2017年年末京津冀人口为11248万人，占全国人口的8.09%，而京津冀的供水总量仅占全国供水总量的4.11%，且人均水资源量远低于全国平均水平。其中北京人均水资源量仅为全国水平的6.61%，天津为全国水平的4.04%，河北为全国水平的8.9%[①]。京津冀地表水水质仍有部分不符合要求，有一些河流水功能区未达标，水污染问题仍然比较突出。

北京市区域内河流永定河水系水功能区达标率为73.33%，潮白河水系达标率为86.96%，北运河水系一达标率为44.12%，北运河水系二达标率为9.10%，大清河水系达标率为47.73%，蓟运河水系达标率为53.57%（见表7-3）。总体上看，主要河流的水功能区达标率不高。

---

① 根据国家统计局网站资料统计得出。

表 7-3   北京市 2018 年河流水质状况

水系	河段数量（个）	12月枯水期水质状况	8月丰水期水质状况
永定河水系	12	清水涧和古城河无水，大龙河和小龙河水质为Ⅵ级	妫水河下段、永兴河、大龙河和小龙河水质为Ⅵ级
潮白河水系	24	箭杆河无水，潮白河上段、潮白河下段和运潮减河水质为Ⅳ及以下	箭杆河无水，潮白河下段、雁栖河和运潮减河水质为Ⅳ及以下
北运河水系一	34	北运河、温榆河上段、温榆河下段、蔺沟、东沙河、南沙河、万泉河、小月河、坝河上段、北小河、小中河、凉水河中下段、新开渠和马草河水质为Ⅳ及以下	北运河、温榆河上段、温榆河下段、蔺沟、东沙河、北沙河、关沟、南沙河、万泉河、坝河上段、坝河下段、北小河、亮马河、通惠河上段、通惠河下段、南护城河、长河、昆玉河、二道沟、凉水河上段、凉水河中下段、小中河、新开渠和马草河水质为Ⅳ及以下
北运河水系二	14	丰草河、半壁店明渠和黄土岗灌渠无水，小龙河、萧太后河、通惠北干渠、西排干、观音堂明沟、大柳树明沟、凤河、新凤河、港沟河和凤港减河水质为Ⅳ及以下	丰草河、通惠北干渠和黄土岗灌渠无水，玉带河、萧太后河、半壁店明渠、西排干、观音堂明沟、大柳树明沟、凤河、新凤河、港沟河和凤港减河水质为Ⅳ及以下
大清河水系	11	长辛店明沟无水，小清河、刺猬河、大石河下段、东沙河和夹括河水质为Ⅳ及以下	小清河、刺猬河、长辛店明沟、丁家洼河、东沙河和夹括河水质为Ⅳ及以下
蓟运河水系	9	沟河上段和泃河上段无水，沟河下段、泃河下段和金鸡河水质为Ⅳ及以下	沟河库上段[1]、沟河上段和泃河上段无水，沟河下段、泃河下段和金鸡河水质为Ⅳ及以下

资料来源：根据北京市环境保护局相关数据整理。

2018 年前三个季度天津近岸海域水质达标率仅为 41.67%[2]。

河北水资源总体来说严重短缺，虽然河流较多，但多为季节性河

---

[1] 7 月有水，水质为Ⅱ级。
[2] 近岸海域水质达标为执行《海水水质标准》（GB3907—1997）中二类标准及以上的水质。

流，洪涝灾害威胁和干旱频发并存。近年来通过污染治理和保护虽然取得一些成效，但因地下水超采严重，由此引发的地面沉降、地裂和海水入侵等问题时有发生。水污染问题也需要进一步解决。河北2018年12月监测的161个地表水河流断面水质达标率不高（见表7-4）。

表7-4　2018年12月河北监测的161个地表水河流断面水质达标率　　　　　　　单位：%

河流断面类型＼水质	Ⅰ—Ⅲ	Ⅳ类	Ⅴ类	劣Ⅴ类
国、省控河流断面	50.9	26.7	8.1	14.3
省界入境断面	40.0	20.0	10.0	30.0
省界出境断面	37.0	25.9	14.8	22.2

资料来源：根据河北省生态环境厅相关数据整理。

（三）能源消耗地区差异较大，工业固体废弃物利用水平有待提高

虽然京津冀的能耗增长速度低于全国水平，但近年来这一差距在不断缩小。分地区来看，北京的能源消耗增长率自2014年以来与全国较为接近，且在2016年超过了全国增长水平；天津市的能耗近年来下降较快，在三个地区中是最低的；河北地区自2013年能耗增长率近年来一直呈上升趋势，2016年增长水平与全国持平。从长远来看，北京的制造业和重工业向津冀的大规模转移会进一步增加津冀的能耗。可见，京津冀的能源消耗增长率并不乐观，京津冀三地还需要进一步采取相关措施，如加快高耗能产业结构的优化升级、培育和支持清洁能源产业的发展等，控制能耗的增长速度，实现高质量发展。

但从表7-5中可以看出，工业固体废物综合利用率近年来呈先下降后上升的趋势，虽然近年来有所提高，但总体来看，工业固体废弃物利用率并不高。尤其是河北的工业固体废物综合利用率较低，拉低了京津冀工业固体废物综合利用率水平。

表7-5　　　　　　　京津冀工业固体废物综合利用率　　　　　单位：%

年份\地区	北京	天津	河北	京津冀地区
2007	81.74	98.63	62.21	65.76
2008	72.17	99.46	64.53	67.23
2009	73.28	98.85	71.41	73.19
2010	65.80	99.09	56.72	59.32
2011	66.52	99.79	41.71	44.41
2012	78.96	99.81	38.09	41.34
2013	86.62	99.39	42.40	46.44
2014	87.68	99.38	43.47	46.65
2015	83.32	98.58	56.26	58.51
2016	86.25	98.99	55.53	57.91
2017	74.13	98.93	57.28	59.37

资料来源：根据国家统计局网站整理。

（四）节能减排工作任重而道远

京津冀协同发展战略中北京的城市功能定位使得津冀承接了北京的大部分制造业和重工业，来疏解北京的非首都功能。尤其是产业结构以重工业为主的河北，又承接了北京钢铁等重工业企业。制造业的转移使承接地大气、水和固废污染物排放量均增高。从京津冀地区环境污染物的排放总量上看，主要是天津、河北的污染物排放系数高，河北尤甚。国家大气污染防治攻坚联合中心提出，大气重污染的成因主要是污染物本地累积、区域传输和二次转化的综合作用，其中排放是"病根"，天气是诱因，复杂的颗粒物二次转化是催化剂[1]。所以把污染物总量减下来，是实现区域空气质量持续改善的必由之路和首要之路。而过去较大的能源消耗和主要污染物排放基数决定了京津冀在短期内不可能大幅度地节能减排，三地目前以煤为主的能源结构特点也决定了未来有限的减排空间[2]。京

---

[1] 《京津冀及周边地区大气重污染成因更为清晰》，《人民日报》2019年3月21日。
[2] 石莹、朱永彬、王铮：《成本最优与减排约束下中国能源结构演化路径》，《管理科学学报》2015年第18期。

津冀地区节能减排工作具有艰巨性和长期性。

（五）生态建设依然任务重，压力大

根据《生态环境状况评价技术规范》评价标准，除去北京生态环境质量级别达到"良"以外，天津和河北生态环境质量级别均为"一般"，还需要大力加强生态环境建设。

由于虹吸效应影响，大城市吸纳多数农村转移人口，而中小城市则面临增长乏力局面，京津冀未来将面临较大的人口增长压力。人口增长及迁移将带来生活用水、生活垃圾、农村散烧煤排放、机动车尾气排放等方面的环境压力。虽然随着环境监管日趋严格和环境的治理，机动车尾气排放量和农村散烧煤排放量将会有所下降，但因居住分散农村散烧煤问题将长期存在，生活供水和生活垃圾也将伴随人口增长压力而持续加大。京津冀地区内部的产业转移，使部分产业园区与生态功能保护区重叠，会影响生态功能区的完整性；重化工业的沿海布局会破坏沿海地区生态环境。京津冀地区交通一体化发展，交通基础设施的建设会占用区域生态空间，造成生态环境破碎化，降低生态廊道连通性，影响区域生态环境[1]。此外，京津冀三地在流域治理方面也存在着缺乏统一规划和综合治理理念、跨省市补偿机制尚未建立、流域管理机制不健全等问题。

第二节 京津冀地区生态环境的财税现状

一 京津冀地区生态环境财政支出现状

（一）京津冀生态环境财政支出总体规模

《京津冀协同发展生态环境保护规划》制定了生态保护红线、环境质量底线和资源消耗上限，体现了中央对于京津冀生态环境保护的决心，坚决摒弃了"以环境换经济增长"的旧的发展理念，体现了京津

---

[1] 卫红梅：《京津冀协同发展生态环境影响分析及对策建议》，天津政协网，www.tjszx.gov.cn。

冀协同发展中"环境优先"的新发展理念。生态环境的保护与治理离不开资金的支持,在中央财政资金的大力支持下和地方财力的大力投入下,京津冀地区近年来节能环保支出不断增加(见图7-4),近十年来增长趋势明显。其中北京2017年为458.44亿元,比上一年增加26.16%。天津对标京津冀世界级城市群,调整城市规划,强调生态优先,2017年节能环保支出为110.22亿元,比上一年增加67.94%;作为京津冀生态环境支撑区的河北2017年的节能环保支出为353.45亿元,比上一年增加34.49%。京津冀节能环保支出占总预算支出的比重也在不断提高,从2007年的2.07%提高到2017年的5.71%,增长了3.64个百分点。

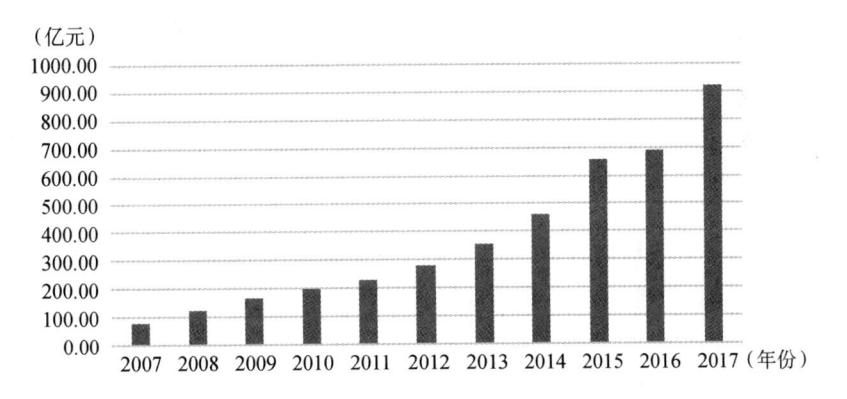

图7-4 近年来京津冀节能环保支出资金

资料来源:根据国家统计局有关数据整理。

(二) 京津冀加大了工业治理投资

工业治理投资主要是财政支出用于治理废水、废气、固体废弃物和噪声等。在京津冀协同发展的国家战略下,2014年京津冀加大对工业治理的投资(见图7-5),当年投入11.86亿元,成效显著。此后工业治理投资逐步缩减,2017年又有所增加。其中主要是由于河北省前期对工业治理投资较多,2015年到2016年逐步减少,2017年又有所增加。其中2017年京津冀关于治理废水的财政支出为2.139亿元,比上年增加28.62%。用于治理废气方面的财政支出为40.0348亿元,比上年增加3.21%。

224 促进京津冀协同发展的财税政策研究

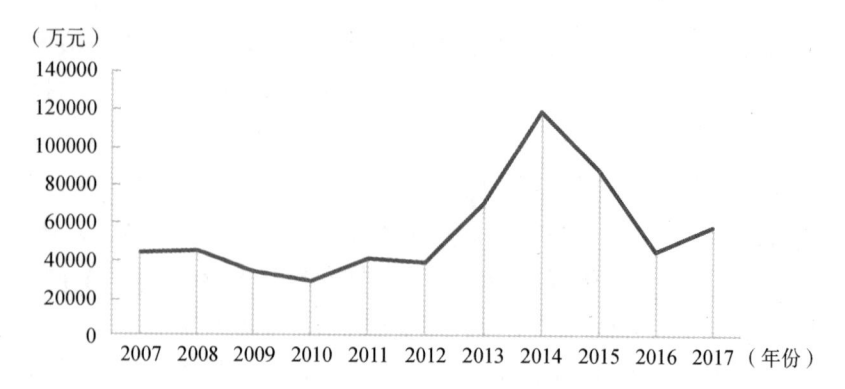

图7-5 近年来京津冀工业治理投资情况

资料来源：根据国家统计局有关数据整理。

京津冀用于治理固体废弃物的财政支出各年份并不均衡（见表7-6）。北京对固体废弃物治理的财政支出总体较少；天津2013年和2014年没有投入，2015年投入了1737万元，此后越来越少，2017年仅有4万元；河北治理固体废弃物的财政支出2011年最多，2013年到2015年增加较多，2016年只有80万元，2017年没有治理固体废弃物方面的财政支出。这与各个地区的产业结构和供给侧结构性改革的政策密切相关，北京的产业结构以"三二一"的梯度分布，天津在2014年也变成了"三二一"的分布格局，且两市第一产业产值总体平稳。而河北产业结构以钢铁、煤炭等重工业为主，所以对固体废弃物的治理投资较多。由于近年来河北进行供给侧结构性改革，产业结构不断升级，所以固体废弃物的产生量越来越少。

表7-6　　　　京津冀用于治理固体废弃物的投资　　　　单位：万元

年份 \ 地区	北京	天津	河北	京津冀地区
2007	1040	148	303	1491
2008	1	1002	334	1337
2009	—	546	—	546
2010	—	1226	2	1228
2011	104	33245	7766	41115

续表

年份\地区	北京	天津	河北	京津冀地区
2012	1011	1301	86	2398
2013	—	—	513	513
2014	408	—	2324	2732
2015	75	1737	1880	3692
2016	465	21	80	566
2017	—	4	—	4

注:"—"表示无数据。
资料来源:根据国家统计局有关数据整理。

从京津冀近年来对工业治理的投资情况来看,治理废气的投资最多,其次是治理废水,而治理固体废弃物的投资所占比重很少。可见,目前京津冀关于环境治理重点集中在空气污染和水污染上。

(三)京津冀林业投资现状

京津冀用于林业方面的财政支出总体上来看近年来呈上升趋势(见图7-6)。其中,北京的林业投资最多,天津最少,河北的林业投资近年来不断增加。天津主要以湿地为主,适宜造林的土地较少。

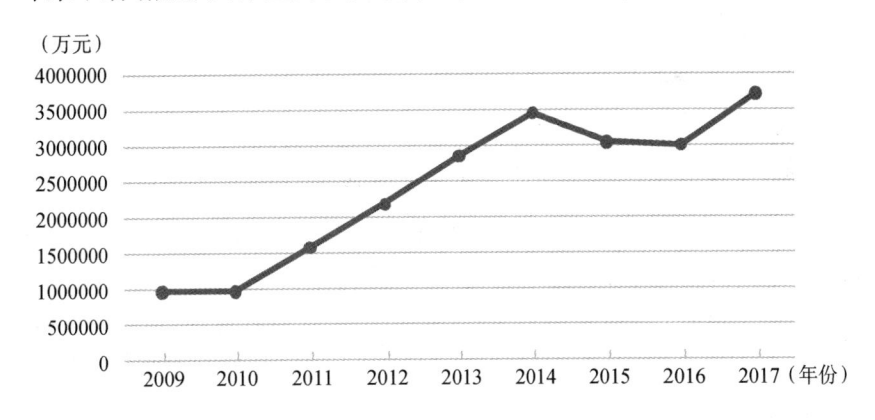

图7-6 京津冀林业投资财政支出

资料来源:根据国家统计局有关数据整理。

京津冀协同发展战略实施以来,北京一直大力投资林业建设,实施生态保育工程,确保面积不减少、质量有改善,并不断实施百万亩造林、荒山绿化、生态公益林升级改造和封山育林等工程。目前建成了第一道绿化隔离地区城市公园环，正在加强第二道绿化隔离地区郊野公园建设，努力构建一个乔灌草立体配置、生物多样性丰富的城市绿地体系。同时利用拆迁腾退地和城市边角地，实现多元拓绿，提高林地、绿地总量，提升生态服务功能。北京森林建设目标是到 2020 年，新增造林面积 60 万亩，平原地区森林覆盖率达到 30%，所以近年来对林业的投资不断加大。河北作为京津冀的生态环境支撑区和首都的后花园，宜林面积较多，近年来在林业投资上不断增加，但与北京相比，财政支出较少。

二 京津冀地区生态环境方面现行的财税政策

（一）财政政策

不论是国家的长远发展战略，还是京津冀的协同发展战略，都把生态环境的建设和保护放在了十分重要的位置。财政资金在京津冀协同发展的过程中扮演着十分重要的角色，尤其在生态环境这一公共物品和公共服务方面。以下是目前京津冀在生态环境协调发展方面所采取的财政政策和措施。

1. 财政直接投资

京津冀地方政府比较重视对环境保护和治理的财政投入，近年来对于环境保护和治理的财政资金投入不断增加。2017 年环境保护财政支出达 922.11 亿元，比 2007 年增加了 10.63 倍。京津冀用于环境保护的财政支出占财政支出比重和地区生产总值的比重近年来总体上也呈上升的趋势（见图 7-7），用于生态环境建设和保护的财政支出规模越来越大。

2. 财政转移支付

财政转移支付是政府财力对促进生态环境协调发展的有力支持和重要手段，分为一般转移支付和专项转移支付。中央财政通过一般转移支付大力支持京津冀区域的生态环境建设，一般转移支付按照因素法计算，把生态环境作为一个因素考量指标，综合考虑区域内各地生态功

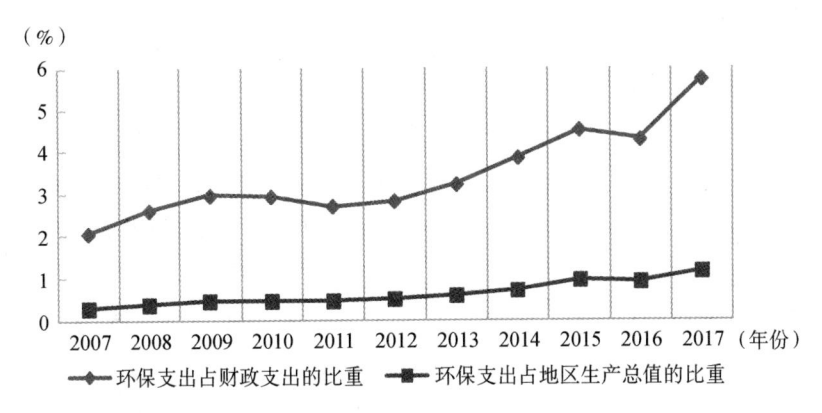

图7-7 京津冀地区环保支出分别占财政支出和地区生产总值的比重

资料来源：根据历年《中国统计年鉴》和《河北经济年鉴》整理。

能、生态保护成本、地区发展水平、财政收入等要素，将生态保护的努力程度、大气污染物减少量等作为奖励指标，对生态环境改善地区增加一般转移支付。省对市县的一般转移支付也是按照此方法进行。

在专项转移支付中，通过设置一定的机制以保障区域内各地环境治理支出规模和结构的大致均衡，调动跨区域环境协同治理和保护的积极性。例如，北京市近5年来累计安排生态涵养区转移支付资金2658亿元，年度资金规模从2013年的454.9亿元增加到2017年的660.8亿元，增长了45%[1]；2013—2017年中央财政分别对河北重点生态功能区转移支付了16.17亿元、22.25亿元、23.93亿元、28.35亿元、30.16亿元[2]，每年小幅度增加。

3. 财政补贴

政府的财政补贴也是促进京津冀生态环境协同发展的有效手段之一。京津冀地方政府财政预算中均安排了多项财政补贴资金用于环境的保护和建设。如农田水利建设和水土保持补助、林业改革发展补助等。国家大气污染防治攻关联合中心通过调查研究发现大气污染形成的主因是远超环境承载力的污染排放强度，而污染源中燃煤、工业、机动车、

---

[1] 北京市财政局，http://czj.beijing.gov.cn。
[2] 调研数据。

扬尘这四大主要来源占比达90%①。建立京津冀新能源汽车一体化示范中心，减少汽车尾气对大气污染物的排放，鼓励和发展清洁能源，是改善京津冀大气污染的有效手段之一。财政补贴在这个过程中发挥了不可或缺的作用。通过《京津冀公交等公共服务领域新能源汽车推广工作方案》对新能源汽车进行财政补贴，价格优势和不限行的便利使新能源汽车越来越多。2017年北京新增或更新的公交车全部为新能源或清洁能源车，2019年拨付的第一批新能源汽车补助资金共5217.625万元。政府通过财政补贴鼓励清洁能源和再生能源的发展，建设能源高端应用示范区，在雄安新区、北京城市副中心、天津滨海新区、冬奥会赛区、北京新机场等新增用能区域，支持以地热能、风能、太阳能为主的可再生能源开发。在促进水资源节约利用方面政府的财政补贴政策主要包括购买节水器具、用水精准补贴和节水奖励等。

4. 设立专项资金

中央政府和京津冀地方政府财政预算安排均设立了环境保护和治理方面的专项资金。中央政府对于大气污染防治近年来都设立了专项资金，下达到各地区支持大气污染治理工作。2017年印发了《大气污染防治专项资金管理办法》，规范和加强对大气污染防治专项资金的管理，提高财政资金使用效益。2017年，中央政府多部门协作，针对京津冀及周边地区秋冬季大气重污染成因、重点行业和污染物排放管控技术等难题开展集中攻关，并设立专项资金5.75亿元，探究大气污染严重的原因。北京市设立专项资金支持生态涵养区建设，承接好冬奥会、世园会、世界休闲大会等大型活动，切实做好区域功能定位。河北财政预算安排了环境保护专项资金、地下水超采综合治理资金、大气污染防治专项资金和大气污染防治（建筑节能补助）专项资金等。

5. 财政奖补政策

为了鼓励和支持京津冀及周边地区大气污染防治工作，调动京津冀及周边地区治理大气污染的积极性，从2013年开始中央政府采取了激励性财政政策，按照"以奖代补"的方式，安排50亿元专项资金，用

---

① 人民网，http://www.people.com.cn/。

于京津冀及周边地区大气污染治理工作，重点向治理大气污染任务最重的河北倾斜。2017年财政部和生态环境部印发了《水污染防治专项资金绩效评价办法》，对专项资金支持项目完成情况、专项资金管理、年度方案绩效目标设定及完成情况进行绩效评价，对于年度绩效考评不合格的省份，暂停或减少拨付下一年度水污染防治专项资金；对于考评为优秀的给予适当奖励。2018年又印发了《大气污染防治专项资金管理办法》，规定专项资金可以对北方地区冬季清洁的试点城市进行定额奖补。其中天津获得中央财政奖励资金11亿元，支持清洁取暖试点和节能减排示范城市建设。河北邯郸作为国家首批20个黑臭水体治理示范城市之一，获得中央奖补2亿元。天津在水资源治理方面也采取了财政奖补政策，根据《天津市水环境区域补偿办法》对各区水环境质量进行监测排名，实行财政奖惩制度，对于水环境质量较好的区给予财政奖补，对于排名较差未完成规定任务的各区实施扣减财力，对于一般的不予奖惩。这些措施极大地调动了各区对水资源治理和保护的积极性，使得近年来天津市地表水达标率较高。

6. 政府绿色购买

政府通过绿色采购，一方面可以推动生产者进行绿色生产，激励企业改进生产技术和设备，增加资源的循环再利用，减少大气污染物的排放；另一方面，政府通过大规模采购绿色环保产品，还可以促进企业积极投入绿色环保产品的生产，形成绿色产业大规模的发展，促进空气质量友好型企业的发展。同时，政府通过绿色购买可以引导消费者绿色消费方向，提高公众的环保意识。2013年，天津被确定为中国环境与发展国际合作委员会首批绿色供应链管理试点城市，在市政府制定的绿色供应链管理试点实施方案中，绿色产品政府采购被确定为示范项目。积极探索建立绿色供应链产品政府采购的管理体制和执行机制，发挥政策导向作用，引导绿色生产、绿色消费，促进低碳循环经济的发展，努力为京津冀的协调发展服务。北京有关部门研究制定《绿色采购指导目录》，并面向各级机关、企事业单位和广大消费者发布绿色采购产品清单。

(二) 税费政策

1. 水资源税、环境保护税和其他税收政策

(1) 水资源税。2016 年河北率先进行水资源税改革试点工作，采取水资源费改税方式，将地表水和地下水纳入征税范围，实行从量定额计征，对高耗水行业、超计划用水以及在地下水超采地区取用地下水，适当提高税额标准，正常生产生活用水维持原有负担水平不变。水资源税改革有效抑制了河北省不合理用水需求，2017 年、2018 年全省非农用水量均呈下降趋势。改革后，使用地下水的税负远远高于地表水的税负。同时调高了高耗水企业和特种行业的税额标准，倒逼企业采取节水措施，政策导向作用明显。2017 年 12 月 1 日起在北京、天津等地扩大水资源税改革试点。通过水资源税费改革，提高了纳税人的节水意识，使京津冀地区的地下水严重超采问题得到了抑制，减少了不合理的用水需求，节约和保护了水资源。

(2) 环境保护税。2018 年 1 月 1 日我国开始征收环境保护税，对大气污染物、水污染物、固体废弃物和工业噪声征收环境税。作为我国第一个体现"绿色税制"的综合税种，在实施一年多的时间里，空气质量、水环境得到了显著改善，固体废弃物排放和噪声污染得到了一定的遏制。比如北京 2018 年 PM2.5 年平均浓度较 2017 年同比下降 12.1%；天津二氧化氮排放较 2017 年同比下降 6.0%，河北 PM2.5 年平均浓度较 2017 年同比下降了 14%。

(3) 资源税。资源税还对原油、天然气、盐、黑色金属矿原矿、有色金属矿原矿、煤炭、其他非金属矿原矿共七大类进行征税。矿物能源燃烧过程中会排放大量二氧化硫和氮氧化物，都是空气中重要的污染物。因此征收资源税在一定程度上可以起到提高资源利用率、减少大气污染的作用。

(4) 消费税。利用消费税可以调整京津冀地区的消费结构和习惯，进而促进产业结构的优化升级和环境质量的改善。我国在 2014 年颁布了《关于提高成品油消费税的通知》，加大了对黄标车及老旧车的淘汰力度。对区域内大气污染的防治具有重要的作用。

2. 税收优惠政策

京津冀地区实行的一些税收优惠政策，可以促进高耗能、高污染产

业的供给侧结构性改革和产业机构的优化升级，提高资源的使用效率，促进绿色产业的发展，进而对区域的生态环境建设产生积极且深远的影响。增值税的税收优惠主要针对能够综合利用资源和循环使用资源的企业。例如：对利用废旧沥青混凝土、城市生活垃圾、煤矸石、石煤等固体废弃物的企业，实行即征即退的政策；对再生水和污水的处理劳务免征增值税等。增值税的免征优惠和即征即退优惠政策等有助于京津冀地区产业和消费结构的优化以及生态环境质量的提高。企业所得税在节能环保和资源综合利用方面有一些优惠政策，如减征、免征、减计收入和加速折旧等措施支持资源综合利用。环境保护税也有多项减免税收的规定，比如对"纳税人综合利用的固体废弃物，符合国家和地方环境保护标准的"，可以暂时免征环境保护税。此外，对节约能源或使用新能源的车船实施车船税优惠政策，对于减少空气中污染物的排放也具有一定的意义。

3. 生态资源补偿费

生态资源补偿费是以受益者和破坏者付费为原则的生态补偿机制，是实现不同地区生态环境均衡可持续发展的有力政策工具[①]。生态环境作为公共物品，具有溢出效应和显著的跨区域性，因此就京津冀地区而言，它既有区域属性，又有鲜明的地域属性。建立和实施生态保护补偿机制，才能更好地解决京津冀地区的生态环境问题。要建立生态保护补偿机制，政府的资金支持是重要的物质保障。建立生态保护补偿机制不仅需要中央对地方政府在生态资源补偿费上的支持，地方间横向的资源补偿费也不可或缺。

2017年京冀水源涵养区生态环境保护补偿机制建立工作正式启动，两地就京冀流域生态补偿事宜达成共识，2018年京冀签署《密云水库上游潮白河流域水源涵养区横向生态保护补偿协议》。2017年，津冀签订了《关于引滦入津上下游横向生态补偿的协议》，每年能获得中央财政奖励资金3亿元，津冀再各自配套1亿元。通过生态补偿金的支持，2017年夏天潘家口水库清网清鱼工作全部完成，彻底清除了引滦用水

---

① 何利辉：《促进生态环境保护的财税政策探讨》，《财经科学》2016年第7期。

的主要污染源，引滦入津的水质明显得到改善。2014 年，河北省财政厅、环境保护厅联合印发了《河北省生态补偿金管理办法》，以规范生态补偿金收缴与管理，提高资金使用效益。京津冀之间正在建立多元化生态补偿机制，不仅限于引滦入津这一项横向补偿，比如承德、张家口持续推进在密云水库上游部分县实施稻田改旱田工程，累计已获得北京补偿资金 6.06 亿元。京津冀地区的横向生态补偿机制正在努力构建中。

三 京津冀地区生态环境财税政策存在的问题

(一) 财政政策方面存在的问题

1. 环境保护和治理的财政投入不足

从京津冀整体环境保护支出规模来看（表 7-7），虽然近年来环保支出占地区生产总值的比重总体呈上升趋势，但是与发达国家相比还有很大差距。20 世纪 70 年代，发达国家环境保护投资总额占 GDP 的比重为 1%—2%，其中，美国为 2%，德国为 2.1%，日本为 2%—3%[1]。我国在环保支出方面投入的资金相对匮乏。根据国际经验，当环保支出占 GDP 的比重达到 1%—1.5% 时，可以控制环境污染恶化的趋势；当这一比例达到 2%—3% 时，环境污染恶化情况才能得到改善。从经验上来看，目前京津冀在环境保护上的财政投资最多只能达到控制环境污染的目的，要想改善生态环境质量，还需要加大财政资金的投入。从京津冀节能环保支出近年的增长率来看，2008 年增长率最高，2015 年次之，增长率增长幅度并不稳定，且在 2016 年只增长了 4.97%。可见，京津冀地区的节能环保支出增长稳定性不足。

---

[1] 何利辉：《促进生态环境保护的财税政策探讨》，《财经科学》2016 年第 7 期。

表 7-7　　　京津冀近年来节能环保支出与地区生产总值情况

单位：亿元，%

年份	节能环保支出	节能环保支出增长率	地区生产总值	节能环保支出占地区生产总值的比重
2007	79.29	—	28113.22	0.28
2008	122.81	54.88	33845.98	0.36
2009	171.60	39.73	36910.36	0.46
2010	203.11	18.36	43732.30	0.46
2011	232.23	14.34	52074.97	0.45
2012	279.95	20.55	57348.29	0.49
2013	358.47	28.05	63399.68	0.57
2014	464.72	29.64	67290.54	0.69
2015	659.08	41.82	69358.90	0.95
2016	691.81	4.97	75624.94	0.91
2017	922.11	33.29	80580.45	1.14

资料来源：根据相关年份的《中国统计年鉴》数据整理。

从京津冀内部财政状况来看，生态环境建设是三地面临的共同任务，但各地实际面临的压力程度却不相同。2017 年河北总人口为 7520 万人，人均 GDP 为 4.52 万元/人；天津总人口为 1557 万人，人均 GDP 为 11.91 万元/人；北京总人口为 2171 万人，人均 GDP 为 12.90 万元/人。从人均 GDP 来看，河北人口众多，而经济实力和财政能力却最弱；北京经济实力和财政能力最强。河北作为我国头号钢铁大省，以高耗能产业为主导的产业结构很难快速转型升级，在京津冀协同发展中"三区一基地"的功能定位，又承接了京津大部分重工业企业，污染也随之转移，环境保护和污染治理的任务最重。而经济最发达、财政能力最雄厚的北京因为非首都功能的疏解，污染相对最小，环境保护和污染治理的任务最轻。政府间存在治理成本与利益分配的不平等问题。京津冀区域财力的不均等在很大程度上影响了京津冀区域生态环境治理和保护的财政政策效果。

2. 财政转移支付方式较为单一

中央财政为了保护和治理环境一般设立专项转移支付，对委托地方政府代理治理和保护环境的职能进行资金补偿。中央对京津冀环境治理和保护的专项转移支付的比重与发达国家相比相对较低，而且从转移支付的结构上来看主要是纵向转移支付，京津冀地方间的横向转移支付还没有完全建立起来。从转移支付的范围和数额上看，专项转移支付没有形成制度化，覆盖的范围有限，随意性也比较大，补偿数额不足，不能满足保护生态环境的需求。虽然自京津冀协同发展战略提出以来，北京和天津每年对河北都有财政的横向转移支付支持，但多以项目的形式合作，且财政横向转移支付的规模、投入方向、管理措施等没有配套政策与规定，缺乏一个持久的制度保障。

3. 财政补贴不完善，地方财政补贴压力大

财政补贴在促进京津冀生态环境协调发展中发挥了积极的作用，但也存在一些问题，财政补贴政策并不完善。一方面财政补贴覆盖范围比较窄，主要投入在生产环节，而对于重要的技术研发及消费环节投入则相对较少。另一方面补贴对象也不够明确。尽管已经出台了一些支持自然资源合理利用的财政补贴政策，但对享受补贴的行业、企业范围尚未予以明确。现有的财政补贴政策很大程度上用于支持常规的节能技术，而对创新项目的支持力度不够。一些企业因其特殊的节能方式并不符合现有财政资金支持的条件，因而无法获得政府的专项补助。

尽管中央给了一定的财政支持，尤其在一些重点项目上，比如大气污染治理和水污染防治方面，但关于生态环境的保护与建设大部分财政补贴主要还是靠地方财政。比如在促进京津冀生态环境质量改善方面，尤其是促进大气环境质量改善的"煤改气""煤改电"工作，由于京津冀及周边地区消耗了全国33%的煤炭，清洁燃煤集中供暖比例较低，散烧煤取暖使用量仍较大。但在工作推进过程中，天然气供应需求量大，而且基础设施改造和运行成本高，主要靠地方财政补贴，压力比较大。而且往往中央的一些专项补贴要求地方政府提供相应的配套资金，各地政府提供配套资金的能力则成为影响财政补贴大小的关键因素。

4. 专项资金来源单一，使用效率低

京津冀环境保护和治理的专项资金主要依靠中央和地方政府的财政

投入,来源比较单一,缺乏市场资金和私人资金的引入。如冬奥会项目基础生态建设资金主要是河北省省级补助资金 7 亿元和省级造林绿化补助资金 4 亿元、中央资金 31.09 亿元与新增专项债务额度 50 亿元。京津冀三地经济社会发展存在较大差距,同时环保投入需求非常大。单纯依靠政府资金,长此以往会使环保专项资金的投入缺乏均衡性、稳定性和长期性,不能有效引导和撬动社会资本的投入,进而不能保证环境治理和保护的效果。

专项资金还存在使用效率低的问题,根据财政部监督检查局于 2016 年组织部分专员办对部分地区在 2013—2015 年中央大气污染防治专项资金管理使用情况调查的结果来看,中央专项资金存在资金骗取、挤占、挪用、违反规定扩大开支范围和专项资金制度管理不严等现象。如 2015 年天津市环保局在中央专项资金中安排 425 万元用于黄标车淘汰工作中产生的交通、邮电、办公等费用,扩大了专项资金的开支范围。

5. 政府绿色采购制度不健全

京津冀三地财政收入水平和财政支配力度差异过大,北京市和天津市的一些绿色采购做法,无法推广到河北省各地,使政府采购区域内协调力度不足。受制于政府财力紧张等因素的影响,政府低碳采购、绿色采购尚未转化为普遍行动,影响了政府采购引领低碳发展的作用。

京津冀政府绿色采购范围有限。政府采购文件中要求各级政府在同等情况下,应当优先采购环境标志清单和节能清单中列示的产品。但清单中所涵盖的节能环境标志产品范围较窄,节能产品整体规模偏小。政府绿色采购中节能服务采购涉及的也很少。而且节能产品认证也存在一些问题。节能产品认证周期长,滞后于产品更新速度;清单发布时间也不固定,给各地政府采购中心执行采购清单带来不便;节能产品还存在着重复认证和认证结果不能互认的问题。此外,政府绿色采购还缺乏有效的绩效考评机制。现行的政府绩效考评体系中既没有对环保节约产品采购的评价指标,也没有对环保节约效果的评价制度,无法直接评估政府采购政策对促进环境保护的有效性。

(二) 税收政策方面存在的问题

1. 环境保护方面的税制不合理

（1）资源税税费关系错位。尽管经过多次调整，我国资源税制功能定位和征收范围不合理等问题依然存在，资源税制调控资源合理利用的效果有的并不理想。比如在土地资源保护上，仅靠城镇土地使用税和耕地占用税两个主要税种的作用远远不够；资源税仅包括水资源、原油、天然气、煤炭、其他非金属矿原矿、黑色金属矿原矿、有色金属矿原矿和盐8种资源，对京津冀生态环境具有重大生态经济价值的生物资源、森林资源等还没有纳入征税范围，对不合理的过度开采行为缺乏有效的制约，不利于京津冀生态环境以及经济的可持续发展。

自然资源税费关系错位也是普遍存在的问题。自然资源的专门税费所占比重较小，一般税费所占比重偏高。比如调研的河北209家矿山企业的资源税、资源补偿费、矿业权费等专门税费所占比重仅为5.84%，增值税、企业所得税等一般税费却占到84.65%[①]。政府在自然资源收费上名目也比较多，有的时候甚至会出现"费挤税"的现象，加重企业的负担，甚至会影响这些企业间的良性竞争，不利于自然资源的合理开发和利用。

（2）消费税引导消费的功能不显著。消费税采用价内税方式计税，作用不如专门针对环保而征收的税种显著，毕竟征收消费税的主要目的是调节消费结构和增加财政收入，而不是专门用于防治环境污染；并且消费税课税范围较窄，比如煤炭、电力等对环境容易产生污染和危害的产品未纳入征税范围，在一定程度上削弱了其应有的环保消费的导向作用，对引导自然资源合理利用的作用有限。

（3）环境保护税征收成本高。2018年开征了环境保护税，但税目设置、税率等方面还有待完善，与国际上已经建立起来的环保型税收体系存在较大差距；加之征管准备工作不到位，还存在很多问题需要解决和完善，曾影响排污费征收力度与效果的许多因素仍制约着环境保护税的征管。无论是排污费还是环境保护税，都难以避免信息不充分以及高

---

① 蓝妮拉：《我国矿产资源税费制度研究》，硕士学位论文，桂林理工大学，2014年。

成本导致的征收效率低的问题。污染排放本身所具有的外溢效应，还可能对环境税费政策目标的实现产生重大影响，进而削弱地方环境保护税征收的激励作用，降低其征收力度。当周边地区放松环境税费征收时，本地区将有较大可能选择同样放松征收，而本地区的策略选择又将进一步对周边地区产生影响。如此循环往复，临近地区的环境税费政策执行将逐步陷入"囚徒困境"式的竞底局面[①]。因此征收环境保护税对促进京津冀生态环境协调发展的作用就目前而言还比较有限。

2. 税收优惠方式单一，作用不明显

我国促进环境保护的税收政策比较分散，缺乏系统性。目前关于环境保护方面的税收优惠政策主要涉及的税种有环境保护税和增值税、企业所得税等一般辅助税种，零星分布在房产税、车船税等小税种中，税收优惠政策适用的范围较窄。在环境保护领域，一般通过加速折旧、税收抵免等直接税收优惠形式来降低企业税收负担，进而鼓励企业采取环保行为；而一般通过实施优惠税率、降低计税依据等间接税收优惠形式来降低企业的生产经营成本，进而促进企业生产更多的环保产品。而我国现行的税收优惠政策中多以免税或减税的直接优惠和事后补偿政策为主，国际上通用的加速折旧、延期纳税等间接优惠方式应用较少，形式比较单一，缺乏灵活性。

3. 生态补偿机制不完善，生态补偿资金总体不足

关于生态环境补偿，有政府补偿和市场补偿两种方式。京津冀目前主要以政府补偿为主，过分依赖财政支持，导致生态补偿资金总体不足，来源单一，且尚未建立稳定长效的增长机制。由于地方政府财力有限，生态补偿转移支付主要依赖中央对京津冀的纵向转移支付，而京津冀三地之间出于对自身利益考虑，很少愿意或者把较少的财政资金转移支付给其他地方政府，这就造成了在治理环境的时候会出现"短视效应"，限制了综合环境治理的效果。虽然河北与北京、天津分别建立了密云水库上游水源涵养区、引滦入津上下游横向生态保护补偿机制，累计获得中央奖励和京津补偿13亿元，但京津冀地区的生态环境协

---

① 黄健、李尧：《污染外溢效应与环境税费征收力度》，《财政研究》2018年第4期。

调发展的速度远低于长三角和珠三角地区,而且这些横向补偿多以项目的形式进行合作,使京津冀的横向补偿缺乏稳定性和长期性。而且这种横向补偿还取决于决策者意愿和当年的财政预算,目前还没有统一的法律和政策规制,使得京津冀地区的生态补偿机制缺乏一种制度性保障。

4. 税收分享机制不合理

上文已分析过,京津冀各地在经济、财政能力与治理和保护环境的任务上差距悬殊。北京市有48家世界500强总部,数量居世界第一,而天津仅有2家,河北省仅有3家。相比北京的总部众多,天津和河北则聚集了较多的分支机构[①]。在企业所得税和增值税等税种方面,北京作为总部经济集中地,获得较多的税收收益,而津冀地区则税收收益较少。尤其在产业跨区域迁移过程中,处于总部经济所在地的区域对分支机构经营地争夺企业所得税的现象仍然非常突出,有的甚至把本来应由分支机构经营地获得的企业所得税纳入了总部经济所在地。这不仅在税收法律制度上违背了地域管辖权优先征税要求,不符合国际通行的准则和规范,也不利于跨行政区之间的项目合作与发展,影响了产业承接地和分支机构所在地的税收收入。随着京津冀产业转移的加快,在目前总分机构税收分配的制度框架下,作为产业转移承接地的天津与河北,会出现产业转移增加而由此带来的税收贡献率低下的情形,而且要承担可能带来的环境污染的代价。

第三节 促进京津冀生态环境协调发展的财税政策建议

一 财政政策

(一) 加大环境保护的财政投入,完善环境保护事权分配机制

根据国际经验,要想改善环境污染的情况,环保支出占 GDP 的比

---

① 高玉:《京津冀协同发展税收分享政策研究》,《首都经济贸易大学学报》2015年第6期。

重要达到2%—3%,而京津冀地区乃至我国都还达不到这个水平,表7-8显示2007—2017年京津冀环保支出占该地区GDP的比重,只有北京2017年的环保支出比重达到了1.64%,接近2%的国际标准,河北和天津的环保支出比重较低,尤其是河北最低,2017年仅有1.04%。所以,要想改善京津冀地区的生态环境状况,加大对环境保护和治理的财政资金投入是首要的和十分必要的保障。

表7-8　　京津冀各地近年来环保支出占地区生产总值的比重　　单位:%

年份	北京	天津	河北	京津冀地区
2007	0.32	0.12	0.32	0.28
2008	0.32	0.16	0.48	0.36
2009	0.44	0.18	0.60	0.46
2010	0.43	0.29	0.56	0.46
2011	0.58	0.29	0.43	0.45
2012	0.64	0.30	0.48	0.49
2013	0.68	0.34	0.60	0.57
2014	0.97	0.37	0.65	0.69
2015	1.28	0.44	0.94	0.95
2016	1.42	0.37	0.82	0.91
2017	1.64	0.59	1.04	1.14

资料来源:根据相关年份的《中国统计年鉴》数据整理。

生态环境保护和治理属于公共产品,具有非竞争性和非排他性,在保护和治理过程中很容易出现个人、企业,甚至一些地方政府"搭便车"的现象和行为。所以要充分发挥政府在环境治理和保护中的主导作用,同时合理界定中央与地方的事权。京津冀生态环境协调发展是京津冀协同发展的重要内容之一,是重大的国家发展战略,中央财政应承担更多的事权和支出责任。目前已出台的《京津冀协同发展生态环境保护规划》,规划了近5年的生态环境标准目标,目标年份2020年很快就到了,中央政府还需要制定进一步的目标和标准,并对跨区域的环境污染治理给予足够的财政补贴,同时增加转移支付给京津冀政府,来弥补地区环境治理并减少跨界污染所带来的损失。中央财政转移支付资金还要重点向环境治理任务重、人均公共财力水平低的津冀地区倾斜，使公共财力水平低的区域能够承担起财政支持和治理环境污染的主要任务。

京津冀各地政府应在中央环境治理标准的前提下制定本地区的标准，同时承担跨区域性污染物治理责任。据中国发展研究基金会发布的《中国城市群一体化报告》，京津冀地区与珠三角和长三角相比，一体化严重受制于区域内经济发展差距，以及公共财政支出差距所反映出的制度协同困难。中央和地方政府在京津冀生态环境协调发展中都应各自履行好自身的职责，加大对环境保护和治理的投资，减少不同地区的环境质量和环境治理水平的差异。经济发达的北京和天津应多出力，协同经济实力和财政能力较弱的河北地区治理环境污染，避免出现"越位""缺位""失位"等情况。

（二）构建完善的纵向和横向相结合的财政转移支付体系

财政转移支付资金是保护和治理环境的最有效的物质保障。加大中央对京津冀环境保护财政转移支付的资金支持力度，是落实国家重大战略，促进环首都地区生态环境保护的客观需要。中央政府应加大对京津冀地方政府的转移支付力度，协助其区域内生态环境建设；同时通过政策和法律的制定逐步规范地方各级政府的财政支出责任，进一步完善转移支付制度，以实现支出效率最大化。鉴于京津冀区域内财权和事权的不平衡，还需要建立和完善横向财政转移支付机制。经济发达的北京、天津重点向河北经济欠发达、污染最为严重的地区、重要的生态功能区以及流域源头地区进行横向资金补偿和支援。目前虽然存在京津对河北的横向转移支付，但金额较小，合作范围有限，也缺乏一个长期有效的制度保障，横向转移支付机制并不完善。建议在扩大一般性转移支付的纵向转移支付和完善横向转移支付的前提下，在京津冀地区建成一个纵向转移支付为主、横向转移支付为辅、纵横交织的转移支付制度体系，以更好地促进京津冀生态环境的协调发展。

（三）完善财政补贴制度，缓解地方财政补贴的压力

拓宽财政补贴覆盖范围，财政补贴应覆盖资源节约与循环利用，环

保领域的技术研发与创新，环保产品的推广与使用以及节能服务产业的发展。同时明确财政补贴的对象和企业。此外，财政补贴的标准和政策还应多向创新环保项目倾斜，支持创新环保产业的发展。

在环境治理和保护方面中央应加大对地方财政的支持与投入，缓解地方政府在治理环境中的财政压力。同时清理、整合、规范专项转移支付项目，调减或取消各类专项投资的地方配套比例，缓解地方政府尤其是一些市县的财政压力。各地地方政府也应积极开拓用于环境治理和保护的资金来源，不能单纯依靠中央政府的拨款和自身的财力。可以通过一些政策调动企业甚至个人的环境保护行为的积极性，充分利用企业和个人的民间资本，使全民参与到京津冀环境保护和生态建设中来。

（四）拓宽资金的筹资渠道，提高资金使用效率

资金投入是京津冀生态环境协调发展的重要保障。在目前国家财政投入有限的情况下，需要创新各种财税政策，鼓励多渠道投资生态补偿机制的建立，不能仅靠政府的力量，还应该充分调动非政府组织和个人的积极性。京津冀区域内部经济发展严重不平衡，尤其是环境污染较为严重的河北，经济实力和财政能力又比较差，所以需要借助市场力量的决定作用和全社会的共同努力，协同治理。

可以通过建立生态环境保护基金的方式，鼓励非政府组织和个人出资支持京津冀地区的生态恢复和建设。基金来源主要为政府资金、社会资金和增值收益三个方面。财政政策还应与金融政策相互配合，充分发挥市场机制的激励作用，调动排污企业、环保公司、金融机构、社会资本的积极性，构建多元化的环境保护投入融资格局。以改善区域生态环境质量为导向，建立多元化的资金投入模式，为解决区域紧迫生态环境问题提供资金保障。此外，借助如世界银行等国外机构和TNC、WWF等国外非政府组织提供的相应的基金和项目，也是扩充京津冀生态环境建设资金的重要途径之一。

针对资金使用效率问题，政府相关部门应明确规定专项资金的使用范围，同时加大对专项资金或基金使用的监管。还可以强化对资金的绩效管理，将专项资金的使用及其效果纳入政府绩效考核标准，同时对不按规定使用专项资金的给予严厉的批评，并采取一定的惩罚措施，比如削减下一年度该项财政拨款。

（五）完善政府绿色采购制度

由于京津冀三地财政收入水平的差异，导致北京和天津的一些绿色采购做法，无法推广到河北。京津冀协同发展领导小组应根据三地协同发展和河北的特殊情况，量身定制一套暂时的、过渡性的能够与京津政府绿色采购相对接的采购办法，同时需要京津政府绿色采购在初期对河北采购和环保产业进行支持与政策倾斜，让京津冀政府低碳采购和绿色采购真正落到实际行动中来，并逐步转化为普遍行为。

京津冀要合理运用政府绿色采购政策，完善绿色采购相关办法和实施机制。首先应扩大绿色产品的政府采购范围。一是尽快制定和完善政府采购中的环境标志清单和节能清单，借鉴发达国家的经验，在《政府采购法》中补充关于绿色采购的当事人、采购方式、采购合同和采购程序等内容，并详细规定和扩大相应采购产品的范围，增加节能服务采购清单。二是要不断完善动态的政府绿色采购清单目录，及时发现和寻找符合要求的绿色产品，对采购清单进行补充。其次，透明化绿色采购流程，严格政府采购的"绿色"标准，完善政府环境保护和治理的制度保障体系，通过制度化的政府绿色采购，发挥政府对环境治理的示范作用，并引导和鼓励企业提供环保型产品和服务。此外，建立绿色采购的绩效考评制度，将环保节约效果考评纳入政府的绩效考核体系中。这样一方面可以加强对环境保护相关产品清单列制的监督和管理，另一方面可以有效地鼓励和督促政府绿色采购的发展和完善。

二 税收政策

虽然环保税征收在一定程度上弥补了多年来我国在环境保护方面的税收体系的空白，但至今尚未形成一套完善系统的"绿色税制"。税收政策要想在京津冀生态环境协同发展中发挥有效的作用，还需要建立一套生态税收体系，充分发挥各个税种的调节作用。

（一）建立生态税收体系，完善资源税、环境保护税等税收制度

1. 完善资源税

（1）扩大资源税的征收范围。适当扩大资源税的征收范围，加快对除矿产资源、盐和水资源以外的自然资源征税的进程。考虑到国情和具体操作的可行性等问题，可以先对紧缺的、非再生的、非替代性的资源征税。对其他自然资源征税，可以借鉴水资源试点的办法，选定一个省份作为试点，出台具体的征收办法，在实践的基础上总结经验教训，逐步将森林资源、草场资源、海洋资源、动植物资源纳入征税范围，从而减少现行资源税体制下对于非税资源的不合理开采与浪费的现象，保证资源的可持续利用与经济的可持续发展。这样可以在源头上减少资源浪费，治理环境污染，从而使一些环保意识差的企业向大气和水中排放污染物的行为得到一定的抑制和收敛。

(2) 调整资源税税率。与国外相比，我国的资源税的税负水平过低。根据"不可再生资源高于再生资源，稀有程度大的资源高于普通资源，再培育周期长的资源高于再培育周期短的资源"的立法宗旨调整相应的税率。在具体税率的设计上，应该充分考虑资源的稀缺性和政府对其开采的限制程度，实行有针对性的差别税率。如对稀缺性的不可再生的资源实行高税率，对资源储量大关乎国计民生的实行较低的税率，等等。另外，在国际能源价格不断上涨的背景下，现行的静态税率并不能让资源税随着国际资源价格的变动而变动，在以后的税率改革中，对于价格波动较大的能源可采取动态税率，由此既可以增加政府的财政收入，又可以加大对资源的宏观调控力度，实现双赢。对于生物资源可依据生物对生态环境的不同作用采用不同的税率，如对森林、草原等可再生资源制定较低的税率。同时，为了促使企业尽量提高资源的回采率，可考虑将税率与资源回采率和环境修复挂钩，按资源回采率和环境修复指标确定相应的征税标准。

2. 借鉴国际经验，完善环境保护税税制，降低排污费的影响

国际上环境税大致包括碳税、硫税、水污染税、噪声税、固体废弃物税五种，而我国的环境保护税主要涉及大气污染、水污染、固体废弃物和噪声污染四方面，不管是征税范围、税率，还是计税方式，几乎是以前排污费的平移。美国多年来坚持环保税收政策，虽然汽车数量不断增加，但二氧化碳的排放量比20世纪70年代减少了80%，空气质量得到很大改善。我国应借鉴国际上比较成熟的尤其是OECD成员国的征收

经验，完善环境保护税的征税科目，细化环境保护税的税目，以更好地促进生态环境的治理和保护。在合理确定环境保护税税率方面，应借鉴发达国家较为成功的经验，不同的应税污染物采取不同的合理的计税方式，改变传统的统一实行从量计征的"一刀切"的方式。在环境保护税征管方面，应严格审核工业企业的准入制度，充分发挥好"企业申报、税务主导、环保协作、政府协调"这一征管模式；制定税收征管方面配套的法规和实施条例，并加大执法力度，税务局应当联合环保机构及其他行政机构严格执法，做到违法必究、严惩不贷。加强环境保护税征管的区域联动，并健全区域间环境污染外溢效应补偿机制，使之与环境保护税互为补充，调整地区污染所产生的私人成本和社会成本的差异，促使地区间污染外溢效应内在化[①]。尽量削弱曾经影响排污费征收力度与效果的诸多因素对环境保护税征管造成的影响。

3. 强化消费税的调控

消费税的税目设置应考虑环境保护的因素，在立法基础上适当扩大消费税的征收范围，把对环境有危害的商品和排放量大的能源类产品纳入消费税的征收范围，如塑料袋、天然气、液化气、煤炭等。另外，可以考虑改变消费税的课税环节和计税方式，将生产环节计税改为消费环节计税并由价内税改为价外税征收，增加纳税人即消费者对税收的认知，减少对环境污染消费品的消费。

总之，我国应尽快建立并完善一套系统的"绿色税制"，建立一套生态税收体系，合理确定环保专门税种和一般辅助税种的关系，充分发挥环保专门税种对环境保护的作用。同时从法律上和制度上约束政府的收费行为，并实施有效的监督机制。

（二）完善税收优惠方式，充分发挥税收优惠的调节作用

京津冀地区建立一套完善的生态税收体系，不仅应依靠国家颁布的环境保护方面的法律，还应充分发挥区域协同组织的作用，制定相关的税收优惠政策，通过相应的税收优惠来发挥税收对生态环境治理与保护的调节作用。京津冀地区还应充分利用比如加速折旧、延期纳税等间接

---

① 黄健、李尧：《污染外溢效应与环境税费征收力度》，《财政研究》2018年第4期。

优惠方式，将直接税收优惠和间接税收优惠方式相结合，充分发挥税收优惠在京津冀环境保护和治理中的作用。

在增值税税收优惠方面，应继续加大对资源综合利用生产方式实行税收优惠，鼓励企业采用清洁生产工艺、清洁能源、综合回收利用废弃物进行生产。相反，对在生产中严重污染环境的企业则应加重课税力度。在所得税上，对企业和个体经营者为治理污染、调整产品结构、改革工艺、改进生产设备发生的投资给予税收抵免的优惠，对从事污染治理的企业应给予免征或减征企业所得税的优惠；对于企业用于治污的固定资产给予加速折旧的政策，对于企业购买的用于防治污染的专利技术等无形资产允许一次摊销；对于企业为治理污染而开发的新技术、新产品、新工艺所发生的研究开发费用进一步提高加计扣除的优惠待遇。同时，对重点扶持和鼓励发展的生态产业和项目给予企业所得税优惠，对带动农业产业化的重点龙头企业给予所得税的减免，对进行环保产品技术开发和生产的企业给予所得税上的减免、固定资产的加速折旧等一系列优惠，通过税收政策支持生态工业园区内企业的发展和生态环境的保护。我国总体上税收优惠效率偏低[①]。应进一步加大税收优惠政策的宣传力度，让生产者及时了解并充分利用税收优惠政策，通过减轻税负来实现税收优惠激励环境治理的目的。

（三）拓宽生态补偿资金的筹集渠道，健全生态保护政策协同机制

1. 多元筹集生态补偿资金

拓宽生态补偿资金的筹集渠道是京津冀生态补偿机制建立的必要条件。生态补偿资金筹集是生态补偿的核心问题。而目前京津冀的生态补偿基金主要来自中央财政纵向转移支付，这远远不能满足完善生态补偿机制的要求。拓宽生态补偿资金的筹集渠道，可以设立生态补偿环保基金，充分利用市场机制，调动、支持和鼓励社会资金参与生态环境建设和污染治理的投资，形成多渠道、多层次、多形式的资金投入机制。还可以引入金融市场机制，如生态补偿债券、生态建设配额交易、中长期环保债券等筹集手段。或者像福彩、体彩那样设立生态彩票，筹

---

① 张玉：《财税政策的环境治理效应研究》，经济科学出版社2014年版。

集民间资本。

2. 健全生态保护政策协同机制

首先，建立跨区生态环境执法机制。通过构建跨地区的京津冀权威生态环境执法体系，整合生态环境机构各部门的监管职责，明晰相关污染防治和生态保护执法职责。一方面，依托生态环境监管大数据平台，推动大气、水、土壤等环境质量和重点污染源、生态状况等实现监管全覆盖。另一方面，建立跨部门联合奖惩机制，重视环保信用评价、信息强制披露、严惩重罚、信息公开等制度，着力破解"企业污染、群众受害、政府埋单"困局。再者，全面推进排污许可制度改革和排污权交易改革。扩大排污许可覆盖范围，完善排污许可证信息化管理系统，健全事中事后监管，强化征后监管；建立排污权储备体系，积极推进排污权交易机制的建立与完善，增强企业自主减排的积极性。

其次，建设生态保护补偿评估机制。科学研究并动态设立生态保护补偿统计指标体系，为提升现有生态保护补偿标准提供科学依据，从而真正实现"受益者付费，保护者得到合理补偿"的生态补偿目标，从而降低以至消除生态保护中因利益和成本而产生的保护阻碍。

三 综合政策

单纯依靠单一的财税政策"孤军奋战"，对促进京津冀生态环境协调发展的作用毕竟有限，在京津冀三地协同合作的情况下，应将财税政策与其他手段或政策相结合，注重政策间的相互协调与配合，能使财税政策促进京津冀生态环境协调发展的效果倍增。

(一) 财税政策与金融政策相互配合

受行政体制约束的影响，京津冀之间尚未建立区域内的财税金融横向协同配合机制，虽然中央政府每年对京津冀各地区都有一定的转移支付，设立环境治理多领域的专项资金，采取"以奖代补"的资金补助政策等，但对于财力和经济实力相差悬殊的京津冀来说，尤其是实力较弱的河北，受制于地方财政的困难，中央财政拨款的作用有限，财力困难的地方政府很难拿出足够的资金或者相应的配套资金来治理环境污染。2017 年北京环境保护支出为 458.44 亿元，而河北只有 353.45 亿元。所以充分利用金融政策，并将财税政策与金融政策相互配合，能更好地促进京津冀生态环境的发展。

1. 完善税收制度和金融制度，提供长效保障机制

京津冀的环境保护既要明确考核目标和任务分工，又要注重协同合作，牢固树立区域环境效益至上的理念，创新体制机制，最大限度地克服各种阻碍协同合作的制度障碍和行政体制障碍，按照"绿色税制"的要求完善税收体系。首先，对于总部与分支机构不在同一地区的企业，按照地域管辖权优先征税，并依居民管辖权补征税款的要求，制定京津冀跨区域的统一、规范的企业所得税核算标准和分享办法，克服税收分享问题障碍。其次，统一税收征管的执行标准，以解决三地执行标准差异所带来的一系列问题。此外，还应完善金融制度。通过金融管理，比如信贷管理体制创新和增加绿色信贷权重考核体系等举措，对环境污染治理任务重、经济水平有限的地区，增加其节能减排和产业结构调整的绿色信贷指标，提高其金融机构存贷比水平。

2. 优化财政金融工具组合，提高政策组合效能[①]

京津冀的生态环境建设与保护是一场持久战。针对京津冀区域内客观存在的财政金融资源差距，应优化财政金融工具组合，发挥好财政引导与金融支撑的组合效应的作用。在注重发挥财政政策引导力和财政投资吸引作用的同时，要更加注重发挥市场的决定性作用，发挥多层次资本市场融资功能，多渠道引导商业金融机构、实体企业、社会资金积极投入到环境保护行动中，为治理环境污染提供相应的资金保障。

3. 合理调整京津冀区域内财政金融关系

合理调整区域内财政金融关系，国家应对环境治理任务重的地区增加信贷指标，将低碳环保的绿色指标纳入地方政府信贷考核体系。既可以更好地为环保产品企业提供信贷支持，又可以用严格的贷款标准对"两高"行业进行限制，从而积极利用金融杠杆保护环境。京津冀地区

---

① 王延杰：《京津冀治理大气污染的财政金融政策协同配合》，《经济与管理》2015 年第 1 期。

应按照区域环境效益最大化的要求优化区域内的资源配置,把有限的资源重点用于最能取得京津冀区域环境效益最大化的地区和行业。比如把绿色优质资源更多地投向河北,可以实现京津冀区域环境效益的最大化,弥补河北新兴产业和服务业发展相对薄弱的不足。

(二) 建立和优化京津冀生态环境协调发展的财税法律体系

京津冀区域协调发展中最大的障碍在于区域内各方利益的冲突和协调,既包含政府内部、政府与企业及个人之间的利益冲突和协调,也包含着经济发展和生态环境协调发展之间的利益冲突和协调。在各方利益冲突和协调过程中,统一的财税法律制度和体系建设是解决问题、协调矛盾的根本的制度上的保障。建议将财税法律制度融入京津冀生态环境协调发展,运用财税法律制度着力解决生态环境协同发展中遇到的财税问题,有利于促进和完善区域协同发展的整体架构。

1. 制定京津冀地区生态保护综合性立法

到目前为止,尽管京津冀取得了很多共享共建、协同发展的成效,但在环境保护和治理的综合性立法方面仍有很多空缺,需要通过综合性立法来填补。首先,在宪法中应增加有关生态环境协同治理的财税基本法,各财税单行法以及京津冀生态环境协同发展的财税立法都必须以"财税基本法"为依据。其次,统一三地生态保护立法,将各行政区划内的独立立法在服从"财税基本法"的前提下统一为京津冀地区生态保护综合性立法,增加京津冀三地区间环保立法的统一性和协调性。

2. 调整地方性立法

京津冀三地目前地方性立法具有一定的差异性,甚至一些地区之间的地方性立法还存在冲突。随着京津冀地区社会经济的不断发展变化,地区之间的地方性立法会出现越来越多新的、明显不协调的地方。因此,区域内生态保护综合性法律的建立刻不容缓,在发挥三地创造性的同时结合京津冀各地的实际特点,制定区域冲突法规清理的具体标准,规范冲突法规清理的操作程序。加强三地政府的内部协作,在财税立法工作上多进行沟通与协商。还可以设立京津冀生态环境保护法庭,专门处理京津冀地区的跨区域环境案件。

第八章　促进河北省建设全国商贸物流基地的财税政策[①]

第一节　河北省商贸物流业发展现状及目标差距

一　河北省商贸物流业的发展历程

我国物流业起步比较晚，在20世纪80年代也就是改革开放初期才引进了现代物流理论，历经三十多年的发展，如今已经成为我国国民经济的支柱产业，是我国未来经济发展的新动力。

随着物流业的快速发展，商贸物流作为行业物流的重要分支，发展势头迅猛。在2011年商务部发布的《商贸物流发展专项规划》中，第一次明确了商贸物流的概念和其战略性地位；此后，关于商贸物流的政策和研究层出不穷，商贸物流俨然已经成为当今最热的新兴产业。2016年中国物流总额达到了229.7万亿元，按可比价格计算，比上年增长6.1%，增速比上年提高0.3个百分点；[②] 到2017年，中国物流总额增长到了252.8万亿元，同比增长6.7%，其中增加值占GDP的比重为5.4%，占服务业增加值的10.6%。2016年我国社会物流需求稳中有升，社会物流总费用为11.1万亿元，同比增长2.9%，增速与上年基本持平，物流业增加值占GDP的5.1%，占服务业增加值的9.8%，表明我国物流运行效率和质量都在不断提高。[③]

[①] 本章是由杨鹏展博士在其硕士学位论文的基础上修改完成，特此声明。
[②] 中国物流与采购联合会：《中国物流年鉴（2017）》，中国财富出版社2017年版。
[③] 《中国商贸物流运行报告》（2017年），商务部流通发展司、中国物流信息中心。

如今，商贸物流业已经在珠三角、长三角等地处于领先地位，而在京津冀这个商贸需求巨大的区域，商贸物流业还有着很大的发展潜力。河北省商贸物流业的发展一直落后于京津地区，但是河北省委、省政府高度重视商贸物流业的发展，近几年先后出台了《河北省现代物流业"十二五"发展规划》，冷链物流、快递物流、煤炭物流等专项物流规划等一系列政策性文件。

在2014年《京津冀协同发展规划纲要》中，明确了河北省建设"全国现代商贸物流基地"的定位，之后，河北省人民政府积极规划，出台了《河北省建设全国现代商贸物流重要基地规划（2016—2020年）》，积极探索京津冀协同发展的道路，力求将商贸物流业打造成河北省第一大支柱产业。京津冀协同发展给河北省带来了良好机遇，河北省应借助此股"东风"，弥补短板，大力发展商贸物流，从而实现从依靠第一产业、第二产业的粗放经济发展模式转型为依靠第三产业服务业的集约型发展模式。

二 京津冀协同目标下河北省商贸物流业的定位与作用

（一）京津冀协同发展中"全国商贸物流基地"的定位

京津冀一体化协同发展是重大国家战略，而《规划纲要》中河北省"三区一基地"的功能定位，"全国现代商贸物流重要基地"排在首位。其中指出，商贸物流业是京津冀协同发展的引领性、支撑性和战略性产业，加快其发展对促进产业转型升级、有效支撑京津冀产业协同创新发展，具有重要战略意义，可以看出国家对河北省发展商贸物流业的高度重视。

关于"全国现代商贸物流基地"这个定位的内涵，在《规划纲要》中并没有用过多的笔墨描述，因此京津冀三地都有不同的理解，造成较大争议。本书下面将分析两种观点，并给出自己的见解。

第一种是北京和天津的理解。按照北京的理解，《规划纲要》的核心就是疏解北京非首都功能。商贸物流业不属于北京定位的四个中心——"全国政治中心、文化中心、国际交往中心、科技创新中心"，因此要转移到河北，让河北成为商贸物流基地，服务于北京。而对于天津，虽然也有疏解其非首都功能的任务，但是天津掌握的自贸区和国际口岸等重要优势资源，是不愿意放手交给河北的。因此北京、天津在一起制定《京津冀商贸物流业协同发展规划》的细则时，仍然将北京、天津作为"一核、双城"的主要引擎，北京推动首都区域性商贸物流功能有序疏解、打造商贸物流科技创新引领区，天津推进国际商贸与物流资源整合，成为引领京津冀国际商贸物流发展的核心引擎，然后才是联动河北，让河北服务于京津。

第二种是河北省的理解。《规划纲要》出台以来，河北省可谓是相当重视，尤其是对于发展"全国现代商贸物流重要基地"。为了全面落实《规划纲要》，河北省人民政府围绕河北省定位与优势专门制定了《河北省建设全国现代商贸物流重要基地规划（2016—2020年）》。该规划的核心是服务京津、发展河北，发挥好河北省的区位交通和资源优势，发展壮大商贸物流业，尽快将其打造成新的支柱产业。其中明确要打造"一环、两通道、多节点"的商贸物流空间结构，并且已经对部分首都商贸市场的承接地做了详细规划。

河北省商务厅对"全国现代商贸物流重要基地"的定位有全新的理解。首先，它们认为"商贸物流"是商贸和物流的大概念，包含的范围十分广泛；其次，对于"全国商贸物流重要基地"，它们认为不仅仅是服务京津，而是要带动鲁豫晋蒙辽等周边地区，从而延伸向全国，最终和国际商贸物流接轨；最后，对于定位中"现代"两字的理解，应该是和传统商贸物流业态有明显区分的现代商贸物流，主要应体现在商贸物流的标准化、智能化，升级物流装备技术，实现物流配送的信息化和网络化，同时发展绿色低碳的商贸物流，发展高端商贸物流业态。

总之，因为各地自身利益关系，京津冀三地对于"全国现代商贸物流基地"的定位有很大争议。虽然北京的首要任务是疏解"非首都功能"，但是它们也不想放手商贸物流的核心利益；天津拥有国际商贸物流的巨大优势，更不可能放弃发展商贸物流的绝好时机；而河北省作为京津冀中最弱的一环，自然想抓住《规划纲要》这把尚方宝剑，为河北省经济寻找新的增长点，把商贸物流业发展为河北省的支柱产业。

河北省商贸物流业近几年总体发展水平不高，发展方式比较粗放，和京津地区的商贸物流业还有一定差距。河北省应认清自己现在的发展水平和在京津冀三地中的地位，判断好未来形势，从京津冀协同发展的大局出发，对河北省商贸物流业进行明确的定位。

首先，尽管中央一再强调要打破"一亩三分地"，但是京津冀三地的各自利益是很难打破的。河北省和京津差距很大，要深刻认清自己的水平和位置，认清京津冀三地发展的形势。河北省有雄心壮志是好的，但往往很多是"一厢情愿"。河北省要摆正态度，明确定位，合理制定目标，才能够真正实现京津冀商贸物流的发展。

其次，河北省应把握住京津冀协同发展的良好机遇，既然国家发布《规划纲要》把"全国商贸物流基地"给河北省，那么河北省应该通过各方的努力，争取更多的政策。河北省还应该通过财政政策、税收政策和相关优惠政策吸引京津企业来入驻河北，创新财政支持方式，各个部门要统一意见，改变河北省商贸物流业的落后状态，将短板变成机遇，将劣势变成优势。

最后，河北省要想真正从京津冀协同发展中获益，需要做长远规划，一步一步来。首先以京津冀一体化大局为重，以服务京津为首，主动承接京津商贸物流功能转移，利用好自己的区位优势和交通优势，建立商贸物流转移承接地；其次，发展商贸物流，应该以交通铁路为突破口，只有建设铁道上的京津冀一体化，才能降低物流成本，发展物流业。物流业的发展是商贸繁荣的基础，本书正是以物流发展作为突破口，梳理河北省物流业发展的历程和问题，针对目前财税政策的不足，提出相应政策建议。

（二）河北省商贸物流业在京津冀协同中的作用

1. 商贸物流业的发展促进京津冀基础产业的发展

商贸物流业属于经济系统的基础产业，具有十分重要的地位。经济学家早在20世纪60年代，就认识到物流业的重要性，将其看成是"降低成本的最后边界"和"第三利润源泉"。国际上一直把物流业看作是国民经济发展的动脉和基础产业。商贸物流业的繁荣将大大带动京津冀三地基础设施的建设，带动铁路、城际交通网络的建设，提升物流业运转效率，促进物流园区的建设和集聚，从而带动其他产业的发展。

2. 商贸物流业的发展将成为京津冀经济增长新的动力

在我国供给侧结构性改革、产业转型升级的背景下，京津冀地区需要转变经济发展方式，尤其是河北省作为钢铁、煤炭大省，在去产能的同时，需要寻找新的经济增长点。近年来，商贸物流业的快速发展逐渐成为带动京津冀地区发展的新动力。同时，商贸物流业作为社会的先导产业，其本身的发展还将带动京津冀地区其他产业的发展，扩大消费需求，繁荣市场经济。

3. 商贸物流业的发展将给京津冀消费者带来便利

商贸物流业作为京津冀经济运行的加速器，首先，可以通过物流配送来为京津冀三地本地企业服务，将京津冀地区优势企业的影响力发挥出来，建立"产地型"商贸物流业，从而带动促进周边省份的企业发展；其次，加快商贸流通，降低流通费用，活跃京津冀地区这个大市场，为京津冀地区的消费者带来福利；再次，可以通过发展商贸物流业，建立"集散型"商贸物流中心，吸引全国甚至是国际物流聚集，形成大型集散枢纽中心，为生产企业和消费者提供廉价、快捷、方便、高效的服务。

三 河北省商贸物流业发展与京津冀协同目标差距分析

(一) 河北省商贸物流业发展水平的现状与目标差距分析

在京津冀协同发展的背景下，河北省商贸物流业迎来了历史性发展机遇，但同时，我们也应该清楚地了解我们现阶段的真实发展水平，本节将从基础条件、发展规模、产业结构、产业业态和运行情况五个方面来分析河北省商贸物流业发展水平和与京津冀协同目标的差距。

1. 基础条件

首先是市场需求量大。目前京津冀三地总人口共有1.2亿人，消费需求量巨大，也是全国商贸物流最活跃的经济区域。2017 年，京津冀三地社会消费品零售总额 3.3 万亿元。增速方面，2014 年到 2017 年，京津冀三地社会消费品零售总额增长 1.26 倍，小幅高于三地的地区生产总值增速。可见京津冀地区商贸物流领域市场需求旺盛。其中河北省人口有 7300 多万人，占京津冀地区需求人口的一半以上；河北省社会消费品零售总额 1.6 万亿元，约占京津冀三地总需求的一半。巨大的需求潜力为京津冀商贸物流发展提供了强有力的支撑。①

其次是交通设施日益完善，物流基础条件明显改善。目前，河北省沿海三大港口生产性泊位达到 191 个，设计通过能力突破 10 亿吨，居全国第二位；高速公路通车总里程达到 6333 公里，居全国第二位，仅次于广东省；地方铁路货运量和周转量已经连续多年位居全国第一；国家"三纵五横"骨干流通大道中有三大通道通过河北省；石家庄正定机场、邯郸机场改扩建工程投入使用；港口建设投资共计完成 171 亿元，货物通过能力达到了 9.2 亿吨，跃居全国第二位；河北省的公路铁路设施已经居于全国领先位置，为京津冀商贸物流的发展提供了保障。

但是，我们也应该看到，河北省的市场需求潜力虽然很大，但是由于河北省城镇化水平低，真正的有效需求并不多。而且，河北省在发达的京津周边，很多省内需求都由于"虹吸效应"被吸引到京津两地。如何把巨大的市场需求吸引到河北省，是我们面临的一个巨大挑战。同时，随着物流规模的快速扩大、能源消耗增加、城市交通压力加大，河北省商贸物流粗放的发展方式还面临着巨大的环境问题，切实降低能耗、减少排放、缓解交通压力的任务十分繁重。

2. 发展规模

经过多年发展，河北省商贸流通领域已经形成批发、零售、电子商务、跨界电商、O2O② 等多层次立体化商贸物流服务体系。2016 年，河北省社会物流总额 89788.6 亿元，同比增长 6.5%，物流业增加值占服

---

① 《中国商贸物流运行报告》（2017 年），商务部流通发展司、中国物流信息中心。
② Online to Offline 的简写，指将线下的商务机会与互联网相结合。

业增加值的比重为 19.86%，物流业增加值占 GDP 的比重为 8.28%；[①] 商贸物流业已经发展为河北省服务业第一大产业。河北省商贸物流重要指标的具体统计数据如表 8-1 所示。

表 8-1　　　　　　　　河北商贸物流重要指标

指标名称	2015 年 总量	2015 年 同比增长（%）	2020 年目标 总量	2020 年目标 同比增长（%）
社会物流总额（亿元）	83694.5	6.7	120000	9
物流业增加值（亿元）	2613.0	6.9	4000	7.5
社会物流总费用（亿元）	5634.8	2.8	6900	3.5
社会消费品零售总额（亿元）	12934.7	9.4	22000	10
快递业务量（亿件）	5.5	61.4	25	35
快递业务收入（亿元）	56.2	36.8	200	30
电子商务交易总额（亿元）	10800	40	42000	25
物流业增加值占服务业增加值的比重（%）	21.8	—	23.5	—
物流业增加值占 GDP 的比重（%）	8.8	—	9	—
社会物流总费用占 GDP 比重（%）	18.9	—	17	—

资料来源：根据《河北省建设全国现代商贸物流重要基地规划（2016—2020 年）》整理。

由表 8-1 可以明显看出，河北省电子商务物流进入了高速发展期，快递业务量、快递业务收入和电子商务交易总额均呈现高速增长，使得河北省快递业务完成量稳居全国前十，同时，石家庄、保定和廊坊的快递业务量均进入全国前 50 名。我们再来看最后三个指标，其中物流业增加值占服务业增加值的比重（21.8%）和物流业增加值占 GDP 的比重（8.8%）分别反映的是物流业在服务业和国民经济中的重要性，这两个指标分别远高于同时期全国的平均水平（全国这两个比重分别为

[①]《河北省建设全国现代商贸物流重要基地规划（2016—2020 年）》，河北省人民政府，2016 年 2 月。

10.6%和5.4%），充分表明了河北省商贸物流的发展规模处在全国的领先水平。

但是我们同时也要看到，最后一个指标社会物流总费用占GDP比重（18.9%）要高于全国平均水平（16.0%），河北省的物流成本还比较高，而河北省的目标则是在2020年降到17%。物流成本的高低和河北省商贸物流业发展的综合水平密切相关，这说明河北省虽然是商贸物流大省，但是还不是商贸物流强省，总体发展水平还不够高，发展方式比较粗放。在表中最右边两列给出了在2020年河北省商贸物流业各项指标要达到的协同目标，可以看出河北省商贸物流的发展距离京津冀协同目标仍有很大差距，这不仅对河北省商贸物流各项指标的总量和增速提出了较高的要求，还要兼顾发展的质量。

3. 产业结构

多年来，河北服务业增加值占GDP的比重一直在33%左右徘徊，到了2017年河北省第三产业增加值达到了15039.6亿元，比上年增长了11.3%，占河北省GDP的比重达到了41.8%，服务业对经济增长的贡献率（即服务业增加值占GDP增加值的比重）超过了50%。这说明河北省的产业结构在发生积极变化，产业结构调整升级初现效果。

2016年，河北省社会物流总额89788.6亿元，同比增长6.5%，其中单位与居民物流总额和省外流入物品物流总额增长显著；物流业增加值占服务业增加值的比重为19.86%，物流业增加值占GDP的比重为8.28%，[1] 可见物流业是河北省服务业发展的重要增长点。2016年河北省社会物流各部分的总额详细情况见表8-2，静态来看，其中工业品物流和省外流入物品物流占绝大部分，但是从动态增速来看，单位与居民物品物流总额和省外流入物品物流总额的增速远超于其他几项，可以看出河北省的产业结构正在发生改变。同时，还应该看到，河北省虽然为钢铁、煤炭大省，但是这些制造业依靠本省物流服务却不多，而且这些资源性物流大多是过境物流，落地增值服务少，不能支撑河北省商贸物流的发展。

---

[1] 中国物流与采购联合会：《中国物流年鉴（2017年）》，中国财富出版社2017年版。

表 8－2　　　　　2016 年河北省社会物流各部分总额　　　单位：亿元，%

指标	总量	增速	比重
农产品物流总额	5000.9	2.8	5.57
工业品物流总额	51656	2.9	57.53
进出口货物物流总额	1094.3	0.6	1.22
单位与居民物品物流总额	80.1	18.3	0.07
省外流入物品物流总额	31728.8	18.2	35.34
社会物流总额	89788.6	6.5	100

资料来源：根据《中国物流年鉴（2017 年）》整理。

4. 产业业态

目前河北省正在积极推行国家部委的各项试点，新一代信息技术和现代物流装备得到广泛应用，跨境电商、快递物流等新兴业态蓬勃发展，托盘标准化深入推进，新技术、新业态支撑的现代商贸物流体系正在加快形成。

但是，综合来看，河北省商贸物流产业业态还处于较低的水平，因为河北省城市化水平比较低，商贸经济不发达，现有的白沟、石家庄南三条等商贸集散地仍以传统业态为主；河北省虽然有不少商贸和物流企业，但是过于分散，产业关联度非常低；第三方物流发展水平不高，对其他产业的专业化服务供给不足；冷链物流的基础设施建设还不到位，与建设京津冀一小时鲜活蔬菜供应圈的目标还有不小差距；同时信息化和标准化水平也远落后于京津地区，新业态、新模式发展滞后，信息化体系建设还处于起步阶段。

5. 运行情况

商贸物流业运行情况一个重要的部分就是物流成本，它直接关系到商贸物流业的运行效率和运行质量。2016 年，河北省社会物流总费用为 5742.4 亿元，同比增长 3.6%，社会物流总费用占 GDP 的比例为 18.04%，同比下降 0.86 个百分点，物流业发展的质量和效率有所提升。2016 年河北省社会物流各项费用详情见表 8－3。

表 8-3　　　　2016 年河北省社会物流各项费用　　　　单位：亿元，%

指标	费用	比上年增长	比重
运输费用	4036.2	5.6	70.29
保管费用	1356.8	1.3	23.63
管理费用	349.4	-3.3	6.08
总费用	5742.4	3.6	100

资料来源：根据《中国物流年鉴（2017 年）》整理。

2016 年，河北省社会物流总费用占 GDP 的比重为 18.04%，这一比重远远高于国际上发达国家的水平（一般在 10% 左右，美国为 9%），如果这一比重降低到美国、日本等发达国家水平，则可以节约一半的物流成本。这主要是因为河北省物流企业人力成本和燃油价格增长过快，同时由于交通物流综合效率不高，导致过路过桥费约占运输成本的 1/3，物流运行成本过高也是阻碍河北省商贸物流业发展的最主要的因素之一。

（二）河北省商贸物流业达成京津冀协同目标的现实约束

1. 京津冀三地政府意见不统一

尽管国家将河北省定位为全国商贸物流基地，但是京津冀三地仍然固守自己的利益，况且京津的商贸物流发展水平明显高于河北省，更不愿意割舍已有的利益，这造成了京津冀三地在联合制定《京津冀商贸物流协同发展规划》时，多次讨论未果，使得契约成本变得很大。

例如，河北省想要打造商贸物流基地，联通京津冀，还有三地政府部门的物流网和河北省的连通问题，京津冀三地政府对物流发展的诉求不统一，还存在着竞争思维，造成了维护本地利益、不乐意共享物流信息的问题，而且即使愿意共享，还涉及总服务后台落地谁家的问题，这其中涉及利益之争，因此统一信息化的执行遭遇阻碍；再如，京津冀三地要建设商贸物流合作示范区，应该是共建共享，但是涉及税收分享问题，三地政府一直也争执不下，没有达成一致的意见。

2. 河北省政策支持力度不够

目前河北省虽然率先编制完成了《河北省建设全国现代商贸物流重要基地规划（2016—2020 年）》，但是从调研的情况来看，河北省目前针对商贸物流业发展的政策支持力度明显不够，财政资金支持也不到位。这其中一个重要的原因就是河北省各个部门没有协调一致。从河北省内部来看，河北省建设商贸物流基地，不是规划到某一个部门，而是由发改委牵头，涉及商务、工商、交通、财政等部门，这些部门也固守本部门的利益。即使发改委或者某些部门提出了突破性的意见和政策，也往往因为各个部门意见不一致，难以统一协调，增加了制定政策的难度，导致现在关于商贸物流业发展的政策都非常笼统，缺乏细则性规定，从而执行起来部门分工混乱，陷入恶性循环。

3. 城镇化水平较低导致需求不足

河北省城镇化水平偏低，刚刚突破50%，与京津有不少差距，导致居民消费需求不足，难以带动商贸物流业的发展。而且，北京和天津的公共服务水平远高于河北省，产生巨大的"虹吸效应"，使得更多具有消费能力的人口转移出河北省。因此，尽管京津冀有巨大的市场需求，但是如何将这些需求吸引到河北省，如何把河北省的区位优势和交通优势发挥出来，把各种高端要素聚集到河北省，使河北省的市场繁荣为活跃全国大市场提供优质服务，是一个艰巨的任务。

4. 资源环境压力的挑战

随着社会物流规模的快速扩大、能源消耗增加、城市交通压力加大，河北省面临巨大的资源环境挑战。传统粗放的商贸物流发展方式已难以为继，河北省要大力发展绿色物流，切实降低能耗、减少排放、缓解交通压力的任务十分繁重。

第二节 "营改增"对河北省商贸物流业税负影响的实证分析

一 商贸物流业的涉税分析

基于前文我们对商贸物流的定义，本节的分析重点主要集中于为商贸活动而服务的物流活动，而商贸物流业作为物流业的一个重要分支，属于行业物流的一种，因此本节重点分析物流业的涉税问题。物流业主要涉及采购、运输、仓储、配送、信息服务等环节，下面我们来分析我国物流业税收政策的演变。

自从改革开放以来，物流业就开始受国家的重视，并享受各种各样的税收优惠，比如降低税率、加速物流业机器设备的折旧计算等，其中1986年财政部就将铁路运输业的所得税税率降为5%（原来为15%）；从1994年分税制改革以来，物流业被分为交通运输和服务两个大类，分别征收营业税，其中，根据全国暂行营业税税目，运输、装卸搬运、配送等运输类营业税税率为3%，仓储、代理等服务类营业税税率为5%；此后，在2009年发布的物流业"国八条"和2011年发布的物流业"国九条"中均提到，对物流企业不断完善差额纳税，并且综合考虑解决物流行业税率不统一的问题，其目的就在于降低物流业税负。

自2012年1月1日在上海交通运输业和部分现代服务业开展营业税改征增值税试点到2016年5月1日中国全面推开"营改增"，物流业被分为交通运输业和物流辅助业，其中交通运输业适用的增值税税率为11%，物流辅助业适用的增值税税率为6%，其中有形动产租赁的适用于17%的税率，但这类业务不属于物流业的主营业务。我们从"营改增"税率变化表里可以看出关于物流业在"营改增"前后的具体变化，见表8-4。

表8-4　　　　　　　物流业"营改增"分项适用税率　　　　　单位：%

行业	增值税税目		税率	营业税税目	税率
交通运输业	陆路运输服务	缆车运输	11	缆车运输	3
		公路运输	11	公路运输	3
		索道运输	11	索道运输	3
		其他陆路运输	11	其他陆路运输	3
	航空运输服务	航空运输服务	11	航空运输	3
	水路运输服务	水路运输服务	11	水路运输	3
	铁路运输服务	铁路运输服务	11	铁路运输	3
	管道运输服务	管道运输服务	11	管道运输	3

续表

行业	增值税税目		税率	营业税税目	税率
部分现代服务业	物流辅助服务	航空服务	6	航空运输	3
		港口码头服务	6	水路运输	3
		货运客运场站服务	6	公路运输	3
			6	其他服务业	5
		打捞救助服务	6	水路运输	3
	有形动产租赁服务	代理报关服务	6	代理业	5
		货物运输代理服务	6	代理业	5
		仓储服务	6	仓储业	6
		装卸搬运服务	17	装卸搬运	3
		有形动产融资租赁	17	租赁业	5
		有形动产经营性租赁		其他服务业	5

资料来源：根据"营改增"税率表整理。

"营改增"的全面实施，是我国结构性减税的重要一步，也是供给侧结构性改革的关键一环。"营改增"解决了企业重复征税问题，全面降低了企业税负，完整的抵扣链条也使得企业能够更多地进行增值税进项抵扣，降低企业成本。同时，将纳税人分为一般纳税人和小规模纳税人，小规模纳税人统一使用3%的最低征收率。针对年营业额在500万元以下的小规模纳税人，"营改增"不采用层层抵扣的方式来缴税，而是直接用营业额乘以税率来计算税额，而且税率从5%降到3%。这对于一家年营业额500万元的企业来说，等于每年直接减掉了10万元的税。

但是，在"营改增"试点过程中，一些物流企业抱怨税负"不降反升"，那么"营改增"到底有没有真正降低企业税负呢？在下面的章节中，本节将根据河北省的投入产出表，运用投入产出法测算"营改增"对河北省商贸物流业税负的具体影响。

二 模型和相关假设

(一) 投入产出法及其理论模型

投入产出表的理论基础是一般均衡理论，总体概括了所有市场之间的关系,并将其应用于实证分析。投入产出表分为实物表和价值表,其中实物表是由"中间产品"和"最终产品"两部分组成,按照实物单位计量,比较直接地描述了产业间相关产品的生产与使用;而价值表是按照纯部门编制,横向从使用价值的角度反映各部门产品的分配使用情况,即各部门提供给其他部门产品的使用价值,称作"中间使用",纵列反映部门产品的价值形成,即各部门使用其他部门的价值构成,称作"中间投入"。价值型投入产出表的基本形式见表8-5,[①] 本书将采用价值型投入产出表来测算税负变化。

表8-5　　　　　　　投入产出表(简化形式)

投入＼产出		中间产品			最终产品			进口	总产出
		部门1	…	部门n	合计	最终消费	资本形成	出口		
中间投入部门	部门1	Ⅰ				Ⅱ				
	…									
	部门n									
	合计									
增加值	劳动者报酬	Ⅲ				Ⅳ				
	生产税净额									
	营业盈余									
	合计									
总投入										

(二) 测算模型及相关假设

我国营业税改为增值税之后,纳税人分为一般纳税人和小规模纳税人,缴税方式也发生改变,实行抵扣制度,即应缴纳增值税=销项税额-进项税额。本节先对模型做如下假设和说明:

(1) 由于"营改增"后小规模纳税人征收率一律为3%,与之前营业税计税方法和税率相似,并且小规模纳税人占少数,因此不纳入

[①] 唐东会:《全面"营改增"后行业税负变动研究——基于投入产出表的模拟测算》,《云南财经大学学报》2016年第3期。

测算范围，本节默认纳税人均为一般纳税人，按照增值税抵扣制度来计算。

（2）本书将针对商贸物流业涉及"营改增"的几个主要行业进行税负测算，这些行业包括交通运输业为主的铁路运输业、道路运输业、水上运输业、航空运输业、管道运输业，物流辅助业为主的装卸搬运和运输代理业、仓储业、邮政业、商贸类的住宿业、餐饮业、居民服务业，再加上租赁业，一共12个行业。

（3）我国实行的是消费型增值税，企业购入的固定资产的进项税可以进行全额抵扣，但由于固定资产不属于中间投入，而是最初投入，因此在投入产出表上没有显示。由于本书分析的商贸物流业有其特殊性，即"营改增"前的固定资产投资目前不能进行抵扣，只有"营改增"后的固定资产投资才可以抵扣，因此本书将分别测算抵扣固定资产投资进项税和不抵扣固定资产投资进项税两种情况下商贸物流业税负的变化。同时，由于本书使用的河北省投入产出表最新的是2012年的，为了使数据具有可比性，本书将使用2017年《河北省经济年鉴》中各行业在2012年固定资产投资的数据，根据17%的增值税税率计算出可抵扣额度的固定资产投资进项税额。

（4）为了简化计算，假设投入产出表中的各个部门的总产出等于部门的营业收入，并且假设全面"营改增"后，全部商品和服务的进项税额均可以进行抵扣（这是理想状态，实际情况下可能由于经济环境复杂往往做不到）。

测算商贸物流行业税负变化，需要分别计算"营改增"前后行业的税负情况。假设商贸物流各个行业为 m，"营改增"前营业收入为 Y_m，营业税税率为 T_{ym}，应缴纳营业税税额为 $Y_m T_{ym}$；在"营改增"后，假设 m 行业的增值税税率为 T_{zm}，并且假定营业收入仍为 Y_m，由于增值税是价外税，但是销售价格中包含了税款，所以不能直接用营业收入乘以税率，而应该换算成不含税价，[①] 因此第 m 行业的营业税

[①] 有不少测算增值税税负的文献均采用营业收入直接乘以增值税税率，本书认为这是常识性错误。

销项税额为 $T_{zm} \cdot Y_m/(1+T_{zm})$。用 D_{mn} 表示 m 行业所购入的 n 行业的产品或服务的价值，即可抵扣项，n 行业所适用的增值税税率为 T_{zn}，那么 m 行业的增值税进项税额为 $\sum_n D_{mn} \cdot T_{zn}/(1+T_{zn})$，用 ΔT_m 表示"营改增"后 m 行业的税负变化率（税负用应纳税额/营业收入表示），则有

$$\Delta T_m = \left[T_{zm} \frac{Y_m}{(1+T_{zm})} - \sum_n D_{mn} \frac{T_{zn}}{(1+T_{zn})} - Y_m T_{ym} \right] / Y_m \quad (8-1)$$

其中前两项是增值税的销项税额和进项税额之差，即增值税应纳税额，和营业收入之比就是增值税税负，最后一项是营业税应纳税额，和营业收入之比就是营业税税负。将公式进行进一步整理得到：

$$\Delta T_m = \left[\frac{T_{zm}}{(1+T_{zm})} - T_{ym} \right] - \left[\sum_n D_{mn} \frac{T_{zn}}{(1+T_{zn})} \right] / Y_m \quad (8-2)$$

可以发现，式（8-1）经过整理后，分为两部分，令第一部分为 ΔP，第二部分为 ΔQ，则有如下公式

$$\Delta P = \frac{T_{zm}}{(1+T_{zm})} - T_{ym} \quad (8-3)$$

$$\Delta Q = -\left[\sum_n D_{mn} \frac{T_{zn}}{(1+T_{zn})} \right] / Y_m \quad (8-4)$$

$$\Delta T_m = \Delta P + \Delta Q \quad (8-5)$$

根据式（8-3）、式（8-4）和式（8-5），ΔT_m 税负变化率其实是由两种变动组成，第一种 ΔP 是税率变化，即增值税税率（换算成不含税价后的）和营业税税率变化，这一部分往往是正值（如按照6%的增值税税率换算之后大约是5.6%，大于原营业税税率），称为"增税效应"；第二种 ΔQ 是负值，表示可抵扣进项税额占原营业收入的比例，称为"减税效应"。那么，"营改增"后税负的变化就取决于增税效应 ΔP 和减税效应 ΔQ 的相对大小，当增税效应大于减税效应时，行业税负就会增加，反之，当增税效应小于减税效应时，行业税负就会降低。

增税效应 ΔP 是根据"营改增"税率变化表计算得到，是固定不变的。那么我们主要来分析减税效应 ΔQ，此时我们引入可抵扣产品和服

务的进项加权平均税率，设为 $\bar{T}_n$，则有

$$\bar{T}_n = \left[\sum_n D_{mn} \frac{T_{zn}}{(1+T_{zn})}\right] / \sum_n D_{mn} \qquad (8-6)$$

将式（8-6）带入式（8-4），则有

$$\Delta Q = -\bar{T}_n \sum_n D_{mn}/Y_m \qquad (8-7)$$

将式（8-7）两边分别除以 Y_m 再乘以 D_m，其中 D_m 为第 m 个产业外购产品和服务的总价值，整理得到

$$\Delta Q = -\bar{T}_n \left(\sum_n D_{mn}/D_m\right)(D_m/Y_m) \qquad (8-8)$$

根据第4条假设可知，全面"营改增"后，所有购进的产品和服务均可以进行抵扣，那么 $\sum_n D_{mn}/D_m$ 的值应该为1，则式（8-8）简化为

$$\Delta Q = -\bar{T}_n (D_m/Y_m) \qquad (8-9)$$

那么我们可以看出，"营改增"的减税效应主要取决于进项加权平均税率 $\bar{T}_n$，还有购进产品和服务价值与营业收入之比 D_m/Y_m，在第4条假设总产出等于营业收入的条件下，这一比值就是 m 行业的中间投入比例。由于进项加权平均税率是比较稳定的，那么"营改增"的减税效应主要就取决于行业的中间投入比例。

三 税负测算及结果分析

（一）"营改增"对河北省商贸物流业税负影响的测算

根据上文的假设和模型，基于河北省2012年139个部门投入产出表和《河北经济年鉴（2017年）》来测算商贸物流业12个行业"营改增"的税负变化。具体测算情况见表8-6。

表8-6　河北省商贸物流业"营改增"税负变化率　　　　单位：%

行业名称	加权平均税率	中间投入比例	减税效应	增税效应	税负变化率
铁路运输业	11.44	57.12	-6.53	6.9	0.37
道路运输业	12.64	51.88	-6.56	6.9	0.34

续表

行业名称	加权平均税率	中间投入比例	减税效应	增税效应	税负变化率
水上运输业	12.50	50.90	-6.36	6.9	0.54
航空运输业	9.20	60.20	-5.54	6.9	1.36
管道运输业	9.80	58.51	-5.73	6.9	1.17
装卸搬运和运输代理业	10.83	59.68	-6.46	2.7	-3.76
仓储业	13.14	79.76	-10.48	0.7	-9.78
邮政业	10.61	43.91	-4.66	2.7	-1.96
住宿业	10.83	57.04	-6.18	0.7	-5.48
餐饮业	14.40	52.28	-7.53	0.7	-6.83
居民服务业	10.24	43.17	-4.42	0.7	-3.72
租赁业	14.81	50.67	-7.50	9.5	2.00

由上表可以看出，仓储业的中间投入比率在12个行业中是最高的，同时也是降税幅度最大的，符合我们之前的分析；其余行业的中间投入比率大部分在50%以上（除居民服务业是43.17%以外），其中铁路运输业、航空运输业、管道运输业、装卸搬运和运输代理业、住宿业的投入产出比例较高，理论上应该减税效应大，但是从最终税负变化来看，这些行业税负有增有减，说明增税效应在其中有很大影响。其中租赁业增税最为明显，原因可能是由于增值税税率调整过高和可抵扣的进项税额不足；交通运输业中的铁路运输业、道路运输业、水上运输业、航空运输业、管道运输业这五个行业税负均出现不同程度的增加，税负变化率分别为0.37、0.34、0.54、1.36和1.17，这主要是因为交通运输业适用于较高的增值税税率（11%），然而中间投入比例和进项抵扣都不高，再加上前期的固定资产投资并未计入抵扣范围，导致全面"营改增"初期，税负依然攀升；除上述税负增加的行业之外，所测算的商贸物流业的其他行业税负都不同程度地降低了，能明显看出"营改增"的减税效果。

上文所用的税负变化率是税负增减相对于营业收入（总产出）来计算的，在一般测算税负的文献中广泛应用，本书为了更加清晰地反映增值税税负相对于营业税税负的变动情况，进一步测算了增值税相对于营业税的税负的具体数额和变化幅度（见表8-7）。

表8-7　　　河北省商贸物流业"营改增"税负变化

（未考虑固定资产投资）　　单位：万元，%

行业名称	总产出	原营业税税负	增值税税负	税负增减量	税负变化幅度
铁路运输业	4222700	126681	142305	15624	12
道路运输业	34752000	1042560	1160717	118157	11
水上运输业	1971000	59130	69773	10643	18
航空运输业	215300	6459	9387	2928	45
管道运输业	339100	10173	14140	3967	39
装卸搬运和运输代理业	4323500	129705	-32859	-162564	-125
仓储业	2032600	101630	-97158	-198788	-196
邮政业	438400	13152	4559	-8593	-65
住宿业	1523900	76195	-7276	-83471	-110
餐饮业	6777800	338890	-124034	-462924	-137
居民服务业	3415000	170750	43712	-127038	-74
租赁业	844100	42205	59087	16882	40

从税负增减量来看，其中河北省道路运输业税负量增加最多，增加了118157万元，增税幅度为11%；税负减少量最多的行业是餐饮业，税负减少了462924万元，减税幅度达到了-137%；仓储业依然是减税幅度最大的行业，达到了-196%，说明"营改增"的减税效应非常大；从税负变化幅度来看，航空运输业和租赁业税负上涨幅度最大，分别为45%和40%，但由于其税负基数本身不大，因此税负增加量仅为2928万元和16882万元。

以上测算时未考虑固定资产投资，下面我们将固定资产投资计入可抵扣进项税额，重新模拟测算，根据前面假设，为了使数据具有可比性，本书用的是河北省2012年各行业固定资产投资，具体测算结果如表8-8。

表 8-8　河北省商贸物流业"营改增"税负变化
（考虑固定资产投资）　　　　　单位：万元，%

行业名称	固定资产投资	可抵扣固定资产进项税额	增值税税负	税负增减量	税负变化幅度
铁路运输业	1122855	163151	-20846	-147527	-116
道路运输业	7632626	1109021	51696	-990864	-95
水上运输业	2227850	323707	-253934	-313064	-529
航空运输业	251258	36508	-27121	-33580	-520
管道运输业	94276	13698	442	-9731	-96
装卸搬运和运输代理业	504177	73257	-106116	-235821	-182
仓储业	3369476	489585	-586743	-688373	-677
邮政业	24224	3520	1039	-12113	-92
住宿业	1679607	244047	-251323	-327518	-430
餐饮业	466949	67848	-191882	-530772	-157
居民服务业	154331	22424	21288	-149462	-88
租赁业	17764	2581	56506	14301	34

将初期固定资产投资计入增值税可抵扣的进项税额之后，可以发现各行业税负均大幅减轻，最终税负变化除租赁业上升（34%）之外，其他 11 个行业在"营改增"之后税负均下降；其中和未考虑固定资产投资（表 8-7）相比，水上运输业和航空运输业变化幅度最大，税负变化幅度分别从 18% 和 45% 变为 -529% 和 -520%，这是因为这两个行业前期固定资产投资数额非常大，而在后期经营中长时间不需要新增固定资产；仓储业和住宿业也由于前期有大量固定资产投资，税负降幅也很大，分别达到了 -667% 和 -430%；在考虑固定资产抵扣因素后，铁路运输业等行业增值税税负变为负的，说明这些行业前期固定资产投资占成本比例较大。如果考虑固定资产，那么进项抵扣税额将超过销项税额；租赁业在考虑固定资产投资的情况下，税负依然增加 34%，这可能是由于河北省租赁业发展较为落后、固定资产投资少所导致的。

（二）测算结果分析

根据上文对河北省商贸物流业"营改增"前后税负的测算和分析，

对测算结果有如下几个基本结论：

（1）"营改增"确实有减税效果，对于中间投入比例越大的行业，减税效果越明显（如仓储业）。因此企业可以增加中间投入比例，引导企业转型，从而降低企业税负，使得企业健康发展。

（2）"营改增"后，商贸物流各个主要行业税负有增有减，税负增加的行业主要集中在交通运输业和租赁业，其中租赁业税负增加最多。税负上升的原因主要是由于税率设定过高，而可抵扣的进项税额不足，从而导致增税效应大于减税效应，造成最终税负的攀升。

（3）在考虑固定资产投资之后，除租赁业外其他行业最终税负变化均为下降趋势，说明商贸物流业尤其是物流业前期固定资产投资多，这与其经营特点有关。目前"营改增"只能对新增固定资产计入进项抵扣税额，而大量物流企业的固定资产早已在前期购置完成，在相当长的一段时间内不需要更新固定资产，因此导致"营改增"初期税负上升。

（4）本书在测算时，假设企业所有购入的商品和服务均可以进行抵扣，但是实际上，在我国增值税制度并不完善的情况下，很多购入的商品和服务难以开出增值税发票，尤其是物流企业，因此，现实中河北省物流业"营改增"后税负增加的幅度要比本书测算的更高。

第三节 促进全国商贸物流业发展的财税政策分析

一 河北省支持商贸物流业发展的现行财税政策

（一）河北省商贸物流业的财政政策

面对京津冀协同发展的重大历史机遇，河北省对于现代服务业以及商贸物流业的发展十分重视，在财税政策和资金方面也给予了大力支持。

1. 河北省财政加大对商贸物流业的资金支持力度

在 2015 年，河北省落实升级现代物流业发展专项资金 9380 万元，重点支持综合性物流、农产品物流、冷链物流等列入省物流发展规划的重点项目，引导金融行业及社会资本加大对物流企业的支持力度，加快推动现代物流业发展。重视对外贸易的发展，2015 年河北省财政统筹中央外经贸发展专项资金和省开放型经济发展专项资金2.92亿元，重点支持外贸协调发展和结构调整、对外投资合作、进口贴息、服务外包等；并且筹集专项资金2.44亿元，支持企业抓住国际大宗商品价格回落的机遇，扩大大宗商品进口。

2. 争取中央财政对河北省商贸物流业的支持

首先是农产品流通方面，河北省按照财政部、商务部《关于做好2015年全国农产品流通骨干网建设实施方案申报工作的通知》，结合河北省农产品流通体系建设实际，择优确定了保定工农路蔬菜果品批发市场和石家庄北方农产品中心批发市场作为承办试点，制定了《河北省公益性农产品批发市场试点建设实施方案》，获得中央支持资金2亿元；其次在电子商务进农村试点方面，围绕革命老区和贫困人民群众生活水平以及国家有关京津冀协同发展战略，编制了《河北省2015年电子商务进农村综合示范工作方案》，获得了中央支持资金1.85亿元；最后是关于争取国家物流标准化试点城市，按照财政部、商务部、国家标准委《关于开展物流标准化试点有关问题的通知》，结合河北省物流标准化的实际情况，组织上报石家庄市和唐山市并获得中央财政补助资金1亿元。

3. 充分利用专项资金，加强资金管理

目前，我国设立有中央财政促进物流业发展专项资金和农村物流服务体系建设的基金，重点支持与物流业密切相关的项目和农村物流服务体系建设。河北省充分利用中央专项资金和各项省级专项资金发展商贸物流业，同时，注重加强和规范各类专项资金管理，专门针对物流业修订了《河北省现代物流业发展专项资金管理办法》，充分发挥专项资金的使用效益。

4. 加快投融资试点工作

河北省为充分调动城乡建设投融资试点工作的积极性，发挥省补助资金激励作用，破解融资难的问题，不断加大投融资的财政支持力度。截至2016年6月，全省共拨付省级补助资金12.5亿元（其中2013年安排4.1亿元，2014年安排4.2亿元，2015年安排4.2亿元），带动试点市县安排配套资金21.76亿元，撬动社会资金273.76亿元；并且，河北省发改委每年补贴融资租赁 8000 万元的资金。与此同时，河北省也进一步强化了省补助资金的激励约束机制，加快推动了城建投融资公司市场化转型。①

（二）河北省商贸物流业的税收政策

河北省在全面落实"营改增"政策的同时，也制定了加快商贸物流业发展的相关税收政策。

1. 商贸物流业所涉及的税种及税率

"营改增"之后，商贸物流各行业不再缴纳营业税，统一缴纳增值税。增值税一般纳税人适用税率有 6%、11% 和 17% 三档，小规模纳税人按照 3% 的征收率统一征收。其中，物流业被分为交通运输业和物流辅助业两大类，交通运输业适用的增值税税率为 11%，物流辅助业适用的增值税税率为 6%，而有形动产租赁适用于 17% 的税率。

2. 关于物流业土地使用的税收优惠

河北省积极落实《财政部　国家税务总局关于继续实施物流企业大宗商品仓储设施用地城镇土地使用税优惠政策的通知》精神，对符合条件的物流企业自有的（包括自用和出租）大宗商品仓储设施用地，减按所属土地等级适用税额标准的 50% 计征城镇土地使用税。

3. 免征部分增值税，支持农产品物流加快发展

河北省积极落实免征蔬菜及部分鲜活肉蛋产品流通环节增值税政策。同时，取消超市向供应商收取的违反国家相关法律法规的通道费，并且在政府投资建设的农贸市场收费实行政府指导价管理，进一步促进了农产品物流的发展。

4. 开展便民税务服务

河北省积极为商贸物流业提供税务办理便利，税务机关在省级物流产业集聚区或物流企业较为集中的区域内，设立物流发票开具站点。同时，加大税收宣传力度，向民众宣传税收政策和收费详情，制定涉及物流企业的收费目录清单，向社会公布，并加大督察力度。

---

① 从河北省财政厅经济建设处和商务厅调研报告整理。

二 河北省商贸物流业财税政策存在的问题分析

(一) 财政政策存在的问题

尽管河北省不断加大对服务业尤其是商贸物流业的资金支持,但是仍然在资金支持力度、资金支持投入结构和资金支持方式和管理等方面存在一些问题。

1. 京津冀财力不平等,财政部门合作不紧密

由于京津冀经济发展水平的巨大差距,造成京津冀财力不平等,从而导致公共服务不平等,再加上北京特有的"虹吸效应",优质要素很难自由向河北省流动。如此一来,河北省建设"全国商贸物流基地"就得不到足够的财力支持和保障;即使能够勉强建设大型商贸物流中心,也无法吸引优质要素和需求到河北省来;没有足够的需求支撑,那么自然无法发展壮大,京津冀协同发展的目标自然也无法顺利完成。

另外,京津冀财政部门合作不紧密,因为京津冀三地的行政划分和京津的特殊地位,加上三地的固有利益,三地政府和财政部门往往各自为政,遵循传统的"一亩三分地"的老套路。在京津冀协同发展的大趋势下,很多公共投资和建设都是跨区域完成的,因此需要三地财政部门的密切合作,走出一条创新的区域财政合作模式,为实现京津冀协同发展目标提供财力保障。

2. 商贸物流业资金支持力度有待进一步加强

尽管河北省近年来不断加大对商贸物流业的财政资金支持,但是从河北省商务厅调研的结果得知,每年财政的支持力度还远远不足,很多诉求都没有得到满足。同时,商贸物流业的发展也没有得到相关部门的足够重视,出台的相关政策也只是落到"重点支持""大力发展"等词语上,而在实际执行过程中并没有对财政支持资金量有明确的要求,这使得真正有资金需求的地方依然得不到足够的财力支持。

3. 支持商贸物流业的财政投入结构不尽合理

我国政府对物流业的财政支持主要体现在加大物流基础设施建设投

入上，而对商贸物流公共信息平台、先进物流技术与装备的研发和推广应用、商贸物流专业人才培养等方面的投入力度还远远不够，制约了河北省物流业竞争力的提高。目前河北省商贸物流公共信息平台建设滞后、物流技术和装备相对落后、商贸物流专业人才短缺与政府支持物流业的财政投入结构不尽合理有关，而调整优化财政投入结构是公共财政配置资源的重要机制，也是政府干预物流业、弥补物流市场失灵的重要手段。物流公共信息平台、先进物流技术与装备的研发和推广应用以及物流专业人才的培养都会给社会带来一定的正外部收益，但在一定程度上存在着市场失灵，因此，有必要进行政府干预，加强公共财政的资源配置职能，调整优化财政投入结构。

4. 资金支持方式单一，资金管理水平落后

河北省支持商贸物流业发展的主要方式依然是财政补贴，包括争取中央补贴及河北省自己的补贴，而缺少民间资本的投入。尽管河北省已经开展 PPP 等公私合营模式以撬动民间资本，但是效果并不明显。同时河北省融资租赁发展很落后，全省非金融机构仅有 12 家，远远不能满足商贸物流企业融资的需求；并且，河北省每年尽管有大量的财政资金投入，但只落实到一些项目，并没有整体对资金进行有效管理和安排，而且对于资金后期的使用监督并不到位，造成财政资金并没有得到有效利用。

（二）税收政策存在的问题

根据上文测算结果分析，"营改增"后商贸物流业的税收政策还存在如下问题：

（1）河北省交通运输业和租赁业等行业税负增加，其中重要的原因是"营改增"前期固定资产不能抵扣，而由于商贸物流企业的经营性质，在后期很长一段时间不会更新固定资产，因此导致"营改增"初期税负攀升；另一个原因是，商贸物流业人力资本投入占企业成本很大比例，并且服务的上游对象也大多是个体，导致企业购入的很多商品和劳务难以取得进项的增值税发票，从而导致进项抵扣不足。

（2）交通运输业增值税税率设定过高（11%），导致增税效应高于减税效应，不利于商贸物流业的发展。同时，商贸物流业被人为分成

两个行业，按照两个不同税率纳税，企业对同一笔收入可能按照两种税率分别纳税，导致商贸物流企业计算增值税税额复杂化，加重了企业负担。

（3）京津冀三地税收优惠政策不统一。相比于北京和天津，河北省支持商贸物流业发展的税收优惠政策很少，这导致要素不能够自由合理流动。如天津对于再生能源企业、融资租赁企业等给予奖励和前期减免税的政策，使得很多河北本地企业转移到天津。就拿融资租赁企业而言，天津有一百多家，而河北省非金融机构仅有12家，在政府城市建设投资公司不允许新增债务的背景下，商贸物流企业在河北省融资是一个大难题。政策的不平等导致资源配置的不平等，从而大大阻碍了河北省建设全国现代商贸物流基地的步伐。

第四节　京津冀协同目标下河北商贸物流业发展的财税政策建议

一　完善河北省商贸物流业发展的财政政策建议

（一）推进京津冀财政合作，探索跨区域横向转移支付制度

财政支持河北省建设"全国商贸物流基地"，需要在京津冀协同发展顶层设计和布局之下有序推进，因此，京津冀三地的财政合作就显得非常必要。京津冀协同发展，就不可避免有一些"外溢性"的公共建设和投资，比如交通基础设施建设、网络数据库建设等，还有一些三地共同建设的物流园区、从北京疏解到河北的商贸中心和相关产业转移项目，等等，应该遵循受益原则，由三地财政部门共同投入，实现共建共享、互联互通，最终实现区域协同发展。

建设商贸物流基地，除了积极争取中央财政的纵向转移支付，还可以探索跨区域横向转移支付制度。纵向转移支付即一般转移支付，是中央政府对地方政府的转移支付；而横向转移支付是地方政府间的转移支付，目前在我国还没有规范地建立起来。然而，京津冀经济发展水平差距过大导致的财力不平等是阻碍京津冀协同发展的重要原因之一，应该在

京津冀协同发展之上积极探索跨区域横向转移支付制度，根据权利和义务平衡的原则，以激励相容为目标，通过三地平等协商，建立规范的京津冀横向转移支付制度，促进京津冀公共服务均等化和要素的平等流动。

（二）加大财政资金投入力度，创新财政支持方式

河北省建设全国商贸物流基地，要充分发挥财政资金的激励和引导作用，统筹财政资金，加大财政投入。商贸物流基础设施、综合物流园区和京津商贸中心承接地的建设都需要大量财政资金的支持，发挥财政资金的先导作用，尤其是在公共投资领域，财政要加强对基础网络建设、数据库建设和交通网络建设的投入，搭建京津冀商贸物流公共服务平台，推进重点物流园区的建设和物流园区设施体系的建设，提升物流园区服务水平。

财政资金支持商贸物流业发展的方式可以多样化，要充分发挥财政资金的杠杆作用，增加资金投入的渠道，创新财政支持方式，多种方式吸引民间资本，增强资金利用的效率。可以将对物流基础设施建设投入的资金来源由公共投资为主转向积极引入民间资本参与，以社会资本为主、财政资金为辅，发挥财政资金"四两拨千斤"的作用，防止物流基础设施建设投资过度依赖公共财政资金。同时，政府除直接投资以外，还可以更多地以租赁、入股、贴息、优惠贷款、PPP 合作等多种形式介入，特别是对物流园区、物流基地等基础设施而言，这些方式更为适合，因为物流基础设施的投资规模不像铁路、高速公路那么庞大，投资回收期也不是很长，民间资本是完全有能力参与的。

（三）结合京津冀商贸物流布局调整财政投入结构

合理的财政资金投入结构可以提高财政资金的使用效率，充分结合京津冀协同发展规划对商贸物流的布局，进行精准的财政资金定点投入，投入方向要合理，注重长远规划，更好地促进河北省商贸物流业的发展。

首先，财政投资要落实到具体工程项目上，重点建设商贸物流十大重点工程。如空港物流工程、大宗商品物流工程、制造业物流工程、农产品物流工程、传统商贸提升工程、电子商务物流工程、快递物流工程、多式联运工程、物流品牌化工程、绿色商贸物流工程等，切实对各

个工程的项目资金进行分类管理和监督，确保资金使用的绩效。

其次，财政投资要重点投入到科技创新领域，掌握关键技术。如重点支持货物跟踪定位、无线射频识别、物流信息平台、智能交通、物流管理、物流移动信息服务等关键技术的研发、应用和推广；支持物流标准化建设，从托盘标准化推广到一般标准化，从而节省人工成本，提高工作效率，降低综合成本；重点支持资源节约、绿色低碳、节能减排等环保型设备和企业，建立绿色物流服务体系，适应京津冀环境标准提高的新要求，打造绿色物流供应链。

最后，财政投资要注重对商贸物流专业人才的培养。支持省内科研机构与京津共建物流产业研发基地，建立多层次、多元化的人才培养体系；打造"政产学研用"相结合的公共研发和科研服务平台，全面提升商贸物流产业的科技水平和服务能力；加大人才引进的资金支持，落实人才引进政策，争取培养一批河北省商贸物流领军人才。

二 完善河北省商贸物流业发展的税收政策建议

（一）打造京津冀区域税收协同，统一税收优惠政策

首先，京津冀三地税务部门要建立统一的办税平台，实现区域税收协同，要切实把纳税迁移简化、信用等级通用、优惠资质互认、涉税信息共享等落到实处，打造京津冀绿色税务通道，加大对企业涉税的宣传和普及。在平等协商、互利共赢和优势互补的基础上，京津冀三地要达成税务合作框架，加强信息沟通能力和办事效率，深化国税地税合作，为京津冀协同发展服务。

其次，要统一京津冀三地税收优惠等政策。京津冀三地税收政策的不统一、不平等是造成要素不能自由流动的重要原因，而河北省想与京津冀协同、建设全国商贸物流基地，就必须在税收政策上与京津保持平等地位，包括税收优惠政策、相关自贸区的免税政策等。诚然，京津地区由于政治经济的优势，能够获得比河北省更加优惠的政策支持，但是，一些与商贸物流发展密切相关的政策可以适当向河北省倾斜，例如推广天津自贸区的政策、"一带一路"的相关政策等。

(二) 统一物流业税率，减轻商贸物流行业税负

清代魏源曾说"善赋民者，譬植柳乎！薪其枝叶，而培其本根；不善赋民者，譬剪韭乎！日剪一畦，不磬不止"。善于理财的人，不能只考虑征税，而首先应考虑培养税源，税源充裕，财政收入自然而然增长。[①] 因此，政府不应该只想着提高税收收入，而应该培养税源，目前我国供给侧结构性改革就是旨在降低宏观税负，发展新兴经济体，只有经济不断发展，财政收入才能持续增长。

虽然全面"营改增"旨在降低宏观税负，但是根据本书测算的结果，一些商贸物流行业的税负不降反增。首先，11%的税率对于交通运输业来说过高，测算结果也证实了这一点，税负上升的行业都集中在交通运输业，高税率导致增税效应大于减税效应，从而阻碍了交通运输业的发展；其次，商贸物流业被人为分成两个行业按照两个不同税率纳税，对同一笔来源的收入用两种方式缴纳税款，导致商贸物流企业计算增值税税额复杂化，加重了企业负担。因此本书建议将交通运输业和物流辅助业的增值税税率统一为6%。

(三) 设立京津冀发票代开机构，进一步扩大进项抵扣的范围

交通物流业等行业的进项抵扣不足和增值税发票难以取得是一个老生常谈的问题，也是导致商贸物流业税负重的一个重要原因，虽然2016年国家出台了路桥费进行抵扣的细则，企业购置运输工具、修理费、燃油费等可以进行抵扣，但是商贸物流企业购置的很多商品和服务仍然难以取得足够的增值税发票。因此，本书建议借助京津冀协同发展的机遇，设立增值税发票的代开机构，分布在各省市的商贸集散地，方便商贸物流企业取得增值税发票，也方便京津冀三地进行统一监督和管理。

同时，根据前文的测算结果，允许商贸物流企业将"营改增"试点前购置的固定资产进行进项抵扣的话，那么很多行业税负将大大降低，而且，考虑到商贸物流企业一般前期购置固定资产较多，而后期很长时间不需要增添固定资产，因此有些学者提出要将"营改增"前的

---

① 陈共：《财政学》，中国人民大学出版社2012年版，第8—9页。

固定资产实行抵扣,但是本书认为不能一概而论。从前面的测算结果看,仓储业在不抵扣固定资产的情况下税负是下降的,而一些交通运输业抵扣固定资产之后税负才下降,而且由于水上运输业、航空运输业、铁路运输业等前期固定资产购置量很大,全部抵扣则增值税变为负数,中央和地方政府税收收入将大大减少,不利于政府财政;对于租赁业和道路运输业的固定资产可以进行抵扣,而其他行业可以抵扣一部分固定资产,既保证了商贸物流业的整体税负降低,又可以保证财政收入。

三 支持河北省商贸物流业发展的其他政策建议

(一) 完善京津冀商贸物流基础设施用地管理制度

尽管前些年一些地方出现了以物流园区建设为名圈占土地进行商业性房地产开发的违规行为,但是我们也不能因此而否认物流园区、城市物流配送中心等必要的物流基础设施建设的重要性。河北省耕地建设指标严重不足,而北京耕地占用指标又不能得到充分利用,因此可以协调京津冀三地耕地占用指标,保证河北建设全国商贸物流基地的用地指标。同时,河北省在年度用地计划指标中应优先支持省级物流产业集聚区用地,有序推进聚集区村庄建设用地试点工作,支持农产品批发市场作为经营性商业用地,鼓励各地以租赁方式供应物流园用地。

京津冀三地国土资源管理部门和规划部门要切实对物流用地的实际使用情况进行跟踪监督,杜绝以物流名义占地从事商业性房地产开发的现象。要加强物流基础设施建设的区域性统一规划,避免三地盲目重复建设,浪费土地资源,国土资源管理部门要加大对区域性物流基础设施用地规划的协调和指导,要加强对京津冀物流基础设施的统一规划,提高土地的利用效率。

(二) 加大对商贸物流业融资的支持力度

商贸物流业的发展离不开资金支持,但不能依赖公共财政资金,更多的是要为商贸物流业的投融资拓宽渠道,使社会资本通过各种途径流向物流业。河北省的非金融机构仅有 12 家,金融租赁企业只有 2 家,相对于天津的一百多家融资租赁企业,河北省在这方面还差得很远。因此，河北省在投融资政策上，要制定能够激励社会资本参与物流项目和物流园区建设的政策；鼓励物流企业通过发行股票、发行公司债券、融资租赁等多种途径筹集资金；进一步完善物流企业信用担保机制，鼓励金融机构根据物流业的特点进行诸如仓单质押等金融工具的创新，提高对物流企业的金融服务水平。

(三) 大力发展绿色商贸物流工程

河北省商贸物流业粗放的发展方式要转向绿色发展方式，适应京津冀环境标准提高的新要求，要以节约资源能源、降低消耗为核心，建设高效流通、引导绿色生产、倡导科学消费的绿色供应链。首先要从空间布局上考虑，按照资源环境承载能力设计物流园区的布局，提高铁路运输效率，减少机动车污染和排放；其次是大力推广节能低碳物流设备，加快设备升级改造，有效推广清洁能源运载工具，提高托盘等标准化器具和包装循环利用水平，构建绿色循环物流体系；最后要发展再生资源回收物流，重点发展废弃物回收物流，加大相关处理设施投资力度，建设一批回收物流中心，实现废弃物妥善处理、循环利用和无害环保。

参考文献

1. 白景明：《我国物流业发展中存在的财税问题及改革对策》，《四川财政》2002 年第 7 期。
2. 蔡南珊：《城市商贸物流发展瓶颈及对策》，《天津财贸管理干部学院学报》2008 年第 4 期。
3. 陈立、东伟、胡显莉：《"营改增"对重庆市第三产业税负的影响分析——基于投入产出表的测算》，《重庆理工大学学报》（社会科学版）2014 年第 8 期。
4. 陈丽莎、孙伊凡：《构建京津冀协同发展中有效衔接的公共服务供求关系》，《河北大学学报》（哲学社会科学版）2016 年第 4 期。
5. 陈天琪：《促进京津冀协同发展的财税政策研究》，硕士学位论文，首都经济贸易大学，2015 年。
6. 崔欣然：《京津冀协同发展的财税政策研究》，硕士学位论文，首都经济贸易大学，2015 年。
7. 丁一文：《国外首都圈发展规律及其对我国"首都经济圈"建设的启示》，《河南大学学报》（社会科学版）2013 年第 4 期。
8. 董晓峰、成刚：《国外典型大都市圈规划研究》，《现代城市研究》2006 年第 8 期。
9. 段铸、王雪祺：《京津冀经济圈财政协调的逻辑与路径研究》，《财经论丛》2014 年第 6 期。
10. 樊迪：《我国区域经济协调发展的财税机制研究》，硕士学位论文，哈尔滨商业大学，2017年。

11. 冯海波、陈旭佳：《公共医疗卫生支出财政均等化水平的实证考察——以广东省为样本的双变量泰尔指数分析》，《财贸经济》2009年第11期。

12. 冯怡康、马树强、金浩：《国际都市圈建设对京津冀协同发展的启示》，《天津师范大学学报》（社会科学版）2014年第6期。

13. 弗里德里希·冯·哈耶克：《哈耶克文选》，河南大学出版社2015年版。

14. 高雪：《典型都市圈产业转型升级国际比较研究》，硕士学位论文，河北大学，2017年。

15. 高雪莲：《京津冀公共服务一体化下的财政均衡分配》，《经济社会体制比较》2015年第5期。

16. 高玉：《京津冀协同发展税收分享政策研究》，《首都经济贸易大学学报》（双月刊）2015年第6期。

17. 高兆明：《从价值论看效率与公平——再论效率与公平》，《哲学研究》1996年第10期。

18. 郜振廷：《政府在现代物流业发展中的角色定位分析》，《河北经贸大学学报》（综合版）2006年第4期。

19. 龚锋：《地方公共安全服务供给效率评估——基于四阶段DEA和Bootstrapped DEA的实证研究》，《管理世界》2008年第2期。

20. 龚辉文：《关于增值税、营业税合并问题的思考》，《税务研究》2010年第5期。

21. 龚亚洲：《地区协同发展中税收分享政策研究》，硕士学位论文，山东大学，2017年。

22. 郭明明：《京津冀协同发展的税收征管研究》，硕士学位论文，首都经济贸易大学，2017年。

23. 郭晓红：《促进我国物流业振兴的税收政策研究》，《中国流通经济》2009年第6期。

24. 韩华为、苗艳青：《地方政府卫生支出效率核算及影响因素实证研究——以中国31个省份面板数据为依据的DEA-Tobit分析》，《财经研究》2010 年第 5 期。
25. 韩丽：《"营改增"对物流行业税负的影响分析》，《长江大学学报》（社会科学版）2013 年第 5 期。
26. 何利辉：《促进生态环境保护的财税政策探讨》，《财经科学》2016 年第 7 期。
27. 胡潇：《促进我国区域经济协调发展的财税政策研究——基于收敛性视角》，硕士学位论文，贵州财经大学，2016 年。
28. 胡怡建、李天祥：《增值税扩围改革的财政收入影响分析——基于投入产出表的模拟估算》，《财政研究》2011 年第 9 期。
29. 黄健、李尧：《污染外溢效应与环境税费征收力度》，《财政研究》2018 年第 4 期。
30. 姜明耀：《增值税"扩围"改革对行业税负的影响——基于投入产出表的分析》，《中央财经大学学报》2011 年第 2 期。
31. 金荣学、宋弦：《新医改背景下的我国公共医疗卫生支出绩效分析——基于 DEA 和 Mulmquist 生产指数的实证》，《财政研究》2012 年第 9 期。
32. 金希娜、黄夏岚：《支持韩国首都功能搬迁的财税政策——对北京市首都工程疏解的启示》，《地方财政研究》2017 年第 5 期。
33. 金向鑫：《促进我国区域经济协调发展的财税政策研究》，硕士学位论文，哈尔滨商业大学，2010 年。
34. 康娜：《京津冀生态环境协同治理中财税政策法律问题研究》，硕士学位论文，河北大学，2016 年。
35. 孔伟、任亮、冶丹丹、王淑佳：《京津冀协同发展背景下区域生态补偿机制研究——基于生态资产的视角》，《资源开发与市场》2019 年第 1 期。
36. 李彬、吕长生：《日本政府财政调整与税源分配经验——兼论对我国首都经济圈的启示》，《地方财政研究》2017 年第 4 期。
37. 李华：《区域经济非平衡发展机制研究》，光明日报出版社 2016 年版。
38. 李郇、徐现祥：《城市化、区域一体化与经济增长》，科学出版社 2011

年版。

39. 李琳、吴珊：《基于 DEA 的我国区域经济协同发展水平动态评价与比较》，《华东经济管理》2014 年第 1 期。

40. 李文辉、黄小平、唐力翔：《基于 DEA 方法的我国各省市卫生资源配置效率研究》，《卫生经济研究》2011 年第 3 期。

41. 李媛媛：《财税政策促进自然资源合理利用的若干思考》，《税务研究》2018 年第 5 期。

42. 李忠华、王曼莹、褚思信：《"营改增"对我国物流业的影响及应对措施》，《经济纵横》2014 年第 10 期。

43. 厉以宁：《经济学的伦理问题——效率与公平》，《经济学动态》1996 年第 7 期。

44. 栗宁：《漫谈世界五大都市圈》，《地理教育》2009 年第 2 期。

45. 梁鸿、褚亮：《试论政府在医疗卫生市场中的作用》，《复旦学报》2005 年第 6 期。

46. 刘成龙：《我国流通业税收政策存在的主要问题与对策》，《税务研究》2013 年第 6 期。

47. 刘瑞、伍琴：《首都经济圈八大经济形态的比较与启示：伦敦、巴黎、东京、首尔与北京》，《经济理论与经济管理》2015 年第 1 期。

48. 刘瞳：《世界主要都市圈经验的借鉴和北京都市圈的发展》，中共中央党校出版社 2011 年版。

49. 刘云中、侯永志、兰宗敏：《我国"国家战略性"区域规划的实施效果、存在问题和改进建议》，《重庆理工大学学报》（社会科学版）2013 年第 6 期。

50. 刘志彪、陈启斐：《市场取向改革的胜利——纪念中国改革开放 40 周年》，中国财政经济出版社 2018 年版。

51. 毛传新：《基于集聚经济的区域战略性产业结构布局：理论构想》，《当代财经》2005 年第 6 期。

52. 孟美侠、张学良、潘洲：《跨越行政边界的都市区规划实践——纽约大都市区四次总规划及其对中国的启示》，《重庆大学学报》（社会科学版）2019 年第 1 期。

53. 妮拉：《我国矿产资源税费制度研究》，硕士学位论文，桂林理工大学，2014年。
54. 牛晓清：《促进我国雾霾防治的财税政策研究》，硕士学位论文，安徽财经大学，2017年。
55. 潘文轩：《增值税扩围改革有助于减轻服务业税负吗？——基于投入产出表的分析》，《经济与管理》2012年第2期。
56. 任泽涛：《社会协同治理中的社会成长、实现机制及制度保障》，博士学位论文，浙江大学，2013年。
57. 阮一迅：《税收支持现代物流业发展的思考》，《涉外税务》2003年第12期。
58. 沈彤：《试述我国物流业的发展及其税收政策》，《中国物流与采购》2006年第18期。
59. 石莹、朱永彬、王铮：《成本最优与减排约束下中国能源结构演化路径》，《管理科学学报》2015年第18期。
60. 史丹、吴仲斌、杜辉：《国外生态环境补偿财税政策的实践与借鉴》，《经济研究参考》2014年第27期。
61. 孙健夫、要敬辉：《公共财政视角下中国医疗卫生支出分析》，《河北大学学报》2005年第3期。
62. 谭崇台：《发展经济学概论》，武汉大学出版社2001年版。
63. 谭纵波：《东京大城市圈的形成、问题与对策——对北京的启示》，《国外城市规划》2000年第2期。
64. 唐东会：《全面"营改增"后行业税负变动研究——基于投入产出表的模拟测算》，《云南财经大学学报》2016年第3期。
65. 唐艺彬：《美国纽约大都市圈经济发展研究》，硕士学位论文，吉林大学，2011年。
66. 汪宇明：《核心—边缘理论在区域旅游规划中的运用》，《经济地理》2002年第3期。
67. 王宝顺：《我国地方财政支出效率实证研究》，长江出版传媒集团2013年版。
68. 王宝顺、刘京焕：《中国地方公共卫生财政支出效率研究——基于

DEA-Malmquist 指数的实证分析》，《经济经纬》2011 年第 6 期。

69. 王冬梅、鞠颂东：《中国物流业税收负担水平分析》，《中国流通经济》2009 年第 1 期。

70. 王健伟、温亚红：《京津冀环境协同治理中的财税政策研究》，《河北企业》2018 年第 5 期。

71. 王丽：《促进京津区域协同发展的地方财政合作研究》，人民出版社 2018 年版。

72. 王丽：《公共服务外购：契约经济须先行》，《改革与战略》2015 年第 3 期。

73. 王丽、刘京焕：《区域协同发展中地方财政协调诉求的逻辑机理探究》，《学术论坛》2015 年第 2 期。

74. 王丽、王晓洁：《京津冀协同背景下公共医疗卫生支出绩效差异实证分析》，《中央财经大学学报》2015 年第 4 期。

75. 王晓洁：《京津冀医疗卫生服务均等化量化研究：基于 AHP 方法的分析》，《中国卫生经济》2015 年第 11 期。

76. 王晓洁、王丽：《新时代背景下京津冀公共服务供给的财政政策研究》，《经济研究参考》2018 年 10 月。

77. 王延杰：《京津冀协同发展的财税体制创新》，《经济与管理》2015 年第 4 期。

78. 王延杰：《京津冀治理大气污染的财政金融政策协同配合》，《经济与管理》2015 年第 1 期。

79. 魏福成、胡洪曙：《我国基本公共服务均等化：评价指标与实证研究》，《中南财经政法大学学报》2015 年第 5 期。

80. 武建奇、母爱英：《世界大都市圈协同发展模式与京津冀协同发展路径研究》，中国社会科学出版社 2018 年版。

81. 夏杰长、李小热：《我国物流业税收政策的现状、问题与完善机制》，《税务研究》2008 年第 6 期。

82. 徐达松：《促进京津冀产业协同发展的财税政策研究》，《财政研究》2015 年第 12 期。

83. 徐颖：《生态经济发展模式研究》，硕士学位论文，福建农林大学，2014 年。

84. 许士春、何正霞、魏晓平：《资源消耗——污染控制下经济可持续最优增长路径》，《管理科学学报》2010 年第 13 期。

85. 亚当·斯密：《国民财富的性质和原因的研究》，商务印书馆 1979 年版。

86. 亚里士多德：《政治学》，商务印书馆 1965 年版。

87. 亚洲开发银行技术援助项目 9042 咨询专家组编著：《京津冀协同发展研究》，中国财政经济出版社 2018 年版。

88. 杨志强：《税收服务京津冀协同发展研究与探索》，中国税务出版社 2015 年版。

89. 俞国琴：《国内外产业转移理论回顾与评述》，《长江论坛》2007 年第 5 期。

90. 张颢瀚、张超：《大都市圈的成长阶段与动力机制》，《江海学刊》2006 年第 1 期。

91. 张维迎、林毅夫：《政府的边界》，民主与建设出版社 2017 年版。

92. 张晓兰：《东京和纽约都市圈经济发展的比较研究》，硕士学位论文，吉林大学，2013 年。

93. 张艺缤：《论公平的价值诉求》，《前沿》2011 年第 22 期。

94. 张莹：《京津冀税收政策协同研究》，硕士学位论文，天津科技大学，2016 年。

95. 张宇、谢地、任保平：《中国特色社会主义政治经济学》，高等教育出版社 2017 年版。

96. 张玉：《财税政策的环境治理效应研究》，经济科学出版社 2014 年版。

97. 张子麟、武建奇：《京津冀地区产业协作存在的问题与发展方向》，《经济与管理》2007 年第 2 期。

98. 赵新峰：《京津冀协同发展背景下雄安新区新型合作治理架构探析》，《中国行政管理》2017 年第 10 期。

99. 郑春勇：《协调合作与适度干预：政府在区域产业转移中的作用研究》，中国社会科学出版社 2014 年版。

100. 中国财政科学研究院课题组：《发达国家大气治理财税政策经验与启示》，《经济研究参考》2017 年第 33 期。

101. 中国财政科学研究院资源环境研究中心课题组：《京津冀区域大气治理财税政策研究》，《财政科学》2017 年第 7 期。

102. 中国社会科学院京津冀协同发展智库京津冀协同发展指数课题组主编：《京津冀协同发展指数报告（2017）》，中国社会科学出版社 2018 年版。

103. 周长林、孟颖：《京津冀产业带空间布局及发展对策研究》，中国建筑工业出版社 2010 年版。

104. 朱云飞、朱海涛、王鑫鑫：《京津冀协同发展背景下河北承接产业转移的财政政策研究》，《河北工业大学学报》（社会科学版）2014 年第 6 期。

105. Afonso, A., M. St. Aubyn, Non-parametric Approaches to Education and Health Expenditure Efficiency in OECD Countries, *Journal of Applied Economics*, 2005, 82: 227–246.

106. Caves D. W., L. R. Christensen, W. E. Diewert, The Economic Theory of Index Numbers and the Measurement of Input and Output, and Productivity, *Econometric*, 1982, 50 (6): 1393–1414.

107. Farrell, M., The Measurement of Productive Efficiency, *Journal of the Royal Staistical Society*, 1957, 120 (3): 253–290.

108. Poncet. S., A Fragmented China: Measure and Determinants of Chinese Domestic Market Disin-tegration, *Review of International Economics*, 2005, 13 (3): 409–430.

109. Reingewertz, Y., "Do Municipal Amalgamations Work? Evidence From Municipalities in Israel", *Journal of Urban Economics*, 2012, 72: 240–251.

110. Sherman H. D., Measurement of Hospital Technical Efficiency: A Comparative Evaluation of Data Envelopment Analysis and Other Techniques for Measuring and Locating Efficiency in Health Care Organizatioons, Ph. D. Thesis Boston: *Havard University Graduate School of*

Business, 1981.
111. Simar, L., Wilson, P. W., Sensitivity Analysis of Efficiency Scores: How to Bootstrap in Nonparametric Frontier Models, *Management Science*, 1998, 44.